"十三五"职业教育系列教材

城市轨道交通信号与通信设备

主编　陈翠利

参编　申　红　王　静　汪　敏
　　　兰　明　赵　雯　张　帆

主审　程　涛

中国电力出版社
CHINA ELECTRIC POWER PRESS

内 容 提 要

本书为"十三五"职业教育系列教材。全书分为 5 个模块，包含 24 个学习单元和 16 个实践项目，主要内容包括城市轨道交通信号系统概述、信号基础设备、联锁设备、列车自动控制系统、城市轨道交通通信系统。本书秉承"理论与实践相结合"的原则，每个模块均包括理论知识和实践项目两大部分，既能为学生奠定一定的理论基础，又能对学生的实际操作能力进行针对性的训练。

本书可作为高职高专院校轨道交通类专业教材，也可作为中职、函授及成人教育相关专业教材，还可供相关专业技术人员参考。

图书在版编目（CIP）数据

城市轨道交通信号与通信设备 / 陈翠利主编. —北京：中国电力出版社，2017.8（2023.6 重印）
"十三五"职业教育规划教材
ISBN 978-7-5198-0814-3

Ⅰ. ①城…　Ⅱ. ①陈…　Ⅲ. ①城市铁路–交通信号–信号系统–职业教育–教材　Ⅳ. ①U239.5

中国版本图书馆 CIP 数据核字（2017）第 169955 号

出版发行：中国电力出版社
地　　址：北京市东城区北京站西街 19 号（邮政编码 100005）
网　　址：http://www.cepp.sgcc.com.cn
责任编辑：霍文婵（010-63412545）　曹　慧
责任校对：常燕昆
装帧设计：赵姗姗
责任印制：吴　迪

印　　刷：北京雁林吉兆印刷有限公司
版　　次：2017 年 8 月第一版
印　　次：2023 年 6 月北京第八次印刷
开　　本：787 毫米×1092 毫米　16 开本
印　　张：11.5
字　　数：284 千字　1 插页
定　　价：35.00 元

前　言

城市轨道交通以其快捷、舒适、安全可靠等优越性，成为城市交通发展的热点和重点。当前我国的轨道交通正处在大发展、大建设的时期，截至 2016 年年底，全国有 30 座城市共开通 133 条线，总里程达 4153km。因此，培养城市轨道交通领域的运营和管理人才，是轨道交通发展的重要环节。

信号系统是城市轨道交通的重要基础设备，是保证城市轨道交通运行安全、提高运输能力和效率的基础，也是城市轨道交通调度指挥和运营管理的中枢神经。信号系统的装备水平和技术水准是城市轨道交通先进程度的重要标志。列车自动控制（ATC）系统因其自身技术含量高，具有网络化、综合化、数字化、智能化等特点，已成为城市轨道交通信号系统的共同选择。由于各城市引进了多国信号公司的列车自动控制系统，虽然信号控制的原理相同，但实现信号控制原理的系统和设备差异较大，因此，本书以目前在各城市轨道交通中使用的主流产品为主进行讲述。

通信系统是为了实现快速、高效、准确传送语音、数据和图像等信息而建立的综合业务视听链路网，可为运营管理、行车调度、设备监控和防灾报警等系统提供语音、数据和图像信息的传输通道，从而保证列车及乘客安全。

为适应城市轨道交通发展对兼备理论知识和实践能力的复合型人才的需求，本书在专业建设和改革的过程中，在深入企业调研的基础上，采用校企合作的模式编写而成。书中既汇集了专业教师们的理论知识，也汇集了城市轨道交通企业专业技术人员的宝贵工作经验。

本书通过对上海地铁、西安地铁、无锡地铁、成都地铁等企业现场典型工作任务的分析，归纳出城市轨道交通信号系统概述、信号基础设备、联锁设备、列车自动控制系统、城市轨道交通通信系统 5 个学习模块。秉承"理论与实践相结合"的原则，书中每个模块均包括理论知识和实践项目两大部分，既能为学生奠定一定的理论基础，又能对学生的实际操作能力进行针对性的训练。

全书 5 个模块包含 24 个学习单元和 16 个实践项目，由西安铁路职业技术学院陈翠利担任主编，西安地铁运营分公司高级工程师程涛担任主审。其中，模块一，模块三的学习单元一、二及实践项目，附录 A～附录 D 由西安铁路职业技术学院陈翠利编写；模块二的学习单元一～三及实践项目一、二由西安铁路职业技术学院申红编写；模块二的学习单元四～六及实践项目三、四由西安铁路职业技术学院汪敏编写；模块三的学习单元三、模块四的学习单元四由西安地铁运营分公司赵雯编写；模块四的学习单元一～三及实践项目由西安铁路职业技术学院王静编写；模块五由西安地铁运营分公司兰明和张帆编写。

　　本书在编写过程中得到了西安地铁、成都地铁、上海地铁、北京地铁等公司的大力支持，也参考了大量的相关资料。在此，所有编者对相关企业及参考文献中所列专著、教材等的作者们表示最诚挚的谢意。限于编者水平，书中疏漏和不足之处，恳请读者批评指正。

编　者

2017 年 8 月

目　录

模块一

城市轨道交通信号系统概述

知识要点

1. 了解城市轨道交通信号系统的作用；
2. 理解"故障—安全"的内涵及要求；
3. 了解城市轨道交通信号系统的特点；
4. 掌握城市轨道交通信号系统的组成；
5. 掌握城市轨道交通信号系统的设备分布；
6. 掌握城市轨道交通线路的分类；
7. 理解线路的平面和纵断面及平纵断面特征对列车运行的影响；
8. 了解轨道的组成；
9. 掌握道岔的结构及其作用；
10. 理解道岔对列车运行的影响；
11. 了解线路标志和限界。

技能要点

1. 认识地铁系统分布在控制中心、车站、车辆段的信号设备；
2. 认识地铁系统线路层及列车上的信号设备；
3. 认识地铁系统各类线路；
4. 识读地铁正线和车辆段线路平面图。

建议学时

建议 6 课时。

模块理论知识

学习单元一　城市轨道交通信号系统概况

随着科学技术和城市化的发展，大运量的轨道交通在现代化大城市中起着越来越重要的作用，城市轨道交通日渐成为大城市公共交通系统的主体和骨干。GB/T 5655—1985《城市公共交通常用名词术语》中将城市轨道交通定义为"通常以电能为动力，采取轮轨运转方式的大运量公共交通的总称。城市轨道交通一般包括地铁、轻轨、独轨、有轨电车等"。国内外大城市的交通发展史告诉我们，以运量大、快捷、准时、安全、环保等为特征的城市轨道交通系统，已成为解决城市交通拥堵状况最有效的手段。

信号系统是城市轨道交通的重要基础设施和技术装备之一。它以标志物、灯光、声音、文字、图像等形式向行车相关人员传递车辆运行、设备状态等信息，确保行车安全的同时，大大提高行车效率，是城市轨道交通快捷、准时、安全得以实现的前提。

一、城市轨道交通信号系统的作用

1. 保证行车安全

信号系统是指挥列车安全运行的关键设备，只有满足相应的运行条件，如列车运行前方轨道区段没有被占用，道岔位置正确，敌对或抵触进路没有建立，相邻列车之间保持一定的间隔等，信号系统才会向列车发出允许前行的信号。所以，列车只要严格按照信号系统的指令运行，就能确保其运行的安全。在轨道交通中，行车安全是运营管理的重中之重，安全高于一切，故信号系统担负着确保安全的重要使命，有了信号系统的保障，可以杜绝和减少列车运行事故，降低事故等级，减少事故损失。

2. 提高行车效率

在城市轨道交通系统中，由于采用了先进的信号系统，列车与列车之间的间隔大大缩短。就目前的技术水平而言，无论是新建还是改建的线路，在运行高峰期的追踪运行间隔最小可达 80～90s；在如此小的时间间隔下，信号系统能根据设定的列车运行时刻表，自动、安全地指挥列车按运行图运行。据有关资料统计，轨道交通的双线自动闭塞系统在追踪运行条件下可提高通过能力 1～2 倍；采用调度集中，在不增加车站到发线的情况下，可提高通过能力 12%～24%。所以，现代化的信号系统，尤其是目前广泛在城市轨道交通中应用的基于通信的列车自动控制（communication based train control，CBTC）系统，对提高行车效率有着无可比拟的效用。

3. 改善行车工作人员的劳动条件

信号系统在提高行车效率的同时，高度地实现了自动控制。在信号正常运转时，行车工作人员的主要任务是监督系统中各类设备及列车的运行状态。只有信号系统故障或设备停用，或系统处于瘫痪状态时，才需要靠行车工作人员"人工"指挥列车运行。人工行车不仅难以保证行车安全，同时也使行车效率降低，更增加了行车工作人员的劳动强度。

二、城市轨道交通对信号系统的要求

城市轨道交通系统的安全、速度、运输能力和效率与信号系统密切相关。信号系统在确保行车安全、提高运输效率、改善工作条件、促进管理现代化等方面起着至关重要的作用。而当前城市轨道交通系统的发展，也对信号系统提出了较高的要求。

1. 安全性要求高，遵循"故障-安全"原则

安全性是指系统在规定的条件下、规定的时间内不陷入危险状态的概率。城市轨道交通列车运行速度快，在高峰期发车间隔时间短，站间距较小，作为城市大运量客运系统，只依靠行车调度员、车站值班员、车站站务员和列车司机等来防止运行事故的发生，远不能满足运行安全的要求。因此，城市轨道交通对信号系统的安全性要求非常高。城市轨道交通信号系统的设计不仅要考虑所有可能出现的危险情况，在这些情况下保证列车的绝对安全，还要符合"故障-安全"原则。

"故障-安全"原则是轨道交通信号设备必须遵循的原则。它是指当系统任何部分发生故障时，能确保系统的输出导向安全状态或向安全状态转移。信号"故障-安全"技术是随着轨道交通控制系统的进步发展起来的，从臂板信号机、机械联锁到信号继电器、轨道电路，直到继电联锁，不仅实现了故障状态向安全状态转移的功能，而且为信号安全技术提供了许多可以借鉴的重要方法，因而成为现代轨道交通信号系统设计的重要内容。凡涉及行车安全的子系统、设备或器材必须满足相应的安全完整度等级的要求，符合"故障-安全"原则，普遍采用硬件或软件冗余及安全编码技术。

2. 可靠性要求高

可靠性是指系统在规定的条件下，在规定的时间内设备完成规定功能而不发生故障的能力，是反映产品质量的一项重要指标。城市轨道交通地下和高架线路的设备发生故障后排除难度大，发生事故后救援困难，易造成重大影响或损失，因此对信号系统的可靠性要求较高。

3. 自动化程度要求高

城市轨道交通的行车间隔短、列车密度大，所以必须采取高度自动化的信号控制技术。同时，由于城市轨道交通的列车运行交路比较单一，易于实现自动控制，有高频率可靠的车-地双向通信系统的支持，易于实现自动驾驶或无人驾驶，提高系统运行效率，大大降低劳动强度。

4. 抗干扰能力要强

城市轨道交通信号系统均为直流电力牵引，因此要求信号设备对其有较强的抗干扰性。

5. 限界条件苛刻

城市轨道交通信号系统有大量的轨旁和车载设备，这些设备受土建限界的制约，要求其体积小，同时必须兼顾施工和维护作业空间。

三、城市轨道交通信号系统的特点

城市轨道交通信号系统最大的特点是沿袭铁路制式，广泛沿用铁路信号的概念、设施和手段。但由于其自身的特征，与铁路信号又有一定的区别。

1. 具有完善的列车速度监控功能

城市轨道交通由于客流量大，最小行车间隔的要求远高于干线铁路，因此对列车速度监控提出了极高的要求，要求其能提供更高的安全保证。

2. 列车运行和行车指挥实现自动化

城市轨道交通信号系统根据地面传送的速度码信息，自动控制列车的运行，当列车超速时，对列车实施超速防护；此外，信号系统能自动排列进路和进行运行调整，人工介入极少，自动化水平高。

3. 正线联锁关系较简单，但技术难度高

城市轨道交通正线大多数车站不设配线，没有道岔，有的也不设地面信号机，只在少数车站才设置道岔和地面信号机，故正线联锁设备的监控对象远少于一般干线铁路车站，联锁关系没有铁路复杂。但是，为保证行车安全和实现较高的行车效率，城市轨道交通信号系统中将列车自动防护（automatic train protection，ATP）与联锁功能相结合，且包含了一些特殊功能，如自动进路、自动折返、扣车等，从而增加了技术难度。

4. 车辆段采用独立的联锁系统

城市轨道交通车辆段类似于铁路车站，有转线、试车、解编等调车作业，也有接发列车作业，线路较多、道岔繁多，一般独立采用一套联锁设备，与正线信号系统通过照查电路连接。

5. 数据传输速率较低

城市轨道交通系统中列车运行速度远低于铁路干线上的列车运行速度，故一般采用速率较低、独立的数据传输系统。目前基于无线通信的信号系统，数据传输效率已大大提高。

四、城市轨道交通信号系统的发展趋势

城市轨道交通信号系统的发展趋势主要体现在以下三个方面：

（1）基于通信的列车自动控制系统，即 CBTC 系统。作为信号基础设施的轨道电路将被日新月异的现代通信技术所代替，形成以通信为基础的列车自动控制（automatic train control，ATC）系统。由于无线具有设置灵活、双向传输、信息量大、易于维护、成本低等特点，目前我国 CBTC 系统已进入实际应用阶段。

（2）全程无人列车自动运行（automatic train operation，ATO）系统。随着通信安全性、可靠性的提高和通信手段的多样化，目前普遍采用的站间 ATO 方式将向全程无人 ATO 方式发展。应用全自动化的先进系统，以消除人为因素的不利影响，缩短追踪间隔，提高通过能力，使系统运行准时、可靠。

（3）集成的综合轨道交通控制系统。随着通信技术的发展，ATC 系统中列车自动监控（automatic train supervision，ATS）子系统的功能也越来越强，已不仅仅是传统意义上的"列车自动监控"，ATS 子系统正在向集成化方向发展。轨道交通系统的其他子系统，如电话系统、无线通信系统、公共广播系统、闭路电视系统、环控系统、电力监控系统、自动售检票系统、火灾报警系统及安保系统等的监督和控制功能，都可与乘客信息系统、列车自动监督系统等功能集成在一个系统中。

信号系统常见英文缩写对照见附录 A。

学习单元二　城市轨道交通信号系统组成及设备分布

一、城市轨道交通信号系统的组成

城市轨道交通信号系统通常由列车自动控制系统和车辆段信号系统两大部分组成，用于实现正线和车辆段的进路控制、运行间隔控制、调度指挥、设备检测、维护管理等，由此构成了一个高效的综合自动化系统，如图 1-1 所示。

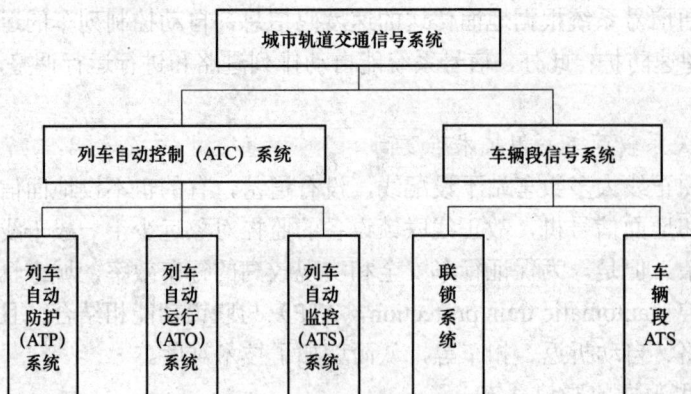

图 1-1　城市轨道交通信号系统组成示意图

1. 正线 ATC 系统

ATC 系统是城市轨道交通正线上列车运行的信号系统，由列车自动防护（ATP）、列车自动运行（ATO）、列车自动监控（ATS）三个子系统构成。三个子系统相互配合，对列车运行方向、运行速度和运行间隔进行控制，同时对列车运行状态进行监督和调整，最终实现正线列车运行的自动化和行车指挥的自动化。

2. 车辆段信号系统

与正线相比，车辆段线路的特点是道岔多、列车或调车车列运行所经过的线路分支多，因此，在车场范围内对列车运行的控制，主要是实现列车或调车车列路径的控制，即进路控制。车辆段信号系统中的联锁系统主要用于进路控制，实现进路、道岔和信号之间的制约关系，保证车辆运行安全。国内各城市轨道交通车辆段（停车场）的联锁系统设备基本选用国产设备。

此外，由于列车的出入段作业使车辆段与正线的行车作业之间存在一定的关联，故车辆段设 ATS 分机，用于实现与正线的衔接，通过车辆段 ATS 终端设备向控制中心显示车辆段内线路占用及信号设备的状态等信息。

二、城市轨道交通信号系统设备分布

城市轨道交通信号系统的设备按地域分布一般可分为 5 个部分：运营控制中心信号设备、车站及轨旁信号设备、车载信号设备、车辆段信号设备、试车线信号设备。

1. 运营控制中心信号设备

设在运营控制中心（operating control center，OCC）的信号设备主要是中央 ATS 设备，它是 ATS 系统的组成部分，ATS 子系统通过数据通信网络与其他子系统交换数据和命令。中央 ATS 系统主要配备 ATS 中央计算机系统、调度工作站、运行图工作站、系统管理工作站、维护工作站、网络通信设备、运行综合显示屏接口服务器、与其他系统接口的通信服务器、培训/模拟工作站，以及报告输出和系统运行状态信息打印设备及运行综合显示屏等，如图 1–2 所示。

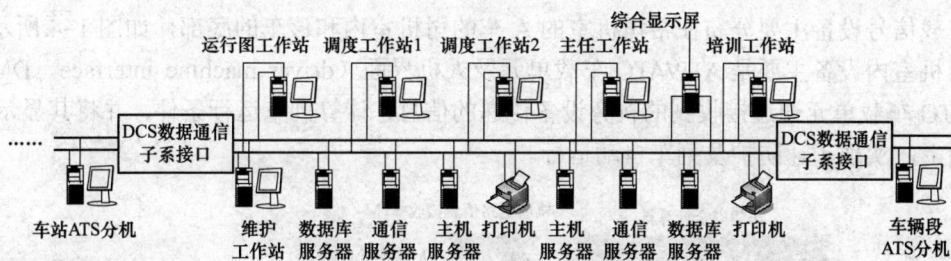

图 1–2 运营控制中心信号设备布置示意图

2. 车站及轨旁信号设备

城市轨道交通车站分为设备集中站和非设备集中站。设备集中站是指具备集中控制权、安装有集中控制设备的车站，一般选择联锁区有道岔的车站。两类车站的信号设备有所不同，但总体上主要布置于车控室、信号设备房、站台层和轨旁线路层。

（1）车控室设备。所有车站车控室设置一台 ATS 分机（有的 ATC 系统在非设备集中站不设）。在设备集中站车控室还设置正线联锁系统的本地控制工作站（local control workstation，LCW），如图 1–3 所示。

（2）信号设备房设备。设备集中站信号设备房设联锁设备计算机、ATP/ATO 室内设备、轨旁控制设备、列车检测室内设备、电源设备等；非设备集中站信号设备房主要设车站接口、电源设备等。

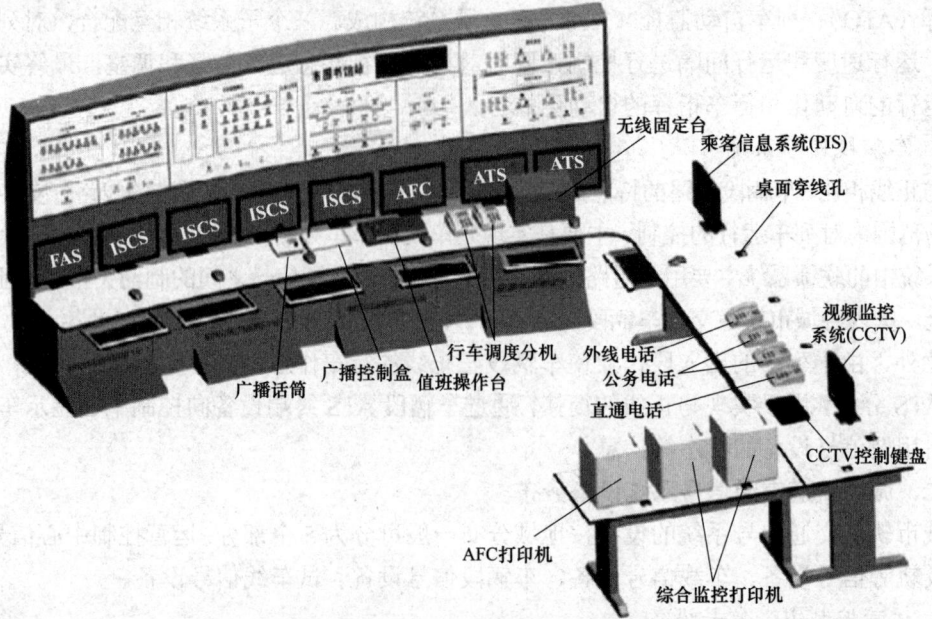

图1-3　车控室信号设备组成示意图

（3）站台层设备。站台层设发车指示器、自动折返按钮（具备自动折返功能的车站设置）、紧急停车按钮和旅客安全设备。

（4）轨旁线路层设备。轨旁线路层上设信号机、转辙机、列车检测设备及车-地通信设备等。

3. 车载信号设备

车载信号设备主要分布在带司机室的 A 车的司机室内和该车的底部，如图1-4 所示。

司机室内设备主要是 ATP/ATO 车载单元及人机界面（driver machine interface，DMI）。ATP/ATO 车载单元通过接收到的轨旁设备传递的信息，计算列车运行条件，并将其显示在人机界面上，实现超速防护及列车自动运行。

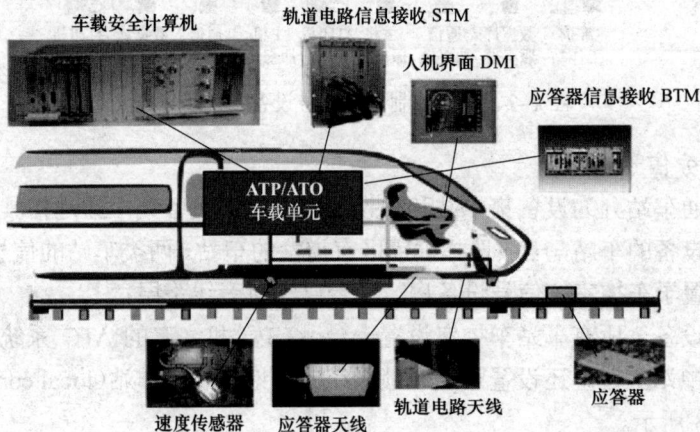

图1-4　车载信号设备组成示意图

车底设备主要是各类信息接收装置，用于车地通信。

4. 车辆段信号设备

车辆段信号设备包括 ATS 车辆段分机、联锁设备、计算机监测设备、信号机、转辙机、轨道电路、电源设备等，如图 1–5 所示。

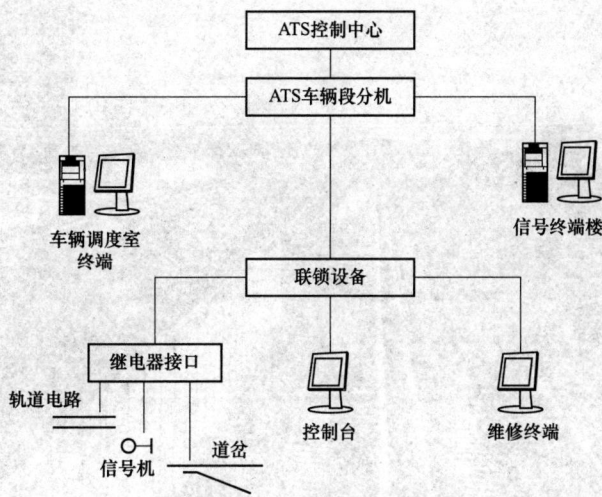

图 1–5 车辆段信号设备组成示意图

5. 试车线信号设备

试车线一般设置在车辆段内。车辆段联锁设备能对其所辖的试车线上的道岔、信号机实行集中控制，现场设备的状态能反映至信号楼控制室的操作显示工作站上。

试车线按照信号系统试车要求装设与正线相同的 ATP 和 ATO 轨旁设备，为列车提供与正线相同的工作环境，在列车完成维修或长期存放后，对列车车载 ATC 设备进行动态试验，以评估车辆的动态性能是否可安全投入运营。

城市轨道交通信号系统设备分布在整个系统的各个层次和空间，形成有机的整体，共同作用，实现列车运行的自动化和行车指挥的自动化，从结构层次和功能上来说可分为信号基础设备、联锁设备、ATC 设备三大模块，将在本书模块二、模块三和模块四中详细介绍。

学习单元三 城市轨道交通线路

如前所述，城市轨道交通信号系统主要由正线 ATC 系统和车辆段信号系统构成。两大系统中，信号基础设备均安装在线路层，故介绍信号基础设备之前，有必要了解一下城市轨道交通线路。

一、城市轨道交通线路分类

城市轨道交通线路作为城市轨道交通运营的基础设施，在城市轨道交通运营中起着支柱性作用。GB 50157—2013《地铁设计规范》规定：地铁线路按其在运营中的功能定位，分为正线、配线和车场线。

（一）正线

正线是指贯穿所有车站、区间，供载客列车日常运行的线路，如图 1–6 所示。城市轨道交通系统的正线均采用上下行分行，一般实施右侧行车惯例，以便与城市地面交通行车规则相吻合（世界上除了英联邦国家、日本等部分国家外，绝大部分国家城市道路交通均实行右侧行车规则）。

图 1-6　地铁正线

（二）配线

地铁线路中，除正线外，在运行过程中为列车提供收发车、折返、联络、安全保障、临时停车等功能服务，通过道岔与正线相互联络的轨道线路称为配线。配线包括车辆基地出入线、折返线、联络线、渡线、停车线、安全线。

1. 折返线

在线路两端终点站，或者准备开行折返列车的中间站设置的专供列车折返调头的线路称为折返线。折返线按不同的折返方法可分为多种：

（1）环形折返线：俗称灯泡线，如图 1-7 所示，列车折返简单，但占地面积较大，尤其是在地下修建时难度更大，投资较高；环线折返还丧失了一端停车维修保养检查的机动线路，对车辆技术要求、运行组织要求更高。

(a)　　　　　　　　　　　　　　(b)

图 1-7　环形折返线

（a）示意图；（b）实物图

（2）尽端折返线：可分为单线折返、双线折返与多线折返等不同布置办法，如图 1-8 所示。利用尽端线折返的办法，弥补了环形线折返的不足，使端点站既可有效组织折返，又可备有停车线供故障停车、检修、夜间停车等作业使用。

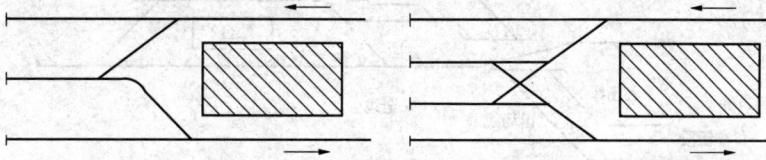

图 1-8　尽端折返线示意图

（3）渡线折返：在车站前或车站后设置渡线，用以完成折返作业的布置方式。利用渡线折返需要修建的线路最少，投资降低。然而，列车进、出车站与折返作业之间会相互干扰。尤其是在中间站利用渡线进行区间列车折返时，需占用正线进行作业，故对运营管理要求十分严格。

2. 联络线

联络线是为沟通两条单独运营线路而设置的连接线，如图 1-9 所示，便于同种制式的线路实现列车过轨运行。联络线因连接的轨道交通线往往不在一个平面上，因此有较大的坡道与较小的曲线半径，列车运行速度不可能很高。如果在地下建设，施工难度较大，投资也随之加大。

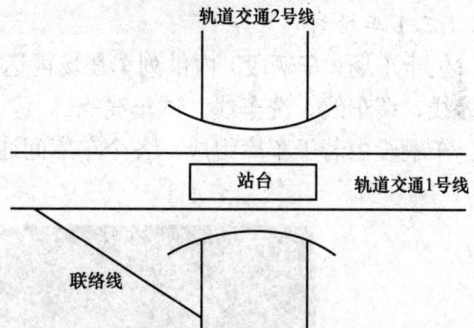

3. 渡线

在同一条线路上下行正线之间设置的连接线称为渡线。渡线又分为单渡线和交叉渡线等，可设置在车站前或车站后，如图 1-10 所示。

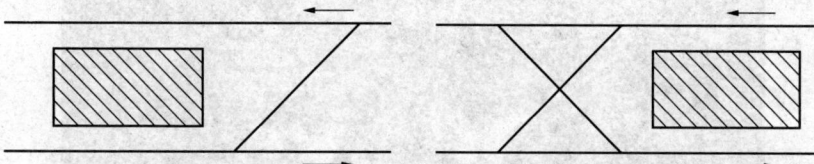

图 1-9　联络线示意图

图 1-10　渡线示意图

4. 停车线

一般设置在终点站或中间车站，专门供列车停放使用，并可进行少量的检修作业。在正线运营过程中，列车运行间隔通常较小，为了使故障列车能尽快退出正线运行而不影响后续列车运行，通常每隔若干个车站应设置停车线，供故障列车临时存放或检修之用。

5. 安全线

安全线是在两种线路转换处设置的、起行车进路隔开作用的线路。一般根据需要设在车辆段出入线、折返线、存车线和与正线接轨的岔线上，用于列车进、出正线时保证运行安全，如图 1-11 所示。

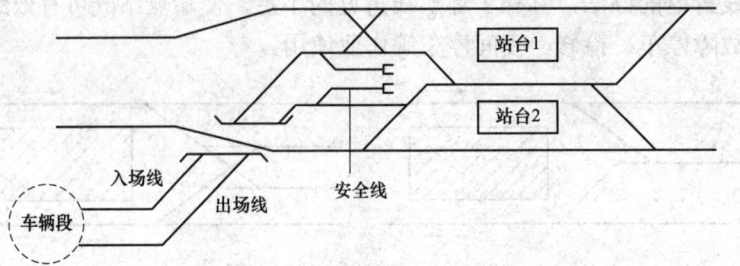

图 1-11　安全线和出入场线示意图

6. 出入场线

出入场线是连接正线与车场（车辆段和停车场）的线路，专供列车进、出车场使用，如图 1-11 所示，一般分为入场线和出场线。

（三）车场线

位于车场（车辆段）内供列车在场内运行的各类线路统称车场线，主要包括停车列检线、检修线、调车线、洗车线、试车线等。

车辆段由若干车库组成，各个车库间通过线路相连。车辆段总体布局如图 1-12 所示。

图 1-12　车辆段总体布局

1. 停车列检线

设置在停车列检库（运转库）内，专门用于停车列检的线路称为停车列检线，如图 1-13 所示。停车列检线主要用于停车，可进行日常的检修维护作业。按一线一列位或一线两列位设计，其数量应满足该运营线路配属列车的存放需要。

2. 检修线

设在车辆基地检修库内，专门用于检修轨道交通车辆的作业线称为检修线，如图 1-14 所示。一般检修线设有地沟，配有架车设备、检修设备；根据检修项目不同，具体有定修线、架修线、车体整修线（见图 1-15）、镟轮线（见图 1-16）等。

图 1-13　停车列检线

图 1-14　检修线

图 1-15　车体整修线

图 1-16　镟轮线

3. 调车线

连接车场各个车库，用于完成车辆在各个车库之间调移的线路称为调车线。

4. 洗车线

设置在停车库与运行线路之间，专门用于车辆清洗的线路称为洗车线，如图 1-17 所示。

图 1-17　洗车线

5. 试车线

专门用来为完成定修、架修、大修等修程的车辆或新车进行动态性能试验的线路称为试车线，如图 1-18 所示。其线路标准通常与正线一致，装备与正线相同的信号系统。

二、城市轨道线路的平面和纵断面

经过选定的地铁线在空间的位置是用线路中心线来表示。

（一）线路平面及其组成要素

线路平面是指线路中心线在水平面上的投影，它可以表示出线路的曲直变化。线路平面由直线和曲线构成，平面曲线由圆曲线与缓和曲线组成。

图 1-18　试车线

地铁线路的平面由于受地形地物的影响，不可能全线设计为直线，必要时必须转弯，因此直线与曲线就组成了线路的平面要素。

1. 圆曲线

圆曲线设置在线路转向处。

圆曲线的基本要素包括转向角 α、半径 R、切线长 T 及曲线长 L 等，如图 1-19 所示。

当列车通过曲线时，由于离心力的作用，外侧车轮轮缘紧压外轨，摩擦增大；同时由于内侧车轮与外侧车轮的滚动长度不同，车轮存在较大滑行，给运营中的列车造成了曲线附加阻力。

曲线半径越小，则曲线附加阻力越大，同时还会增加车轮与钢轨的侧面磨耗，加大维修养护工作量。所以，小半径曲线地段需要适当限速运行。为了使列车按规定速度安全平稳运

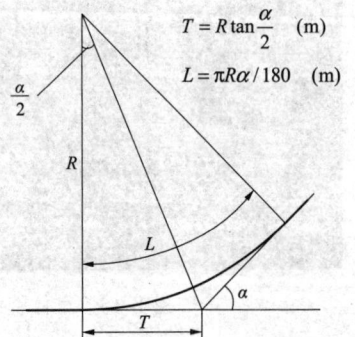

$$T = R\tan\frac{\alpha}{2} \quad \text{(m)}$$

$$L = \pi R\alpha/180 \quad \text{(m)}$$

图 1-19　圆曲线基本要素示意图

行，需要根据行车速度、车辆轮对有关尺寸等因素规定线路曲线的最小半径。曲线半径最小值是地铁线路的主要技术标准之一，《地铁设计规范》规定，线路平面最小曲线半径应符合表 1–1 的要求。

表 1–1 　　　　　　　　　　　　**圆曲线最小曲线半径（m）**

线　路	A 型车		B 型车	
	一般地段	困难地段	一般地段	困难地段
正线	350	300	300	250
出入场线、联络线	250	150	200	150
车场线	150	—	150	—

值得注意的是，一般不小于 300m 并不是普遍可用 300m，而应尽量采用较大的半径。

《地铁设计规范》还规定：正线与辅助线之间的圆曲线最小长度不宜小于 20m，在困难情况下不得小于一个车辆的全轴距。

车站站台宜设在直线上，当设在曲线上时，其站台有效长度范围内的线路曲线最小半径，应符合表 1–2 的规定。

表 1–2 　　　　　　　　　　　　**车站曲线最小半径（m）**

车　型		A 型车	B 型车
曲线半径	无站台门	800	600
	有站台门	1500	1000

2. 缓和曲线

为保证列车运行安全，使线路平顺地由直线过渡到圆曲线或由圆曲线过渡到直线，以避免离心力的突然产生和消除，常需要在直线与圆曲线之间设置一条曲率半径变化的曲线，这一曲线称为缓和曲线。

缓和曲线的作用主要是在缓和曲线范围内，其半径由无限大逐渐变化到等于它所衔接的圆曲线半径，从而使车辆产生的离心力逐渐增大（或减小），列车不会产生强烈的横向摇摆，有利于改善运营条件，保证行车安全和平顺。

缓和曲线的长度对行车的安全性、平顺性有直接影响。缓和曲线太短，将不利于行车的安全与平顺，但太长又会给设置和养护带来困难。因此，缓和曲线的长度应根据曲线半径，结合该地段的行车速度和地形条件合理选用；有条件时，应尽量采用较长的缓和曲线，以便创造更有利的运营条件。

3. 夹直线

由于列车连续通过缓和曲线起点、终点时所产生的冲击振动频率与车辆自振频率相吻合时会发生振动的叠加或共振，为了保证运营安全，提供平稳的行车条件，线路不宜连续设置多条曲线，并在曲线之间必须保证足够长度的夹直线，如图 1–20 所示。

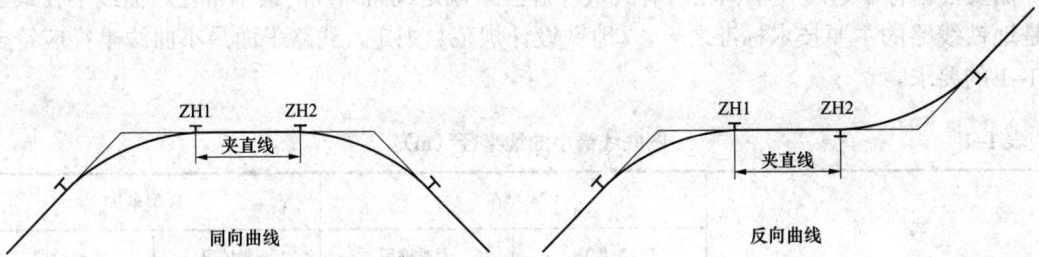

图 1–20　相邻曲线间的夹直线

《地铁设计规范》规定：正线及辅助线上两相邻曲线间的夹直线长度（不含超高顺坡及轨距递减段的长度），A 型车不宜小于 25m，B 型车不宜小于 20m，在困难情况下不得小于一个车辆的全轴距；车场线上的夹直线长度不得小于 3m。

（二）线路纵断面及其组成要素

线路中心线在垂直面上的投影称为线路的纵断面，线路纵断面可以表示出线路的坡度变化。

地铁线路的纵断面由于受车站埋深的限制，受地下管线与地下结构，以及地质条件与技术条件的影响，不可能全线设计为平坡，因此平道与坡道就成为线路纵断面的组成要素。

1. 坡度

坡度（i）是指坡段起讫点的高差与坡道长度的比值，以千分数表示（见图 1–21）。上坡道的坡度取正值，下坡道的坡度取负值。

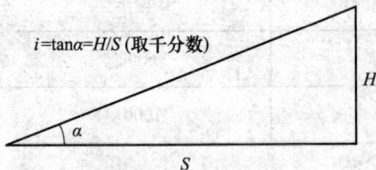

$i=\tan\alpha=H/S$（取千分数）

图 1–21　坡度示意图

地铁线路尽可能采用较平缓的坡度。最大坡度的确定，必须考虑各类车辆在最大坡道上停车时的启动与防溜，同时考虑必要的安全系数。最大坡度也是地铁线路的主要技术标准之一。

《地铁设计规范》规定：正线的最大坡度宜采用 30‰，困难地段可采用 35‰，辅助线的最大坡度宜采用 40‰。

地铁隧道线路考虑排水需要，正线最小坡度不宜小于 3‰；困难地段在确保排水的条件下，可采用小于 3‰ 的坡度。车站站台线路由于停车及站台面平缓要求，宜设置在 3‰ 的坡道上，困难条件下可设置在 2‰ 或不大于 5‰ 的坡道上，但要确保排水坡度不小于 3‰，以利于排水畅通。隧道内的折返线与存车线应布置在面向车挡的下坡道上，其坡度宜为 2‰。

地面及高架桥上的车站站台线路不受排水影响，宜设在平坡上；车场线可设在不大于 1.5‰ 的坡道上。

2. 坡段与竖曲线

为了保证列车运行的平顺与安全，当相邻两坡段的坡度代数差大于 2‰ 时，应以竖曲线相连接，并要求线路纵向坡段长度不宜小于远期列车计算长度，同时应满足相邻竖曲线间的夹直线长度的要求，其夹直线长度不宜小于 50m。

竖曲线就是在纵断面上的圆曲线。为使列车在纵断面上不以折线运行，两相邻坡段应以竖曲线连接。当车辆经过变坡点时，将产生振动和竖向加速度；同时由于坡度变化，车钩会产生一种附加应力；车辆经过凸凹地点时，相邻车辆处在不同坡道上易导致车钩上下错移。

这些现象将会随相邻坡段坡度代数差的增加而加剧，甚至会发生断钩、脱钩等事故，如图1-22所示。

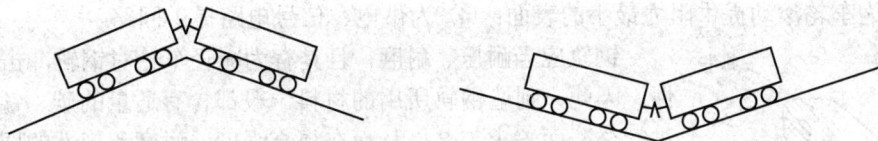

图1-22 车辆经过变坡点的状态

因此，当相邻坡段坡度代数差超过一定数值时，应在变坡点处设置竖曲线，将相邻两坡段连接起来，使列车顺利地由一个坡段过渡到另一个坡段，保证列车平稳运行，防止断钩、脱钩事故的发生。

竖曲线的曲线半径采用情况见表1-3。

表1-3　　　　　　　　　　竖曲线的曲线半径采用情况（m）

线 路		一般情况	困难情况
正线	区间	5000	2500
	车站端部	3000	2000
联络线、出入线、车场线		2000	

《地铁设计规范》规定：车站站台有效长度内和道岔范围内不得设置竖曲线，竖曲线离开道岔端部的距离不应小于5m。

三、轨道的结构

地铁轨道是列车运行的基础，应能满足列车安全、可靠与平稳行驶的要求，并且应便于养护。轨道一般由钢轨、轨枕、连接零件、道床、道岔及其他附属设备组成，如图1-23所示。

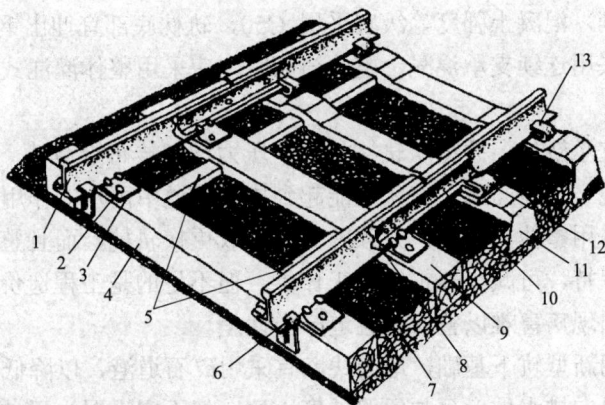

图1-23 轨道的基本组成

1—钢轨；2—普通道钉；3—垫板；4、9—木枕；5—防爬撑；6—防爬器；7—道床；8—鱼尾板；10—螺栓；
11—钢筋混凝土轨枕；12—扣板式中间连接零件；13—弹片式中间连接零件
注：图中绘出多种类型扣件是为了示例之用，并非现场线路中的实际使用情况。

（一）钢轨

钢轨的作用是：① 支承和引导机车车辆的车轮运行；② 将车轮传来的压力传递给轨枕；③ 为车轮滚动提供阻力最小的表面；④ 为供电、信号电路提供回路。

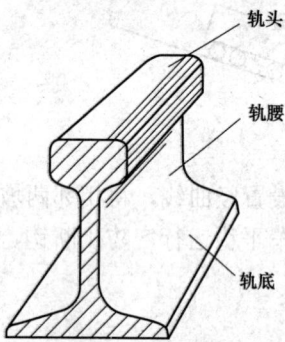

钢轨应当耐压、耐磨，且具有为减轻车轮对钢轨冲击作用的韧性。因此，制造钢轨所用的材料一般都含有适量的碳、锰、硅，并进行全断面淬火工艺，从而在提高强度、耐磨和韧性的同时，延长钢轨的使用寿命。

根据《地铁设计规范》的要求：正线及辅助线钢轨应依据近、远期客流量，并经技术经济综合比较确定，宜采用 60kg/m 钢轨，也可采用 50kg/m 钢轨；车场线宜采用 50kg/m 钢轨。

运营线路必须对钢轨进行定期与不定期的探伤与检查，并根据国家相关技术标准进行钢轨伤损的标示与跟踪，在高架桥与隧道内钢轨伤损达到轻伤则应及时更换，在普通线路（道岔）以及无缝线路缓冲区的重伤和折断钢轨应立即更换。

图 1-24　钢轨结构示意图

（二）连接零件

钢轨必须通过连接零件才能固定在轨枕上，钢轨之间也需要用连接零件连成整体。连接零件要求结构简单，具有足够的扣压力和牢固耐用，并且需要安装方便，能满足调整轨距和水平的要求。

常用的连接零件为夹板（鱼尾板）、螺栓、道钉、扣件等。地铁整体道床普遍采用弹性分开式扣件，这种扣件在一定程度上弥补了整体道床弹性不足的缺陷。

运营线路必须对轨道连接零件进行定期巡检，根据国家相关技术要求，及时恢复连接零件的功能和补齐缺失的连接零件，以确保轨道系统的整体稳固。

（三）轨枕

轨枕直接支承钢轨，并通过扣件牢固地与钢轨相连接。

地面线路采用国家标准轨枕铺设，隧道等采用钢筋混凝土短轨枕式混凝土整体道床时，短轨枕宜在工厂预制，混凝土强度等级宜采用 C50，轨枕底部宜伸出钢筋，以加强与混凝土整体道床的连接。采用连续支承混凝土整体道床时，应采用整体灌注式。

（四）道床

道床的作用是支承轨枕，并将从轨枕传来的压力均匀传布给路基，同时可缓冲车轮对钢轨的冲击，固定轨枕。在地面线，道床还能起到排除轨道中雨水的作用。

地铁隧道普遍采用整体式道床，无须补充石渣或更换轨枕，而且整体性强、稳定性好、轨道几何尺寸易于保持，可减少养护维修工作量，但不足的是工程造价高、施工难度大，一旦形成无法纠偏，出现病害难以整治，且道床弹性差。

高架线路可采用新型轨下基础，地面线路宜采用碎石道渣，以降低投资。

地铁线路道床纵向排水坡度可与线路坡度一致，但不宜设置为平坡，道床面还应有坡度不小于 3% 的横向排水坡。

地铁隧道内混凝土整体道床与地面碎石道床相连时，衔接处应设置弹性过渡段。

碎石道床按国家现行有关规范的规定设置防爬装置。

（五）道岔

道岔是引导机车车辆从一股道转入另一股道的线路连接设备，是轨道系统的重要组成设备，也是轨道的薄弱环节之一。地铁的车辆段和个别有岔车站设有道岔。常用的道岔分为单开道岔、对称道岔、交分道岔、复式交分道岔等。

1. 单开道岔

单开道岔有左开和右开之分，是最常见、最简单的线路连接设备，由转辙器、连接部分、辙叉及护轨组成，如图 1-25 所示。

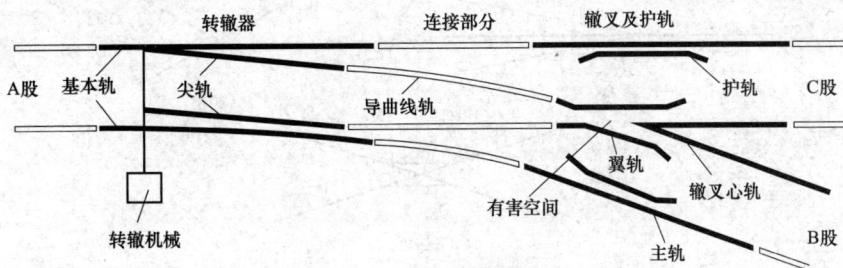

图 1-25　单开道岔的组成

（1）转辙器。转辙器由两根尖轨、两根基本轨及转辙机械所组成。基本轨是用 12.5m 或 25m 标准轨经过适当加工制成，主线基本轨为直线形，侧线基本轨为折线形或曲线形。尖轨是转辙器的主要部件，通过连接杆与转辙机械相连，通过转辙机械的作用，两根尖轨往复摆动，从而引导列车车辆进入主线或侧线行驶。

（2）连接部分。连接部分是连接转辙机械和辙叉及护轨的部分。它包括两根导曲线轨和两根直轨。其结构和线路基本相同，曲股线路一般采用圆曲线，由于长度短，一般不设超高。导曲线轨的半径较小，又不能在导曲线上设置缓和曲线及曲线超高，所以列车在侧向过岔时，速度要受到严格的限制。

（3）辙叉及护轨。辙叉及护轨包括主轨、辙叉心轨、翼轨及护轨，其作用是保证车轮安全通过两条钢轨的相互交叉处。从两翼轨最窄处到辙叉心轨实际尖端之间，存在一段轨线中断的空隙，叫做辙叉的有害空间。当机车车辆通过辙叉的有害空间时，轮缘有走错辙叉槽而引起脱轨的可能，因此必须设置护轨，以强制引导车轮的运行方向，保证车轮安全过岔。

车辆沿道岔直向运行，行车速度在 100km/h 以下的，一般不需限速，而通往道岔侧向时则需要限速。限速根据道岔号码大小而定。

道岔上的有害空间是限制列车过岔速度的一个重要因素。为了消除有害空间，减轻车轮对翼轨和辙叉心轨（简称心轨）的冲击，适应列车高速运行，研制铺设了各种可动心轨道岔。可动心轨辙叉的心轨与道岔尖轨联动，当尖轨开通某一方向时，可动心轨的辙叉心轨就与开通方向一致的翼轨密贴，与另一翼轨分开，从而消除有害空间。

由于道岔的结构复杂，其几何尺寸各部分有不同的标准，列车通过时冲击力较大，加之道岔使用时尖轨频繁转动，易使尖轨与叉心产生磨耗，因此对道岔的养护标准比线路高，同时要求加强轨道与信号专业的联合检查与调整，做到精心养护，确保道岔状态良好。

2. 其他类型道岔

道岔在信号平面图上采用线路中心线表示法表示。除了单开道岔，按照构造上的特点和所连接的线路数目不同，还有对称道岔（双开道岔）、三开道岔、交分道岔和复式交分道岔，如图 1-26 所示。

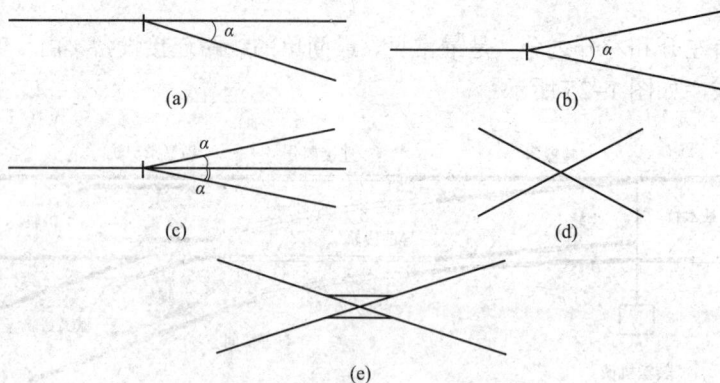

图 1-26　几种常见道岔中心线示意图

（a）单开道岔；（b）双开道岔；（c）三开道岔；（d）交分道岔；（e）复式交分道岔

图 1-27　道岔号数计算示意图

3. 道岔号数

道岔因其辙叉角的大小不同，有不同的道岔号。道岔号数（N）表明了道岔各部分的主要尺寸，习惯上用辙叉角（α）的余切值来表示，如图 1-24 所示。

$$N = \cot\alpha = \frac{FE}{AE}$$

由此可见，辙叉角 α 越小，N 就越大，导曲线半径也越大，列车侧线通过道岔时就越平稳，允许的侧线过岔速度也就越高。因此，采用大号码道岔对于列车运行是有利的。然而，道岔号越大，道岔全长就越长，铺设时占地就越大。

现场粗测道岔号数的最简单的方法是脚量法，即先在辙叉心轨顶面上找出一脚长的宽度处，然后由此向前量至辙叉理论尖端，该过程中所量的脚步数，就是道岔号数。

地铁正线一般铺设 9 号道岔，车场线一般铺设 7 号道岔。地铁车场线采用较小号码的道岔，是由于车场作业区速度较低，同时可以减少占地，节约投资。

四、轨道的平顺标准

为确保行车安全，轨道的两股钢轨之间应保持一定的距离，两股钢轨顶面应保持一定的相对高度，轨道的方向必须正确，两股钢轨均应向内倾斜。列车速度越高，对轨道的水平、方向、高低等平顺技术标准要求越高。

我国《铁路技术管理规程》规定：轨距是钢轨头部踏面下 16mm 范围内两股钢轨工作边之间的最小距离，如图 1-28 中 S_a 所示，由轮对宽度 q 和活动量 δ 构成。直

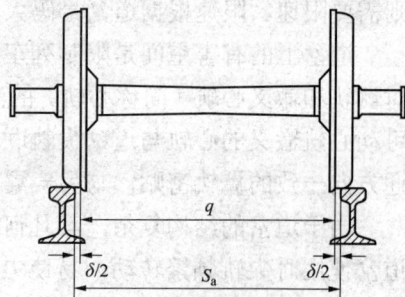

图 1-28　轨距示意图

线轨距标准为 1435mm。在机车车辆不断运行的
条件下，轨距不可能永久保持不变，而是会产
生一定的误差，轨距误差不得超过+6、−2mm。

1. 轨距加宽

机车车辆走行部中只能保持平行而不能
做相对运动的车轴中心线间的最大距离，叫做
固定轴距。由于机车车辆具有固定轴距，在曲
线上运行时转向架的纵向中心线与曲线轨道

图 1-29　轨距加宽示意图

中心线并不一致，易引起转向架前一轮对外侧车轮轮缘和后一轮对的内侧车轮轮缘挤压钢轨
的情况，如图 1-29 所示，因此小半径曲线的轨距应适当加宽，加宽值（f）见表 1-4。

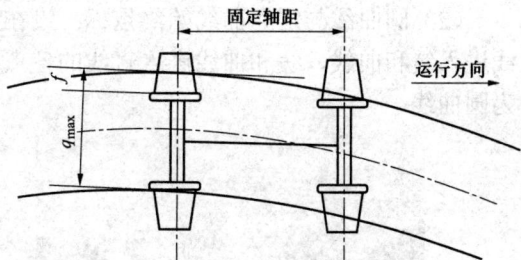

表 1-4　　　　　　　　　　　曲线地段轨距加宽值

曲线半径 R（m）	加宽值（mm）		轨距（mm）	
	B 型车	A 型车	B 型车	A 型车
150＜R≤200	5	10	1440	1445
100＜R≤150	10	15	1445	1450

《地铁设计规范》规定：辅助线与车场线半径小于或等于 200m 的曲线地段轨距应按表 1-4
的规定加宽。辅助线的曲线轨距加宽应在缓和曲线范围内或在直线段递减，车场线的轨距加
宽应在直线段递减。

2. 两股钢轨顶面的相对水平位置

在直线正线地段，轨道上两股钢轨的顶面应当保持同一水平，其相对高低误差不得大于 4mm。

在曲线地段，由于离心力的作用，将使运行中的列车向外侧倾斜，使外轨承受较大的压力，造
成两股钢轨的不均匀磨耗，同时还使旅客感觉不舒服，严重时可能破坏轨道，造成翻车事故。

为了提高运营的安全性与乘车旅客的舒适性，在圆曲线地段应根据曲线半径和实测行车
速度，在曲线外股钢轨合理设置超高。

曲线超高一经设定则不能任意调整，《地铁设计规范》中规定最大超高为 120mm。混凝
土整体道床的曲线超高采取外轨抬高超高值的一半、内轨降低超高值的一半的办法设置；地
面线与高架线路的曲线超高采取外轨抬高超高值的办法设置。

五、线路标志、信号标志与限界

1. 线路标志与信号标志

地铁线路旁边应按规定设置相关线路标志和信号标志。线路标志主要有百米标、坡度标、
曲线要素标、曲线始终点标、道岔编号标、水准基点标、桥号标、涵洞标、水位标等。信号
标志主要有限速标、停车位置标、警冲标等。

百米标、坡度标、限速标、停车位置标、警冲标等标志宜采用反光材料制作。警冲标设
在两设备限界相交处，其余标志安装在行车方向线路右侧司机易见的位置上。

（1）曲线要素标：设在线路某条曲线的中点处，标明该曲线的中心里程、半径大小、曲
线与缓和曲线长度等数据，如图 1-30 所示。（图中曲线长、缓和曲线长及曲线半径单位为 m，
超高和加宽单位为 mm）

（2）圆曲线与缓和曲线始终点标：设在直线进入缓和曲线、缓和曲线进入圆曲线、圆曲线进入缓和曲线、缓和曲线进入直线的各点处。标明所向方向或为直线，或为缓和曲线，或为圆曲线。

图 1-30　曲线要素标　　　　　　图 1-31　圆曲线与缓和曲线始终点标

（3）坡度标：设在线路坡度的变坡地点处，两侧各标明其所向方向的上、下坡度值及其长度，如图 1-32 所示。水平线表示坡度为 0，箭头朝上表示上坡，箭头朝下表示下坡。箭头后面的数字表示坡度值，以千分率表示；箭头下面的数字表示这个坡道的长度，以 m 为单位。

图 1-32　坡度标

（4）桥隧涵标：设于桥头、隧洞或涵洞前方，其上标有桥头、隧道、涵洞编号和中心里程，如图 1-33 所示。

（5）警冲标：设在两会合线路间距离为 4m 的中间；线路间距不足 4m 时，设在两线路中心线最大间距的起点处。用来指示机车车辆的停留位置，防止机车车辆侧面冲撞，如图 1-34 所示。靠准许停车线路的一方称为警冲标的内方，靠道岔方面或线路平面交叉的一方称为警冲标的外方。

图 1-33　桥隧涵标

（6）其他信号标志：主要有限速标、停车标、一度停车标、预告标等，如图1-35所示。

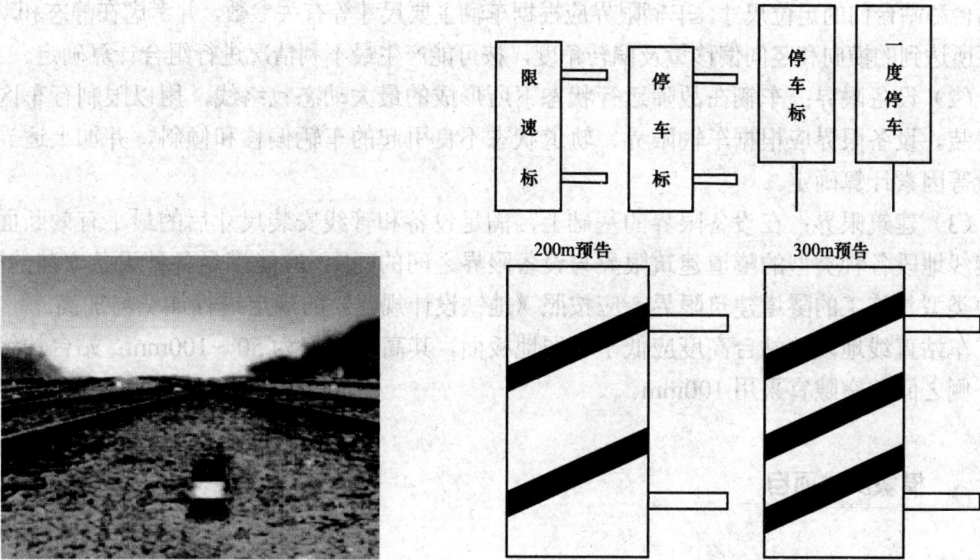

图1-34　警冲标

图1-35　各类信号标志

注：白底黑字。

2. 限界

限界是指列车沿固定的轨道安全运行时所需的空间尺寸，是限定车辆运行及轨道区周围构筑物超越的轮廓线。设置限界是为了确保机车车辆在地铁线路上运行的安全，防止机车车辆撞击邻近的建筑物或其他设备。地铁限界分为车辆限界（接触轨与受电弓限界）、设备限界和建筑限界，如图1-36所示。

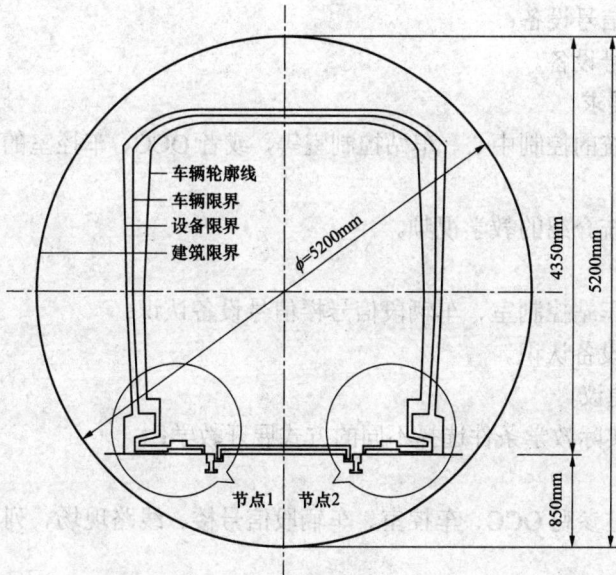

图1-36　地铁限界示意图

（1）车辆限界：车辆在正常运行状态下的一条最大动态包络线，用以控制车辆制造，以及制定站台和站台门的定位尺寸。车辆限界应根据车辆主要尺寸等有关参数，并考虑在静态和动态情况下所达到的横向和竖向偏移量及偏转角度，按可能产生最不利情况进行组合计算确定。

（2）设备限界：车辆在故障运行状态下所形成的最大动态包络线，用以限制行车区的设备安装。设备限界应根据车辆限界、轨道状态不良引起的车辆偏移和倾斜，并加上适当的安全量等因素计算确定。

（3）建筑限界：在设备限界的基础上，满足设备和管线安装尺寸后的最小有效断面。区间直线地段各种类型的隧道建筑限界与设备限界之间的间距，应能满足各种设备安装的要求。其他类型与施工的隧道建筑限界，应按照《地铁设计规范》的规定进行加宽与加高。

车站直线地段的站台高度应低于车厢地板面，其高度差宜为 50～100mm；站台边缘距车厢外侧之间的空隙宜采用 100mm。

模块实践项目

实践项目一　城市轨道交通系统信号设备认识

一、实训目标

1. 熟知地铁系统信号设备的地域分布；

2. 认识地铁系统控制中心（OCC）信号设备；

3. 认识集中站、非集中站车控室的信号设备并加以区分；

4. 认识车站站台层紧急停车按钮；

5. 认识线路轨旁信号设备及其分布；

6. 认识车辆段信号设备；

7. 认识车载信号设备。

二、实训条件要求

1. 真实地铁系统的控制中心、车站控制室等，或者 OCC、车控室的模拟仿真环境，仿真线路层设备；

2. 地铁信号系统介绍的教学视频。

三、实训内容

1. 控制中心、车站控制室、车辆段信号楼信号设备认识；

2. 线路层信号设备认识。

四、教学实施建议

本任务可根据实际教学条件选择不同的方式展开教学：

1. 实地参观

有条件的可通过参观 OCC、车控室、车辆段信号楼、线路现场、列车驾驶室等了解信号系统的设备布置。

2. 录像教学

通过教学视频认识信号系统设备及其分布。

3. 实训室参观

有完备实训环境的，可通过实训室参观讲解了解信号系统设备及其分布。

实践项目二　城市轨道交通线路认识

一、实训目标

1. 认识地铁系统各类线路；
2. 能区分正线、配线及车场线；
3. 能识读地铁系统正线线路平面图；
4. 能识读地铁车辆段线路平面图；
5. 认识道岔设备；
6. 认识各类线路标志和信号标志。

二、实训条件要求

1. 地铁正线平面图；
2. 地铁车辆段平面图；
3. 地铁线路介绍的多媒体资料。

三、实训内容

1. 地铁正线平面图中各类线路认识；
2. 地铁车辆段平面图中各类线路认识。

四、教学实施建议

本任务可根据实际教学条件选择不同的方式展开教学：

1. 实地或实训室参观

有条件的可通过实地参观或实训室参观认识车辆段内各类线路及信号标志，通过模拟沙盘认识正线及配线。

2. 录像教学

通过教学视频认识正线系统中正线及各类配线，认识线路标志。

3. 平面图识读

通过完整的地铁正线平面图和车辆段平面图，例如附录 B（见文后插页）和附录 C（见文后插页）认识正线、配线及车场线，认识信号标志。

复习思考题

1. 简述城市轨道交通信号系统的作用。
2. 城市轨道交通对信号系统有什么样的要求？
3. 什么是"故障–安全"？
4. 简述城市轨道交通信号系统的组成。
5. 城市轨道交通信号系统的设备主要分布在哪里？
6. 控制中心分布有哪些信号设备？
7. 集中站与非集中站的信号设备布置有何区别？

8. 简述城市轨道交通系统线路的分类。

9. 什么叫线路平面？什么叫线路纵断面？

10. 曲线半径大小对列车运行速度有什么影响？

11. 坡道的坡度对列车运行有什么影响？

12. 什么叫道岔？单开道岔由哪些部分组成？

13. 什么叫道岔号？道岔号与列车过岔速度之间有什么关系？

14. 信号标志有哪些？

15. 什么是限界？地铁有哪些限界？分别用来限制什么？

模块二

信号基础设备

知识要点

1. 掌握继电器的基本原理；
2. 了解信号继电器的分类；
3. 熟悉信号的作用和信号显示的一般规定；
4. 掌握正线信号机、车辆段信号机的类型及设置要求；
5. 掌握防护信号机、调车信号机、阻挡信号机、出站信号机显示意义；
6. 掌握转辙机的作用和基本要求；
7. 掌握转辙机的操作方式和方法；
8. 掌握轨道电路的定义、结构及作用；
9. 理解轨道电路的工作原理；
10. 掌握计轴器的作用、工作原理；
11. 掌握应答器的作用、工作原理。

技能要点

1. 能识读正线和车辆段信号平面图；
2. 能区分各种信号机及其显示意义；
3. 会标准化手摇道岔操作；
4. 能划分并命名轨道电路；
5. 会辨别及简单处理轨道电路常见故障；
6. 会进行计轴器预复零操作；
7. 能区分有源应答器和无源应答器。

建议学时

建议 18 课时。

学习单元一　信 号 继 电 器

继电器是自动控制和远程控制系统中常见的元器件，用于接通和断开电路，发布控制命令和反映设备状态，构成自动控制和远程控制电路。城市轨道交通中广泛采用信号继电器组成信号控制回路，它能以较小的电信号控制执行电路中的大功率设备。

一、继电器的基本原理

继电器是一种电磁开关，均由电磁系统和触点系统构成。电磁系统主要包括线圈、铁芯及可动的衔铁，触点系统由动触点和静触点构成。继电器的工作原理如图 2-1 所示。当线圈中通入一定数值的电流后，根据电磁原理，线圈中因为电流产生磁性，衔铁被吸引；当线圈中没有足够的电流时，衔铁由于重力作用被释放。衔铁上的触点为动触点，随着衔铁的动作，动触点和静触点接通或断开，从而实现对其他设备的控制。

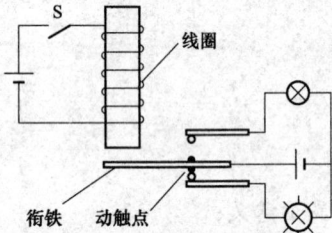

图 2-1　继电器基本原理示意图

可见，继电器具有开关特性，利用其触点通、断电路，从而构成各种控制表示电路。

二、信号设备对继电器的要求

信号继电器作为信号系统中的重要器件，它在运用中的安全、可靠是保证各种信号设备正常使用的必要条件。为此，信号设备对继电器提出了极其严格的要求：

（1）动作必须可靠、准确。

（2）使用寿命长。

（3）有足够的闭合和断开电路的能力。

（4）有稳定的电气特性和时间特性。

（5）在周围介质温度和湿度变化很大的情况下，均能保持很高的电气绝缘强度。

三、信号继电器的分类

（一）按动作原理分

按动作原理的不同，继电器分为电磁继电器和感应继电器。电磁继电器是利用电流通过线圈产生的磁场来实现动作的继电器，该类继电器的应用最为广泛。感应继电器是利用电流通过线圈产生的交变磁场与其翼板中的另一交变磁场所感应的电流相互作用，使翼板转动而动作的继电器。例如，相敏轨道电路所使用的交流二元继电器就属于感应继电器的范畴。

（二）按动作电流分

按动作电流的不同，继电器分为直流继电器和交流继电器。直流继电器是由直流电源供电的继电器。大部分信号继电器都是直流继电器。交流继电器是由交流电源供电的继电器。例如，信号机点灯电路中用于监督信号机是否灭灯的灯丝继电器，用于信号机灯泡主、副灯丝转换的灯丝转换继电器等均为交流继电器。

（三）按动作时间分

按动作时间的不同，继电器分为正常动作继电器和缓动继电器。正常动作继电器的衔铁动作时间为 0.1~0.3s，大部分信号继电器属于此范围。缓动继电器包括缓吸和缓放两种，衔铁动作时间超过 0.3s。

（四）按工作的可靠程度分

按工作的可靠程度不同，继电器分为安全型继电器和非安全型继电器。安全型继电器依靠自身结构满足系统的安全要求，主要是依靠重力作用释放衔铁。非安全型继电器断电后依靠弹力保证继电器落下，又称弹力式继电器。

四、常用的信号继电器

城市轨道交通信号系统大多使用安全型继电器，以确保设备具有"故障－安全"特性。安全型继电器一般为电磁继电器，可采用直流电，也可采用交流电，根据需要还可使继电器具有缓动功能。

（一）直流无极继电器

我国轨道交通信号系统中应用较多的是 AX 系列继电器，其基本结构属于直流无极继电器。这种继电器使用直流电，同时继电器的动作与通入线圈的电流方向无关。

1. 结构

安全型直流无极继电器的结构如图 2-2 所示。它由直流电磁系统和触点系统两大部分组成。

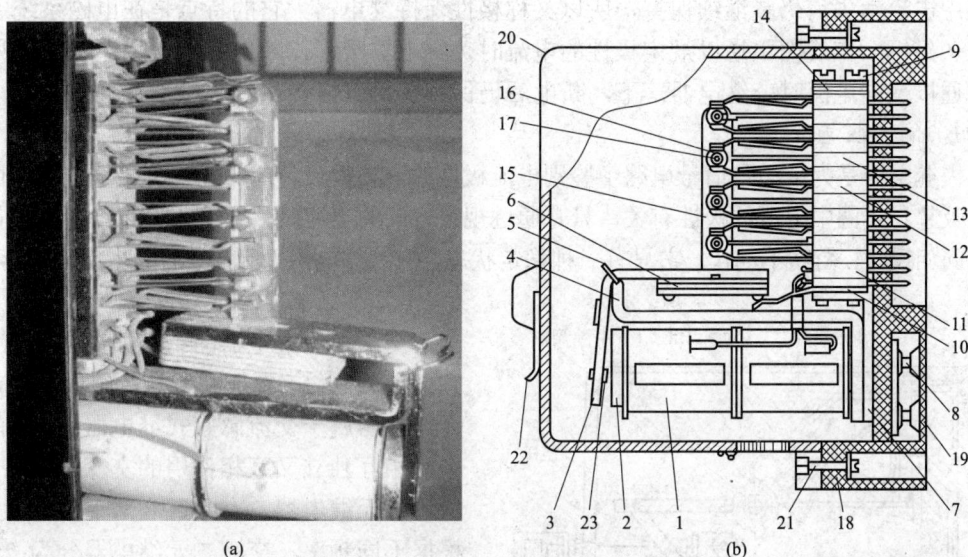

图 2-2　安全型直流无极继电器结构图

（a）实物图；（b）示意图

1—线圈；2—铁芯；3—衔铁；4—轭铁；5—蝶形钢丝卡；6—重锤片；7—触点架；8、9、21—螺钉；10—下止片；
11—电源片单元；12—银触点单元；13—动触点单元；14—压片；15—推杆；16—绝缘轴；17—动触点轴；
18—胶木底座；19—型别盖板；20—外罩；22—提把；23—止片

直流电磁系统由线圈、铁芯、衔铁、轭铁及衔铁止片等组成。线圈通电后产生磁场，吸起衔铁，而线圈断电时，又能使衔铁可靠释放。

触点部分由触点片、重锤片、触点拉杆、触点托片等组成。触点用来反映继电器的状态，它包括动触点片和静止的上触点片和下触点片。动触点片和上触点片组成前触点，动触点片和下触点片组成后触点。触点托片用来将触点保持在一定位置，使触点间保持一定的间隙。触点拉杆和重锤片用来动作触点。

2. 工作原理

当线圈通以直流电后，产生磁通，经铁芯、轭铁、衔铁和气隙，形成闭合磁路，使铁芯对衔铁产生吸引力。当此吸引力增大到足以克服重锤片和拉杆等的重力时，就能将衔铁吸向铁芯，于是衔铁带动拉杆推动动触点向上动作，使动触点与前触点闭合，此时称继电器处于励磁状态（又称吸起状态）。

当线圈中的电流减小或断电时，磁路的磁通随之减小，铁芯对衔铁的吸引力相应减小；当吸引力不足以克服重锤片和拉杆的重力时，衔铁即释放，使动触点与前触点断开并与后触点闭合，此时称继电器处于失磁状态（又称落下状态）。

（二）整流式继电器

整流式继电器应用于交流电路中，它的电磁系统与直流无极继电器相同，只是磁路结构和参数有所不同。整流式继电器通过安装在触点组上方的二极管组成的半波或全波整流电路，将交流电变为直流电而动作。

（三）有极继电器

有极继电器根据线圈中电流极性不同，具有定位和反位两种稳定状态。这两种稳定状态在线圈中电流消失后仍能继续保持，所以又称极性保持继电器。它的特点是在电磁系统中增加了永久磁钢。在线圈中通以规定极性的电流时，继电器吸起，断电后衔铁仍能保持在吸起位置；通以反向电流时，继电器落下，断电后仍保持在落下位置。

（四）偏极继电器

偏极继电器是为了满足信号电路中鉴别电流极性的需要而设计的。它与无极继电器不同，衔铁的吸起与线圈中电流的极性有关，只有通过规定方向的电流时，衔铁才吸起；电流方向与要求方向相反时，衔铁不动作。它只有一种稳定状态，衔铁靠电磁力吸起，若断电则立即落下。

（五）交流二元继电器

交流二元继电器的结构如图 2-3 所示，它由电磁系统、翼板和触点等组成。交流二元继电器属于交流感应式继电器，它具有两个既相互独立又互相作用的交变电磁系统，故称二元继电器，有吸起和落下两种状态。根据不同频率，交流二元继电器分为 25Hz 和 50Hz 两种。

交流二元继电器的电磁系统包括局部电磁系统和轨道电磁系统。局部电磁系统由局部线圈和局部铁芯组成，轨道电磁系统由轨道线圈和轨道铁芯组成。

交流二元继电器与前面介绍的继电器工作原理完全不同，只有在其局部线圈和轨道线圈中输入电流频率相同，且局部线圈中电流相位超前轨道线圈中电流相位 90° 时，

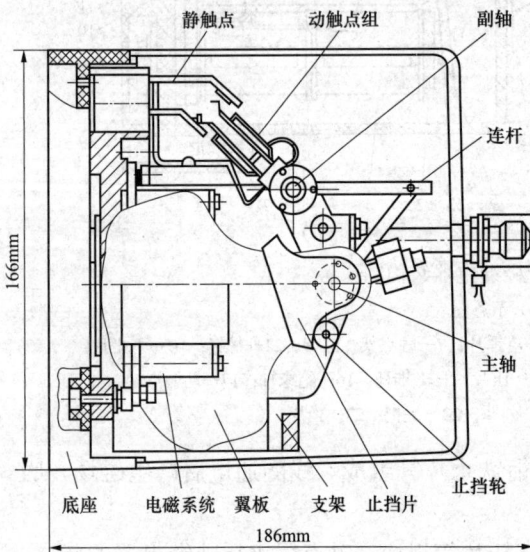

图 2-3　交流二元继电器结构图

翼板中才能产生正方向的转矩，接通前触点；其他情况下，翼板不产生转矩，继电器将保持原来的位置而不动作。

交流二元继电器具有以下两个方面的特性。

1. 频率选择特性

当交流二元继电器局部线圈中电流频率为50Hz时，只有在轨道线圈接收到50Hz电流时，继电器才可能动作；除此之外，翼板中平均转矩为零，继电器不动作。

2. 相位选择特性

即使轨道线圈与局部线圈中的电流频率相同，继电器也并不一定吸起；只有局部线圈电流相位超前轨道线圈相位 $0°\sim180°$ 时，翼板中才产生正转矩，使继电器能够吸起。通过计算可知，当相位超前 $90°$ 时，正转矩最大。

交流二元继电器应用于相敏轨道电路，这种"故障-安全"特性不仅能够解决轨道电路轨端绝缘的破损防护问题，还能防止牵引电流及其他频率的干扰。通过计算可以知道，当轨道线圈的电流频率为局部线圈电流频率的 n 倍时，不论电压多高，翼板均不能产生转矩，使继电器误动。

五、信号继电器的作用

随着电子技术的迅速发展，电子器件，尤其是计算机以其速度快、体积小、容量大、动能强等技术优势，在相当大程度上逐渐取代继电器构成自动控制和远程控制系统，使技术水准大大提高。但与电子器件相比，继电器仍存在一定的优势，尤其是具有"故障-安全"性能，因此不仅现在，而且在未来一定时期内，继电器在轨道交通信号领域仍将起着重要作用。例如，在计算机联锁设备中，尽管电子器件所占比例相当大，但仍需要将继电器电路作为系统主机与信号机、轨道电路、转辙机的接口电路。

目前，轨道交通信号设备中继电器的作用主要表现在以下几个方面。

1. 表示功能

利用不同继电器表示线路的占用和空闲、信号的开放和关闭、道岔是否在规定位置、区间是否闭塞等状态。例如，车站每组联锁道岔均设置定位表示继电器（DBJ）和反位表示继电器（FBJ），当有关继电器吸起时，表示该道岔在定位或在反位，进而利用继电器触点接通控制台或显示屏的相关表示灯，并实现有关设备间的相互控制关系。

2. 驱动功能

目前轨道交通信号设备中的主要被控对象是信号机和转辙机，不论车站是采用继电联锁还是计算机联锁，均利用继电器控制相应设备。例如，车站的联锁道岔控制电路中设置有定位操纵继电器（DCJ）和反位操纵继电器（FCJ），当条件满足，有关继电器吸起时，能够驱动道岔向定位或反位转换。

3. 实现逻辑电路

在继电式车站联锁设备以及继电式区间半自动闭塞设备中，利用继电电路实现有逻辑关系，以保证正线列车运行和车辆段内调车作业的安全。例如，在6502电气集中联锁电路中，完全利用继电电路判断道岔位置是否正确、进路是否空闲等条件，从而确定能否开放信号；信号开放后，利用继电电路锁闭与之相敌对的信号，并实时检查联锁条件，必要条件下及时关闭有关信号，保证行车安全。

学习单元二 信 号 机

一、信号概述

1. 信号的作用和分类

信号是指示列车运行或调车作业实施的命令。所有行车人员都必须严格遵守信号显示的要求，确保行车安全。

从广义上讲，信号包括视觉信号和听觉信号两大类。视觉信号是用颜色、显示数目及灯光状况等表达的信号，如地面信号机、手信号旗、信号牌、信号灯、信号表示器显示的信号。听觉信号是用音响表达的信号，如机车鸣笛、口笛等发出的信号。

视觉信号按信号机具是否移动，分为手信号、移动信号和固定信号。手信号是指手持信号旗或信号灯发出的信号。移动信号是根据需要在地面上临时设置的信号装置，如实施临时限速时设置的限速告示牌和限速终止标牌等。固定信号是为防护一定的目标，设于固定地点的信号装置，如地面信号机和信号表示器等。将地面信号通过传输设备或其他方式传入列车的车载信号，也属于固定信号。

城市轨道交通的自动化程度较高，一般采用"地面信号显示与车载信号系统相结合，以车载信号系统为主"的方式，列车的运行速度不取决于地面信号机的显示。地面信号只起辅助作用。

2. 信号颜色及其表示意义

我国规定用红色、黄色和绿色作为信号的基本颜色，以月白色、蓝色等作为信号的辅助颜色。其中，红色为停车信号，要求禁止越过该信号机。信号熄灭或显示不明时，也应视为停车信号。黄色为允许信号，信号处于有限开放状态，要求列车注意或减速运行。绿色为允许信号，信号处于正常开放状态，可按规定速度通过该信号机。在调车作业时，月白色表示允许调车车列越过该信号机调车。部分城市轨道交通运营公司采用月白色+红色为引导信号，表示正线列车作业时，准许列车越过显示红灯的信号机，并随时准备停车。蓝色用于调车信号，表示禁止越过该信号机调车。

图2-4 地下线路信号机设置

二、地面信号机

（一）地面信号机的设置原则

1. 设置于列车运行方向右侧

城市轨道交通采用右侧行车制。为便于司机瞭望，规定所有地面信号机均应设于行车方向线路的右侧；地下线路部分，一般安装在隧道壁上，如图2-4所示。

特殊情况下，如线路右侧没有装设信号机的条件或因曲线、隧道、桥梁等影响，也可以设置在列车运行方向的左侧或其他位置。

2. 信号机柱的选择

高柱信号机具有显示距离远、观察位置明确等优点，因此，车辆段的进段信号机以及车场的入场信号机多采用高柱信号机。其他信号机由于对显示距离要求不远,以及隧道内安装空间有限,一般采用矮柱信号机。

3. 地面信号机限界

任何信号机不得侵入设备限界。

直线地段的设备限界是在直线地段车辆限界外扩大一定的安全间隙后形成的。曲线地段的设备限界应在直线地段设备限界的基础上,按平面曲线不同半径过超高或欠超高引起的横向和竖向偏移量,以及车辆、轨道参数等因素计算确定。

（二）地面信号机的分类

（1）按信号机构类型,可分为透镜式色灯信号机、组合式色灯信号机、LED 信号机。

（2）按信号机的用途,可分为进段（场）、出段（场）、进站、出站、阻挡、防护、调车、复示等信号机。

（3）按信号机的显示数目,可分为五显示、三显示、两显示、单显示四种。

（4）按信号机地位,可分为主体信号机和从属信号机。主体信号机能独立地显示信号,指示列车或调车车列的运行条件;从属信号机本身不能独立存在,只能从属于主体信号机,如复示信号机就从属于其主体信号机。

（三）信号颜色及信号机图形符号

城市轨道交通信号平面图常用信号颜色及信号机图形符号见表 2-1。

表 2-1　　　　　　城市轨道交通信号平面图常用信号颜色及信号机图形符号

名　称	图形符号	名　称	图形符号
红色灯光	●	空灯位	⊗
黄色灯光	⊘	稳定绿灯	○⃪
绿色灯光	○	稳定红灯	●⃪
蓝色灯光	⊙	高柱信号	⊢○　○⊣
月白色灯光	◎	矮柱信号	b　d

三、正线和车辆段（停车场）信号机及表示器设置

城市轨道交通系统地面信号机及表示器从地域上来说分设在正线上和车辆段（停车场）内,具体设置遵循以下基本原则:

（1）正线 ATC 控制区域的线路上道岔区设防护信号机或道岔状态表示器,其他类型的信号机可根据需要设置。

（2）正线有岔站,为了防护道岔和实现联锁关系,设置地面信号机;中间无岔站时一般不设信号机。

（3）折返站的折返线出入口设置防护信号机。

（4）一般情况下,正线区间均不设通过信号机。

（5）停车场的出入库线应设置出入库地面信号机,指挥列车出入库。

（6）停车场内根据调车作业的需要,设置各种用途的调车信号机。

（7）根据列车运行间隔需要,可设置出站信号机,有的甚至还设置区间通过信号机作为后备系统使用。

（一）正线信号机及表示器

城市轨道交通车站有的设有道岔，有的仅有两条正线，因此应根据各站设备具体情况设置信号机。正线上常用的信号机包括以下几种。

1. 防护信号机

在正线道岔岔前和岔后适当地点设置防护信号机，如图 2-5 中 X1、X3、X6、X8 等所示。

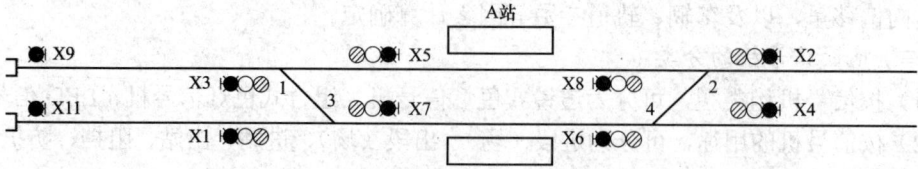

图 2-5　防护信号机设置示意图

防护信号机采用三显示结构，自上而下为黄色（或月白色）、绿色、红色，其显示意义为：

（1）红色——禁止越过该信号机；

（2）绿色——道岔开通直向位置，允许列车按照规定速度越过该信号机进入区间；

（3）黄色——道岔开通侧向位置，允许列车按照规定速度（一般限速不超过 30km/h）越过该信号机，运行至折返点；

（4）黄色+红色——引导信号，允许列车以不超过 25km/h 的速度越过该信号机，有条件进入区间。

正线上防护信号机用"X""F"等命名，以数字序号作为下标，下行咽喉编号为单号，上行咽喉编号为双号，从站外向站内顺序编号。

2. 阻挡信号机

在线路尽头处设置阻挡信号机，表示列车停车位置。阻挡信号机采用单显示结构，只有一个红灯。当阻挡信号机显示红灯时，列车应在距信号机至少 10km 的安全距离前停车。

当车站设置有阻挡信号机时，与防护信号机共同顺序编号，如图 2-5 中 X9、X11 所示。

3. 通过信号机

采用 ATC 系统的城市轨道交通，自动闭塞通过信号机已经失去主体信号作用，一般在区间不设置通过信号机。为便于驾驶员在 ATP 设备发生故障时控制列车运行，可以根据需要设置通过信号机。

通过信号机采用三显示机构，灯位自上而下依次为黄、绿、红。

4. 进、出站信号机

车站可根据需要设置进、出站信号机，或仅设置出站信号机。

进站信号机设置在车站入口外方适当距离，用于防护车站内作业安全。进站信号机显示一个红灯时，表示不准越过信号机进入站内；显示一个绿灯时，表示允许列车按规定速度越过信号机进入站内。

出站信号机设置在车站出口，即列车由车站向区间发车处前方，指示列车能否由车站进入区间。出站信号机显示一个红灯时，表示不准列车出站；显示一个绿灯时，表示允许列车出发进入区间。

5. 发车表示器（倒计时发车牌）

车站可在正向出站方向站台一侧、列车停车位置前方适当地点设置发车表示器或倒计时发车牌，向列车驾驶员表示能否关闭车门及发车时间。发车表示器平时不亮灯，列车停靠后，发车表示器无显示，表示不能关闭车门及发车；距发车还有 5s 时，发车表示器显示白色闪光，提醒列车驾驶员关闭车门；当发车表示器显示白色稳定灯光时，表示可以发车。倒计时发车牌以数字形式显示距离发车的时间（s）。

（二）车辆段（停车场）信号机

1. 进、出段（场）信号机

车辆段（停车场）入口转换轨外方设置进段（场）信号机。进段（场）信号机显示及灯光配列可与防护信号机相同，也可采用双机构。

图 2-6 所示为某地铁公司车辆段与正线连接部分，图中 XJ1、XJ2 为进段（场）信号机。XJ1 显示红灯，表示禁止列车进入车辆段（停车场）；显示一个黄灯，表示允许进入车辆段（停车场），道岔 1 开通直向位置；显示两个黄灯，表示允许进入车辆段（停车场），道岔 1 开通侧向位置；显示一个红灯和一个白灯表示引导信号。

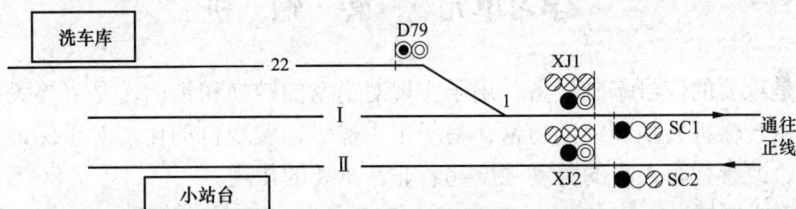

图 2-6 车辆段（停车场）进、出段（场）信号机设置示意图

车辆段（停车场）出口处设置出段（场）信号机，如图 2-6 中 SC1、SC2 所示，其显示灯光配列可与防护信号机相同。

2. 调车信号机

车辆段（停车场）内其他地点可根据需要设置调车信号。调车信号机显示蓝色灯光，表示禁止越过该信号机调车；显示白色灯光，表示允许超过该信号机调车。

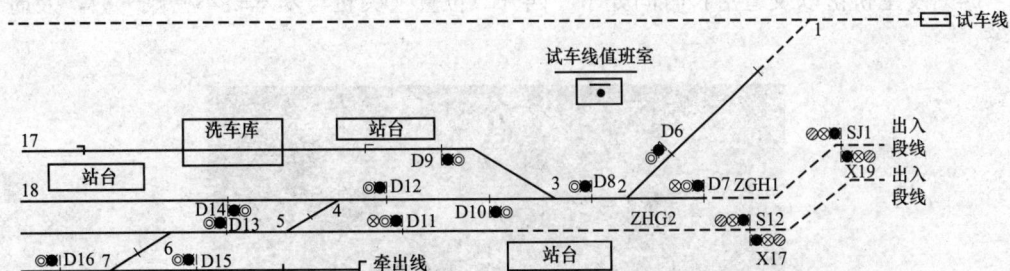

图 2-7 车辆段（停车场）信号机设置示意图

3. 阻挡信号机

在车库的停车线等尽头线的终端设置阻挡信号机，一般采用单显示机构，一个红灯。

四、信号显示基本要求

1. 信号机定位

地面设置的信号机平时应处于亮灯状态，其经常保持的显示状态称为信号机的定位显示。除自动闭塞通过信号机外，其他信号机一律以显示禁止灯光（红灯或蓝灯）为定位显示。

2. 信号机关闭时机

信号开放后，当列车第一轮对越过信号机所对应的绝缘后，该信号机应及时自动关闭。根据调车作业实际情况，结合铁路信号设备的设计要求，调车信号机开放后，需调车车列全部越过信号机后才自动关闭。

3. 视作停车信号

除有特殊规定外，信号机的灯光熄灭、显示不明或显示不正确时，视作停车信号。

4. 信号显示距离

各类地面信号机及表示器的显示距离应符合以下规定：行车信号和道岔防护信号应不少于 400m；调车信号和道岔状态表示器应不少于 200m；引导和道岔状态表示器以外的各种表示器应不少于 100m。

学习单元三 转 辙 机

转辙机是重要的信号基础设备，用于实现对道岔的转换和锁闭，是直接关系行车安全的关键设备。由转辙机转换和锁闭道岔，易于集中操纵，实现自动化，对于保证行车安全、提高运输效率、改善行车人员的劳动强度起着非常重要的作用。

一、转辙机概述

1. 转辙机的作用

在集中联锁设备中，转辙机的作用是接收到命令后带动道岔转换，如图 2-8 所示。其主要功能为转换道岔、锁闭道岔尖轨、表示道岔所在位置，具体表现为：

（1）根据操作要求，将道岔转换至定位或反位。

（2）道岔转换至规定位置而且密贴后，自动实行机械锁闭，防止外力改变道岔位置。

（3）当道岔尖轨与基本轨密贴后，正确反映道岔位置，并给出相应表示。

（4）发生挤岔以及道岔长时间处于"四开"位置（尖轨与基本轨不密贴）时，及时发出报警。

图 2-8 转辙机

2. 对转辙机的基本要求

（1）作为转换器，应具有足够大的拉力，以带动尖轨作直线往返运动；当尖轨受阻不能转换到底时，应随时通过操作使尖轨回复原位。

（2）作为锁闭器，当尖轨和基本轨不密贴时，不应进行锁闭；一旦锁闭，不由于车辆通过道岔时的振动而错误解锁。

（3）作为监督器，应能正确反映道岔的状态。

（4）道岔被挤后，在未修复前不应再使道岔转换。

3. 转辙机的分类

（1）转辙机按动作能源和传动方式的不同，可分为电动转辙机和电动液压转辙机（简称电液转辙机）。电动转辙机由电动机提供动力，采用机械传动方式。ZD6 系列、S700K 型转辙机均属于电动转辙机。电动液压转辙机由电动机提供动力，采用液压传动方式。

（2）转辙机按供电电源的不同，可分为直流转辙机和交流转辙机。直流转辙机采用直流电动机驱动，目前使用较多的 ZD6 系列电动转辙机就是直流转辙机。交流转辙机采用三相交流电源，电动机为三相异步电动机，部分地铁公司采用的 S700K 型转辙机即为交流转辙机。

（3）转辙机按锁闭方式的不同，可分为内锁闭转辙机和外锁闭转辙机。内锁闭转辙机的锁闭机构设置在转辙机内部，尖轨通过锁闭杆与锁闭装置连接。ZD6 等系列电动转辙机大多采用内锁闭方式。外锁闭转辙机依靠转辙机之外的锁闭装置直接锁闭密贴尖轨和基本轨，不仅锁闭可靠程度较高，而且列车过岔时对转辙机的冲击小，有利于减少转辙机故障。

4. 转辙机的设置

城市轨道交通线路常用的标准道岔有 7 号、9 号和 12 号。正线及折返线上统一采用 9 号道岔，7 号道岔一般在车辆段（停车场）使用，12 号道岔则在一些重要的折返线、渡线或联络线等线路使用。通常，一组道岔由一台转辙机牵引。如果正线上采用的是弹性可弯型道岔，如 9 号 AT（矮型特种断面尖轨）道岔，需要两个牵引点，可以用两台转辙机牵引，如图 2-9 所示。

(a)　　　　　　　　　　　(b)

图 2-9　转辙机的设置

（a）一台转辙机牵引；（b）两台转辙机牵引

二、转辙机的操纵和锁闭

1. 操纵方式

转辙机有电动转换和人工转换两种方式。

设备正常时，运行操作人员利用控制台（或显示器）上的有关按钮进行集中操纵，如图 2-10 所示。

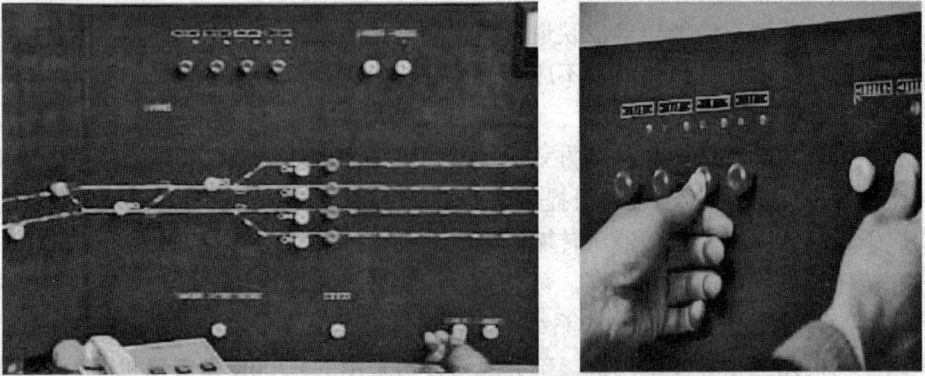

图 2-10　利用电气集中联锁设备操纵道岔

停电、转辙机故障以及有关轨道电路故障时，只能使用手摇方式转换道岔。

手摇转辙机时，先用钥匙打开遮断器盖，露出手摇把插孔，插入手摇把，摇动规定圈数使道岔转换至所需位置。转换完毕抽出手摇把，但安全触点被断开，转辙机电路也被断开，必须由电务维修人员打开机盖，合上安全触点，转辙机电路才恢复正常。多动道岔或多台转辙机牵引的道岔，必须摇动各台转辙机，使道岔至所需位置。它们在集中操纵时是联动的，但手摇转换时必须一一摇动。手摇把关系到行车安全，要实行统一编号、集中管理，建立登记签认制度。

2. 锁闭方式

对道岔实施锁闭，是指通过机械及电气方式将列车正在经过，或已发出指令允许列车经过（例如办理好进路）的道岔进行固定，防止道岔错误转换。

锁闭道岔的方式有机械锁闭和电气锁闭两种形式。

机械锁闭是当道岔转换到位后，利用转辙机的内锁闭或外锁闭装置自动实现的，用于确保列车运行时尖轨与基本轨保持密贴。当设备故障时，需人工利用钩锁器等设备对道岔尖轨实施锁闭，以保证行车安全。

电气锁闭是利用继电器触点等断开转辙机电路，确保列车占用或已发出指令允许列车经过时，不会由于误操作导致道岔转换。

三、ZD6-A 型电动转辙机

ZD6 系列转辙机采用内锁闭方式，是我国城市轨道交通系统中使用最为广泛的电动转辙机。在该系列转辙机中，ZD6-A 型电动转辙机为基本型，其结构如图 2-11 所示，其他如ZD6-D、ZD6-E、ZD6-J 等型号均属于派生型号。

ZD6-A 型电动转辙机主要部件及其功能如下：

（1）电动机。电动机采用直流串励电动机，为电动转辙机提供动力。

（2）减速器。减速器用于降低转速，以获得足够的转矩，并完成传动功能。

（3）摩擦连接器。摩擦连接器由弹簧和摩擦制动板组成，构成输出轴与主轴之间的摩擦连接，当道岔转换过程中尖轨遇阻时，能够保护电动机。

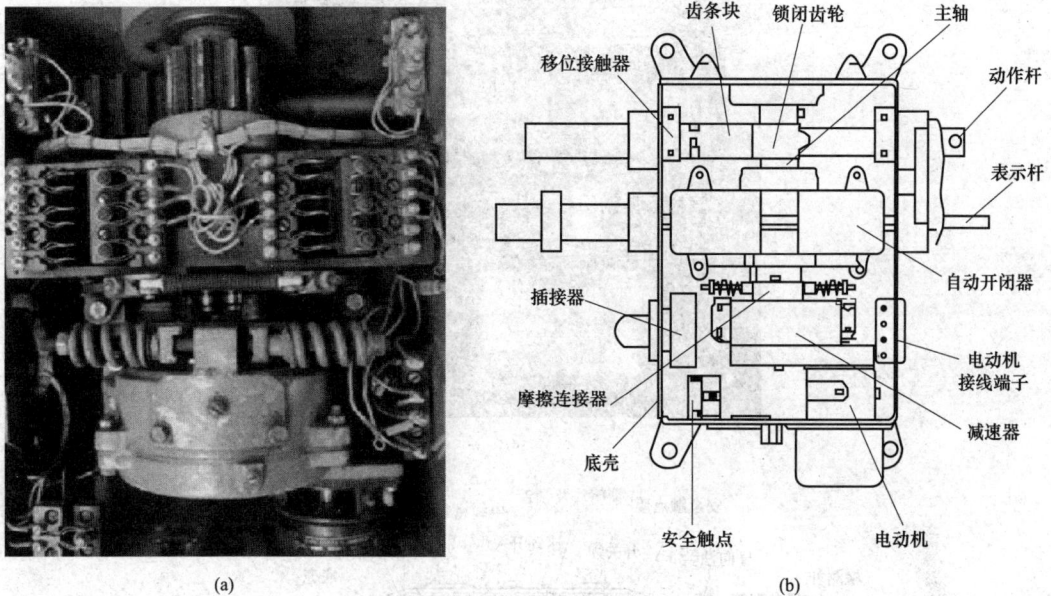

图 2-11　ZD6-A 型电动转辙机结构图

(a) 实物图；(b) 示意图

（4）转换锁闭装置。转换锁闭装置由锁闭齿轮和齿条块组成，它将转动变为平动，通过动作杆带动尖轨运动，转换到位后进行锁闭。

（5）自动开闭器。自动开闭器通过表示杆与尖轨连接，表示杆随尖轨移动。只有当尖轨密贴并锁闭后，才能接通道岔表示电路，并断开道岔的转换电路。

（6）挤岔保护及报警装置。挤岔保护及报警装置包括挤切销和移位接触器等。挤切销用于连接动作杆和齿条块，挤岔时挤切销被切断，使动作杆和齿条块分离，避免机件损坏。移位接触器用于监督挤切销受损状态，道岔被挤或挤切销折断时，断开道岔表示电路，并接通挤岔报警电路。

（7）遮断器。遮断器（又称安全触点）位于电动机一侧，用于断开电动机的电路。只有打开遮断器，才能插入手摇把人工转换道岔，或者打开机盖进行检修。

四、S700K 型电动转辙机

S700K 型电动转辙机是我国为满足铁路提速的需要，从德国引进设备和技术，经消化吸收和改进后，在干线铁路推广的一种转辙机。这种转辙机结构先进、工艺精良，解决了 ZD6 系列转辙机存在的电动机断线、故障电流变化、触点接触不良、移位接触器跳棋、挤切销折断等惯性故障。

城市轨道交通尽管运行速度不高，但采用 S700K 型转辙机的优点十分明显：由于采用三相交流电动机，线路上的电能损失大大减小；由于采用滚珠丝杠传动装置，摩擦力小，机械效率高；由于三相电动机没有直流电动机的整流子，维修工作量大大减少。

S700K 型电动转辙机由外壳、动力传动装置、检测和锁闭装置、安全装置、配线接口五大部分组成，如图 2-12 所示。

(a)

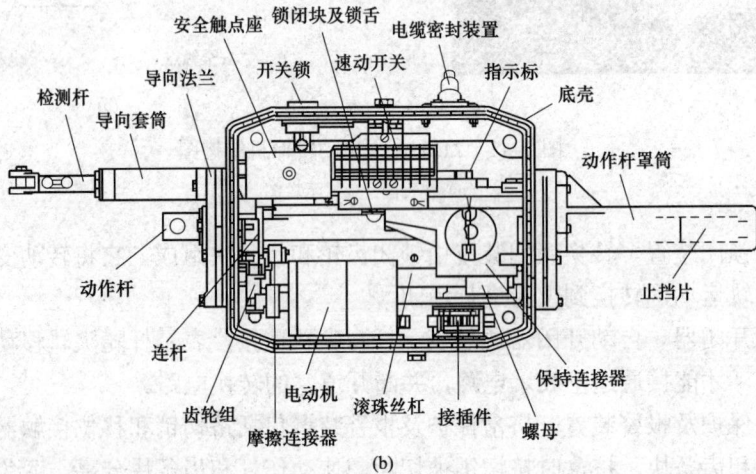

(b)

图 2-12　S700K 型电动转辙机结构图

(a) 实物图；(b) 示意图

（1）外壳。外壳由铸铁底壳、机盖、动作杆套筒、导向套筒、导向法兰等组成。

（2）动力传动装置。动力传动装置主要由三相交流电动机、齿轮组、摩擦连接器、滚珠丝杠、保持连接器、动作杆等组成。其中，滚珠丝杠相当于 32mm 的螺栓和螺母。滚珠丝杠正向或反向旋转一周，螺母前进或后退一个螺距。它将电动机的旋转运动转化为丝杠的直线运动的同时，还起到减速作用。保持连接器是转辙机的挤脱装置，利用弹簧压力通过槽口式结构将滚珠丝杠与动作杆连接在一起。当道岔的挤岔力超过弹簧压力时，动作杆滑脱，起到保护整机的作用。

（3）检测和锁闭装置。检测和锁闭装置主要由检测杆、叉形接头、速动开关组、锁闭块和锁舌、指示标等组成。检测杆随道岔尖轨移动，用于检测道岔在终端位置时的状态。道岔在终端位置时，当检测杆指示缺口与指示标对中时，锁闭块与锁舌能够正常弹出。锁闭块的正常弹出使速动开关的有关启动触点闭合，并使有关表示触点断开。锁舌的正常弹出用于阻挡转辙机的保持连接器移动，实现转辙机的内部锁闭。速动开关实际上是采用了沙尔特宝触点组的自动开闭器，能够随着尖轨的动作而自动开闭，从而自动接通、断开电动机动作电路和道岔表示电路。

（4）安全装置。安全装置主要由开关锁、遮蔽开关、连杆、摇把孔挡板等组成。

（5）配线接口。配线接口主要由电缆密封装置、接插件插座组成。

学习单元四　轨　道　电　路

轨道电路是轨道交通信号自动控制的基础设备，是利用钢轨线路和钢轨绝缘构成的电路。它的作用是监督线路的占用情况，为信号的开放、进路的形成提供依据，以及向列车提供行车信息。轨道电路的性能将直接影响行车安全和运输效率。

一、轨道电路概述

1. 轨道电路的结构

轨道电路是以铁路线路的两根钢轨作为导体，在一定长度的钢轨两端装设机械绝缘（电气绝缘），接上送电设备和受电设备构成的电路。最简单的轨道电路如图 2-13 所示。

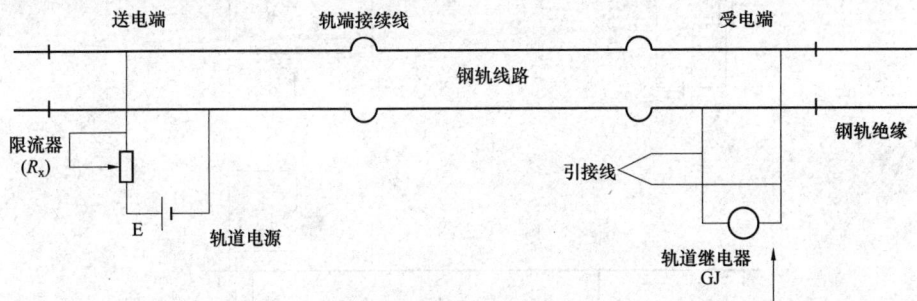

图 2-13　轨道电路组成示意图

（1）钢轨。在轨道交通系统中，两根钢轨是传输轨道电路电流的导体，用来传递电信息。

（2）轨端接续线。为了减少两根钢轨轨头衔接处钢轨与钢轨夹板间的接触电阻，用轨端接续线进行连接。轨端接续线有塞钉式和焊接式两种。

（3）钢轨绝缘（绝缘节）。安装在相邻两个轨道电路的衔接处，以保证两个相邻轨道电路在电气上的可靠隔离，划分各轨道区段。钢轨绝缘的材料主要包括钢板纸、玻璃布板、尼龙塑料板等。

（4）送电端。送电端由送电设备、限流器、引接线等组成。轨道电路的送电设备可以是传统意义上的电源，为轨道电路提供电能，也可以是能够发送一定信息的电子设备，通过轨道电路向列车传递行车信息。限流器是为了保护电源设备而设置的，一般采用电阻器或电抗器，保证轨道电路被列车占用时，接收端的轨道继电器能可靠落下。

（5）受电端。受电端由受电设备、引接线等组成。轨道电路的受电设备一般是轨道继电器，用于反映轨道电路范围内有无列车、车辆占用和钢轨是否完整；或者当轨道电路中包含有控制信息时，受电设备也可以是能够接收并鉴别电流特性的电子设备。

（6）引接线。用于送电设备、受电设备与钢轨的连接。

2. 轨道电路的工作原理

当轨道区段无列车或车辆占用时，轨道电流经由电源正极沿着钢轨、轨道继电器回到电源负极构成闭合回路，使得轨道继电器励磁吸起，接通信号机的绿灯电路，允许列车进入轨道电路，如图 2-14（a）所示。此状态称为轨道电路的调整状态。

当轨道区段有列车或车辆占用时，电流同时流经车辆轮对和轨道继电器。由于轮对的电阻比轨道继电器线圈的电阻小得多，因此轨道电路被轮对分路。这时流经继电器线圈的电流很小，不足以使线圈产生的电磁力克服重力，导致衔铁失磁落下，接通信号机的红灯电路，表示该轨道区段有车占用，如图 2-14（b）所示。此状态称为轨道电路的分路状态。

当轨道电路的钢轨发生断轨或断线等故障时，轨道电路受电端轨道继电器中无电流通过，处于不工作状态，反映钢轨断轨。这种状态称为轨道电路的断轨状态。

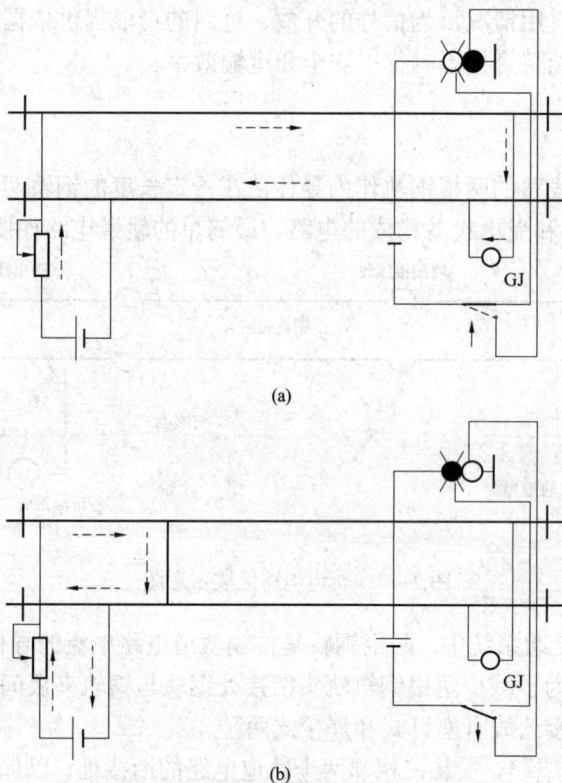

(a)

(b)

图 2-14　轨道电路工作原理示意图

（a）无列车或车辆进入轨道电路时；（b）有列车或车辆进入轨道电路时

3. 轨道电路的作用

（1）监督列车的占用情况。利用轨道电路监督列车在正线或列车和车辆在车辆段内的占用情况。由轨道电路反映该段线路是否空闲，为信号开放、建立进路和构成闭塞提供依据。此外，还利用轨道电路的被占用关闭信号，将信号显示和轨道电路是否被占用结合起来。

（2）传递行车信息。对于 ATP 系统来说，带有编码信息的轨道电路是其车地之间传输信息的通道之一。例如，数字编码式音频轨道电路中传送的行车信息，可直接为列车运行控制系统提供控制列车运行所需要的前行列车位置、运行前方信号机状态和车站进路等有关信息，以决定列车运行的目标速度，控制列车在当前运行速度下是否停车或减速。

二、轨道电路的分类

（一）按分割方式分类

按分割方式的不同，轨道电路可分为有绝缘轨道电路和无绝缘轨道电路。

1. 有绝缘轨道电路

有绝缘轨道电路利用钢轨绝缘实现本轨道电路与相邻轨道电路间的电气隔离。钢轨绝缘在列车的冲击力下容易破损，造成轨道电路发生故障；同时，绝缘节的安装会给无缝线路带来麻烦，有时需要锯轨，因而降低了线路的轨道强度，增加了线路维护的复杂性。并且，钢轨轨缝的存在既降低了乘客乘坐的舒适性，又不利于牵引电流的回流输送。

2. 无绝缘轨道电路

无绝缘轨道电路在其分界处不设置钢轨绝缘，而采用电气隔离的方法予以隔离。这种电气隔离方式又称谐振式，采用不同的信号频率，谐振回路对不同频率呈现不同阻抗来实现相邻轨道电路间的电气隔离。

城市轨道交通正线上采用无绝缘轨道电路。

（二）按所传送的电流特性分类

按所传输的电流特性不同，轨道电路可分为工频连续式轨道电路和音频轨道电路。

1. 工频连续式轨道电路

工频连续式轨道电路传送连续的 50Hz 交流电流。这种轨道电路只能用来监督轨道占用与否，不能传送与列车相关的行车控制信息。

2. 音频轨道电路

音频轨道电路按照信息处理技术可以分为模拟式和数字编码式两种。其中，模拟式音频轨道电路采用调幅或调频方式，除了监督轨道占用情况外，还能传输速度信息，不能传输更多的 ATP 信息，因此该轨道电路只能实现阶梯式控制模式的固定闭塞。而数字编码式音频轨道电路采用数字调频方式，可以传输更多的信息，如目标速度、线路坡度、限速、轨道电路长度等。城市轨道交通正线上采用音频轨道电路。

（三）按使用处所分类

按使用处所的不同，轨道电路可以分为正线轨道电路和车辆段内轨道电路。

1. 正线轨道电路

正线轨道电路需要具有检测列车占用和传递 ATP/ATO 行车信息两个功能，因此正线轨道电路一般采用音频轨道电路，用电气隔离的方式形成电气绝缘节，取代机械绝缘节进行相邻轨道电路的划分和隔离。一般情况下，正线要求轨道电路传输距离较长，因而其结构比较复杂。

2. 车辆段内轨道电路

城市轨道交通车辆段内轨道电路，一般只需具有监督区段是否有车占用的功能，不用传输其他信息。目前较多采用 50Hz 相敏轨道电路和 50Hz 微电子相敏轨道电路两种。

（四）按是否包含道岔分类

按轨道电路内是否包含道岔，轨道电路可分为无岔区段轨道电路和道岔区段轨道电路。

1. 无岔区段轨道电路

无岔区段轨道电路内钢轨线路无分支，结构较简单，用于停车线、检车线、尽头线调车信号机前方接近区段，以及两个差置信号机之间的区段。

2. 道岔区段轨道电路

道岔区段轨道电路的结构比较复杂，与无岔区段轨道电路的区别在于线路被分开，产生

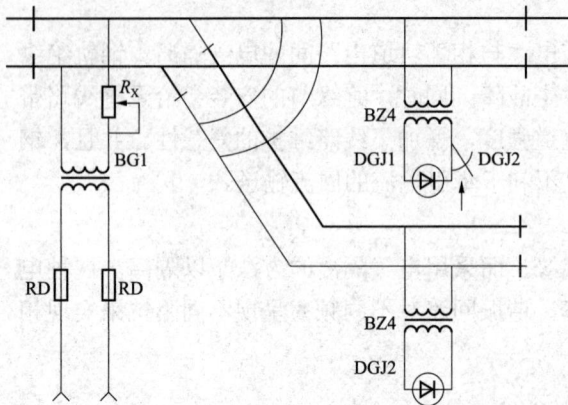

图 2-15　道岔区"一送多受"轨道电路

了分支，为此需要增加道岔绝缘、道岔路线和道岔连接线。当分支超过一定长度时，还必须设置多个受电端，即"一送多受"，如图 2-15 所示。

三、常用的轨道电路

（一）50Hz 相敏轨道电路

50Hz 相敏轨道电路应用于车辆段（停车场）内。地铁列车或车辆在车辆段（停车场）内进行作业时无车载信号显示，因此，其轨道电路的作用仅是监督列车的占用情况，不能传输其他相关行车信息，其结构如图 2-16 所示。

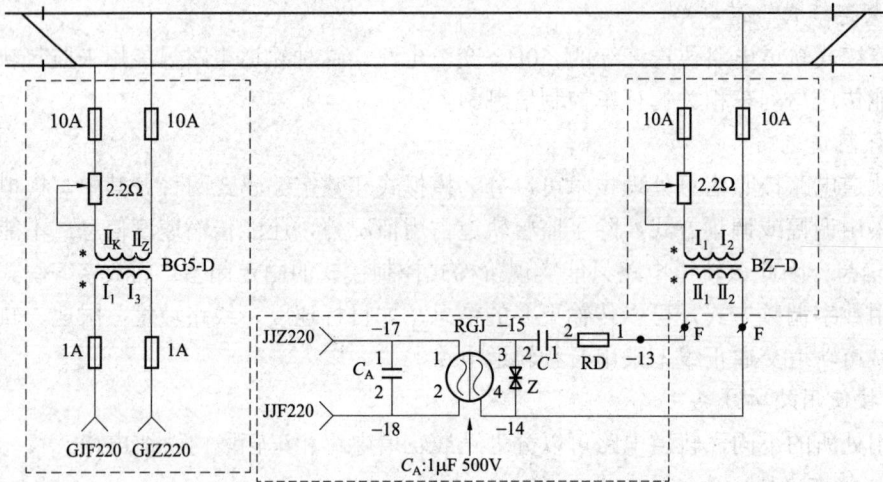

图 2-16　50Hz 相敏轨道电路结构图

50Hz 相敏轨道电路一般专指继电式，它由送电端、钢轨、钢轨绝缘、轨端接续线、引接线、回流线及受电端组成。

（1）送电端：包括 BG5-D 型轨道变压器、R-2.2/220 型变阻器及断路器。送电端一般安装在室外变压器箱内，轨道电源从室内通过电缆送至送电端。

（2）受电端：包括安装在室外变压器箱中的 BZ-D 型中继变压器、R-2.2/220 型变阻器及断路器，安装在室内组合架上的电容器、防雷元件和交流二元继电器上。

当轨道电路完整，无车占用时，电源屏分别供出 50Hz 轨道电源和局部电源。送电端轨道电源由室内 GJZ220、GJF220 通过电缆供向室外，经送电端 50Hz 轨道电源变压器（BG5-D）、送电端限流电阻（R_x）、钢轨线路、受电端 50Hz 轨道中继变压器（BZ-D）、电缆线路送回室内，经过防雷补偿器（Z）给轨道继电器 RGJ 的轨道线圈 3-4 供电。轨道继电器 RGJ 局部线圈 1-2 接局部电源 JJZ220、JJF220。当轨道继电器 RGJ 的轨道线圈电源和局部线圈电源满足规定的相位和频率要求时，轨道电路处于调整状态，RGJ 吸起，表示轨道区段空闲。

当有车占用轨道电路时，轨道电源被车辆轮对分路，使轨道继电器端电压低于其工作值，RGJ 落下，表示该轨道电路被占用。当轨道电源和局部电源频率、相位不符合要求时，RGJ 也落下。

由于 50Hz 相敏轨道电路工作时具有相位鉴别能力，即相敏特性，因此其抗干扰性能较强。

（二）音频轨道电路

目前，我国大部分地铁线路多采用的音频轨道电路为德国西门子公司的 FTGS 型音频无绝缘轨道电路。

德国西门子公司的 FTGS 型数字编码式音频轨道电路是目前世界上技术较为先进、应用范围较广的轨道电路。在我国，广州地铁、上海地铁、南京地铁及深圳地铁均采用该轨道电路系统。其中，FTGS 是西门子公司"遥供音频无绝缘轨道电路"的德文缩写。该电路由调频电压远程馈电。它实现了地铁正线钢轨铺设的无缝连接，使乘客乘坐地铁时感觉更加平稳、舒适；更重要的是，它与其他系统的配合使用也非常方便，只需在轨道区段内增设一些环线和相应的发送或接收设备即可。

1. 电路的组成

FTGS 型数字编码式音频轨道电路主要由室外设备和室内设备两部分组成，中间通过电缆进行连接，如图 2-17 所示。

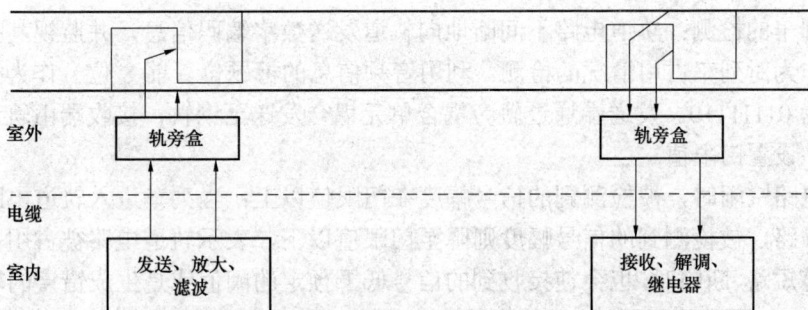

图 2-17　FTGS 型数字编码式音频轨道电路的组成

（1）室外设备。室外设备主要是指轨旁设备，它由轨道耦合单元、棒线和耦合环线三部分组成，在轨道之间或者沿轨旁安装，采用互耦方式，如图 2-18 所示。

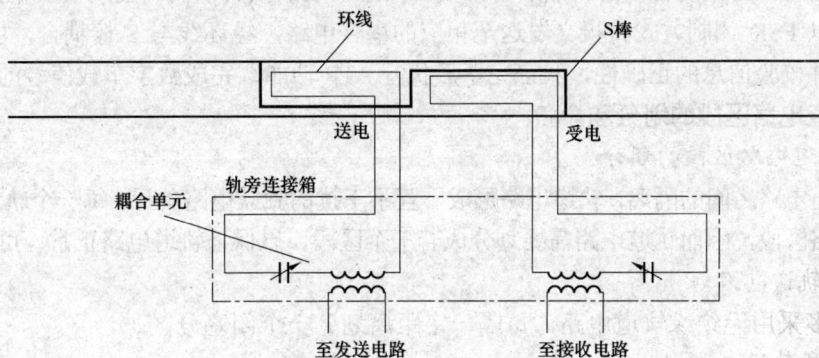

图 2-18　轨旁设备的组成及安装

　　轨道耦合单元将轨道信号连接到控制机箱的接收电路和发送电路，并调谐轨道电路的载频频率。每个耦合电路由变压器和可调电容组成槽路。

　　轨道电路的棒有 S 棒、8 字棒、短路棒、调整棒和终端棒。大多数轨道电路区段采用 S 棒，棒线布置在线路两钢轨之间，端点焊接于钢轨上，形成 S 形，由一匝电线构成的环线与 S 形电缆连接器耦合。发送的轨道信号电流通过棒线感应到钢轨，由列车车载设备接收。

　　（2）室内设备。室内设备主要是安装在室内控制柜内的控制机箱，如图 2-19 所示。每个机箱内包含多个 PCB 电路板，每个轨道电路都有控制板、辅助板和电源板。控制板产生具有 ATP 功能的数字编码信息；辅助板将控制板产生的信息放大后发送至室外，并接收来自轨道的信息；电源板提供控制板和辅助板工作所需的电源。

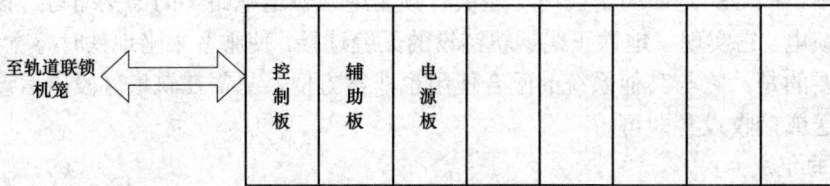

图 2-19　控制机箱

2. 工作原理

　　（1）对列车的检测：轨道电路不间断地向轨道发送数字编码信息，并监视其接收器感应到的信号，作为对列车占用情况的检测。利用音频信息的标题位（前 8 位）作为列车检测信号，其固定为 01111110。发送端通过轨旁耦合单元耦合发送至钢轨，接收端由轨道接收器检测该信号，并设置门限值。

　　当轨道电路空闲时，被检测到的信号幅度在门限值以上；当列车进入轨道电路区段时，由于信号被分路，被检测到的信号幅度则降至门限值以下，表示轨道电路被占用；由于其他原因造成轨道短路、断路时，也会使接收到的信号低于预定的阈值或是生成错误的轨道 ID 号。根据"故障-安全"原则，被检测到的信号幅度在门限值以上时，向联锁单元传递"空闲"信息，否则向联锁单元传递"占用"信息，从而完成列车检测功能。

　　（2）ATP 信息的传送：音频轨道电路与联锁系统之间通过 RS485 接口进行通信。音频系统接收来自联锁系统的目标速度、目标距离等信息，再加上本轨道区段信息，如轨道电路 ID 号、线路速度等，构成复合信息；然后将该复合信息形成的报文帧利用辅助板及机笼后面的方向继电器，以 FSK 调制方式将报文发送至相应的耦合电路，经环线与 S 棒耦合，由车载 ATP 接收、解码并校验信息的正确性，验证完毕后执行 ATP 功能，完成数字车载信号的传输功能。

四、轨道电路区段的划分和命名

（一）轨道电路区段的划分

　　由于轨道电路之间的隔离，轨道电路形成了互不干扰的独立电路单元。每一个轨道电路单元称为轨道电路区段，因而轨道电路需要划分成若干个区段，以保证轨道电路正常、可靠工作。

1. 正线轨道电路划分

　　正线大多采用无绝缘轨道电路，每隔一定距离划分一个闭塞分区。

2. 车辆段轨道电路划分

　　在车辆段内，采用钢轨绝缘将两个相邻轨道电路划分成互不干扰的独立电路单元。其划分原则为：

（1）有信号机的地方必须设置钢轨绝缘，将信号机的内外方划分为不同区段。

（2）凡能平行运行的进路，其间应设置钢轨绝缘，如渡线道岔上的钢轨绝缘。

（3）一个轨道电路区段内包含的道岔，原则上不应超过3组。

（4）为提高咽喉区的能力，应将轨道电路区段适当划短，提高平行作业效率。

（5）城市轨道交通车辆段车库的停车线一般划分为两段轨道电路，允许停放两列列车。

（二）轨道电路的命名

正线无绝缘轨道电路每隔一定距离划分一个轨道电路区段（闭塞分区），顺序编号命名。车辆段轨道电路命名方法如下。

1. 道岔区段轨道电路命名方法

道岔区段轨道电路根据所包含的道岔名称来进行命名：

（1）包含一组道岔：如附录B中包含7号道岔的轨道区段命名为7DG，包含8号道岔的轨道区段命名为8DG。

（2）包含两组道岔：如图附录B中包含3、6号道岔的轨道区段命名为3-6DG，包含4、5号道岔的轨道区段命名为4-5DG，包含9、10号道岔的轨道区段命名为9-10DG。

（3）包含三组道岔：当轨道电路区段中包含三组道岔时，取其中最大和最小道岔号进行命名。例如，道岔区段包括4、5、7号道岔时，其名称为4-7DG；道岔区段包括13、16、20号道岔时，其名称为13-20DG。

2. 无岔区段轨道电路的命名方法

（1）停车线股道轨道电路：按照股道编号命名。由于停车线可以停放两列列车，一般将停车线划分为两个轨道区段。例如，附录B中停车线1股道相对应的停车线的两个轨道区段分别称为1A、1B。

（2）进、出车辆段出口处的无岔区段：根据其功能进行命名。一般情况下进、出车辆段的轨道电路区段为转换轨，因而分别命名为ZHG1、ZHG2。

（3）牵出线等处调车信号机外方的接近区段：在调车信号机名称后加G进行表示。例如，附录B中D3信号机前方的一段线路为牵出线，因而该段轨道电路命名为D3G。

（4）位于咽喉区的无岔区段：以两端道岔号写成分数形式加G表示。例如，附录B中D1与D5间为无岔区段，命名为1/5G。

五、轨道电路常见故障

1. 红光带

红光带故障是指轨道区段没有列车（车辆）占用时，在控制台或显示器相对应的区段依旧显示红色光带。造成红光带故障的主要原因有：① 钢轨接头连接和固定的螺栓松动，导致绝缘损坏；② 电气绝缘材质老化，造成轨道电路短路；③ 不良天气等，使得道床泄漏电流超标；④ 轨道电路有断线或断轨情况等。

由于显示红光带相当于车站或区间有列车占用，因此，红光带故障发生后会影响车站及区间的行车工作效率。故障区间的行车安全完全需要人工来进行保障，相关工作人员必须按照非正常情况下的行车作业办法组织开行列车：

（1）将故障情况相关信息及时通知信号维修人员，并及时联系，确认故障原因及恢复时间。

（2）列车可在故障区段停车，经列车驾驶员与行车调度员确认后，转换成人工驾驶模式后继续行车，确保列车运行安全。

（3）车站有关工作人员按照行车调度员指示，及时转换道岔，开放信号。

（4）故障恢复后，第一时间通知受影响的车站和列车驾驶人员及时恢复正常运行模式。

2. 分路不良

分路不良故障是指列车或车辆占用轨道区段，控制台或显示器相对应的区段没有显示占用或者没有可靠显示占用，即没有红色光带。造成分路不良故障的主要原因有轨道电路本身达到"分路状态最不利条件"，即分路电阻大于标准分路电阻、钢轨面生锈、钢轨面不洁（粉尘在轨面形成绝缘层）、轻车等。

分路不良对车站作业安全的影响较大。由于不能利用轨道继电器检查出轨道区段有车占用，因此会使得区段联锁关系失效，直接危及行车安全。具体危害如下：

（1）列车驶入区段，控制台或显示器相对应区段无红光带显示——极易造成该区段无车假象，从设备上无法保证后续列车检测到前方轨道区段有列车占用，从而导致后续列车驶入故障区段，与前行列车发生追尾事故。

（2）若分路不良区段为岔区，则当后续列车接近时，系统将可能自动扳动道岔，排列进路，造成道岔上的列车脱轨或颠覆。

因此，发生轨道电路分路不良故障时，要立即停止作业，及时上报相关部门进行检查确认。相关工作人员必须按照非正常情况下的作业办法确认列车位置，锁闭相关道岔，确保办理列车作业和调车作业的安全。

分路不良也会影响车站或车辆段的作业效率。由于不能可靠地分路有关轨道区段，造成列车出清轨道区段过程中，进路不能正常解锁，控制台遗留有白光带，需人工操作才能解锁有关区段；在区间内，造成车次号丢失，通过车站计算机或调度终端不能监控列车的运行状态。

学习单元五　计　轴　器

轨道电路是检测列车是否进入轨道区段的常用设备，但是轨道电路的工作状态严重依赖于道床状态，日常养护维修的工作量较大，并不适合城市轨道交通的线路条件与运营特点。在城市轨道交通列车运行控制系统中，多数信号系统采用计轴技术作为检测轨道区段占用的手段。计轴技术是以计算机为核心，利用统计车辆轴数来检测相应轨道区段占用或空闲状态的技术，现广泛采用计轴器这一设备来实现列车检测。目前计轴设备的技术已经成熟，其机械稳定性良好、电气参数恒定，几乎不需要维护保养，非常适合在地铁线路中使用。

一、计轴器概述

计轴器是基于计算机技术、通信技术和传感器技术开发的新型设备，与轨道电路一样，是用来检测区间是否有列车或车辆的检查监督设备。

计轴器以计算机为核心，利用轨道传感器来记录和比较驶入和驶出轨道区段的车轴数，以此来判断轨道区段的占用或空闲情况，并将判断结果经继电器输出。每个区间划分为若干个闭塞区段，在每个闭塞区段的始端和终端均安装计轴设备，检测每个区段的占用情况。与轨道电路相同的是，计轴器能检测该区段是否被列车占用，但不能给出列车的具体位置；计轴设备与联锁设备连接，为进路排列提供基础信息。

计轴器的优点是工作状态不受道床、轨道状态和气候条件的影响，而且控制距离可达20km，区间无须装设钢轨绝缘等。这使其不仅具备检查长大区间的能力，而且也解决了长期以来因道床潮湿和钢轨生锈而影响城市轨道交通安全运行的问题。计轴器的缺点，首先是不能检查断轨，不能传输与行车相关的信息；其次还在于其无"记忆性"，即轨道区段在有车占用的情况下，当停电后恢复供电时，计轴信息会丢失，造成轨道区段无车的假象。因此，使用计轴器时，一定要采用不停电措施或其他手段，以保证行车安全。

计轴器在城市轨道交通中的应用非常广泛，国内外生产商很多。由于生产商不同，计轴器的设计也存在差异。在我国城市轨道交通系统中，应用较多的计轴器产品主要是 Alcatel 公司的 AzLM 计轴设备、Siemens 公司的 AzSM 计轴设备以及成都信号厂的计轴设备。

二、计轴设备的组成

计轴设备由室外设备和室内设备两部分组成。室外设备包括轨道传感器（磁头）、电子单元（EAK），室内设备为计轴评估器（axle counter evaluator，ACE），如图 2-20 所示。

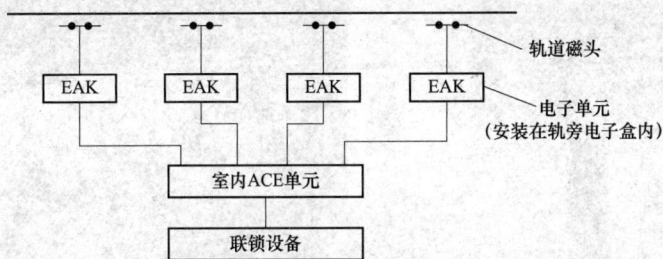

图 2-20　计轴设备的组成

（一）室外设备

在城市轨道交通线路轨道旁有一个个醒目的亮黄色立式盒子，俗称黄帽子。黄帽子和轨道上安装的轨道磁头一起构成了计轴系统的轨旁设备。

1. 轨道磁头

轨道磁头是安装在轨道上的电磁式有源传感器，是车轮轮对探测点，也是轨道区段的分界点，可以对行经该区段的列车车轴信息进行采集，并对列车运行方向作出判定。

轨道磁头包括发送磁头和接收磁头。发送磁头安装在轨道外侧，为圆柱体，能够发送电磁场；接收磁头安装在轨道内侧，为长方体，负责接收该电磁场信号，如图 2-21 所示。

图 2-21　计轴器轨道磁头结构图

2. 电子单元 EAK

电子单元 EAK 又称电子盒，安装在轨旁密闭安装盒（黄帽子）内，通过四根电缆分别与两套轨道磁头相连，可向发送磁头发送信号，接收及处理来自接收磁头的信息，监控磁头，进行自检，并向计轴评估器发送包含轴数和监控信息的报文。

电子单元 EAK 包括底板、核算器板和模拟板，如图 2-22 所示。底板类似于电脑的主板，整个电子单元的供电由此接入。核算器板和模拟板插槽也在其中，底板边缘的测试插座用来连接测试工具，以察看电路板的工作电压，以及磁头发送回来的电信号等。模拟板用来计算进、出轨道区间的轮轴数，将模拟车轮信息转换为数字车轮脉冲，并将计数脉冲发送到室内计轴评估器。核算器板的功能就是计数和向室内发送数据。核算器板具有自检功能，一旦发现自身 CPU 有故障，就会停止向室内发送错误数据。

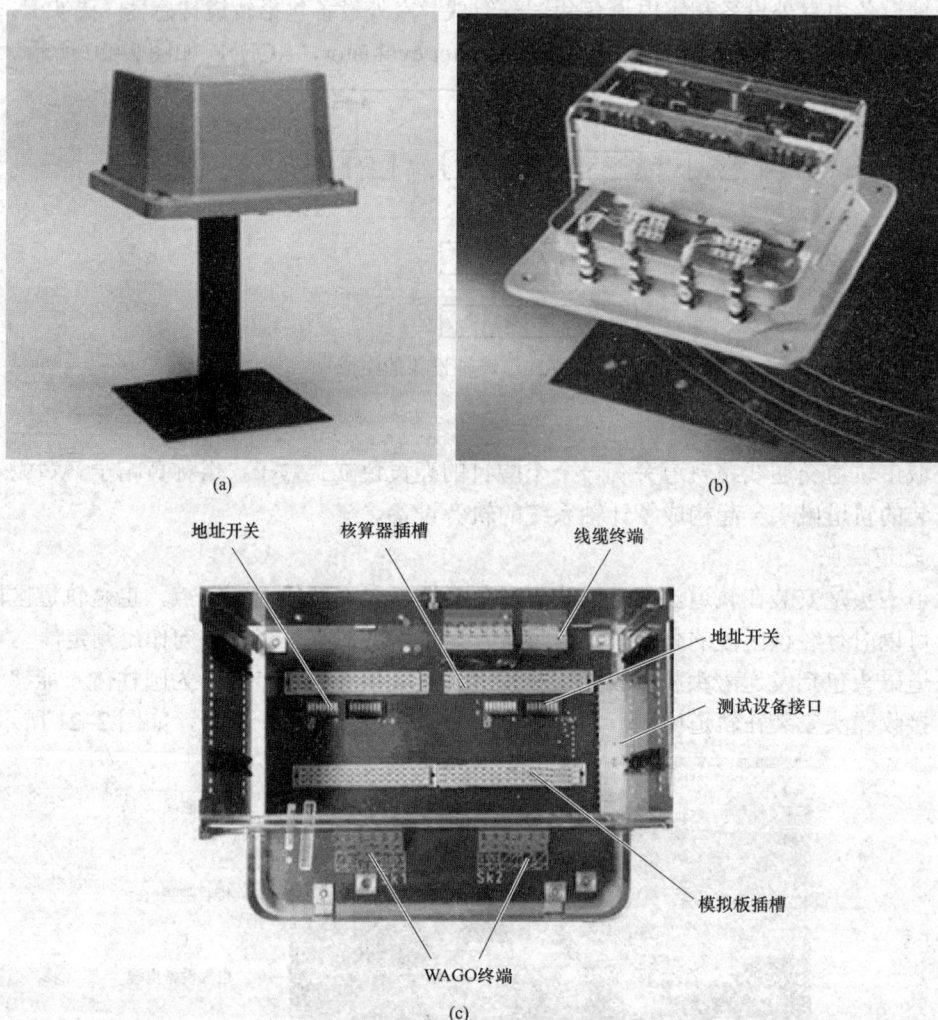

(a)　　　　　　　　　　　　　　　　　　　(b)

地址开关　　核算器插槽　　　线缆终端

地址开关

测试设备接口

模拟板插槽

WAGO终端

(c)

图 2-22　电子单元 EAK 结构图

（a）电子单元 EAK 箱（黄帽子）；（b）EAK 箱内部组成；（c）EAK 内部连接背板

（二）室内设备——计轴评估器（ACE）

室内设备计轴评估器由安全计算机模块、串行 I/O 口、并行 I/O 口组成，如图 2-23 所示。

其主要作用是判定区段占用情况，向联锁设备发送区段占用或空闲的信息，以及发送诊断信息。

图 2-23 计轴评估器（ACE）面板图

三、计轴器的工作原理

1. 磁头感应原理

计轴器磁头是电磁式有源传感器，是车轮轮对探测点，也是轨道区段的分界点，用于采集车轴信息和判定列车运行方向。利用线圈互感原理，当列车车轮通过轮轴计轴点时，发送磁通变化，从而得到轮轴信号。

计轴器磁头包括发送（T_x）和接收（R_x）两个磁头。车轮发送线圈 T_x 和 R_x 所产生的磁通环绕过钢轨后形成两个磁通 Φ_1、Φ_2，它们以不同的路径、相反的方向穿过接收线圈。图 2-24 所示为计轴磁头磁场的变化过程：

（1）无车轮经过传感器：此时磁通 Φ_1 远大于 Φ_2，在接收线圈内感应出一定的交流电压信号。

（2）有车轮经过传感器：由于车轮的屏蔽作用，整个磁通桥路发生变化。此时磁通 Φ_1 减小、Φ_2 增大，在接收线圈内感应的交流电压相位与发送电压相位相反。该相位变化经车轮电子检测器电路处理后，即形成轴脉冲。

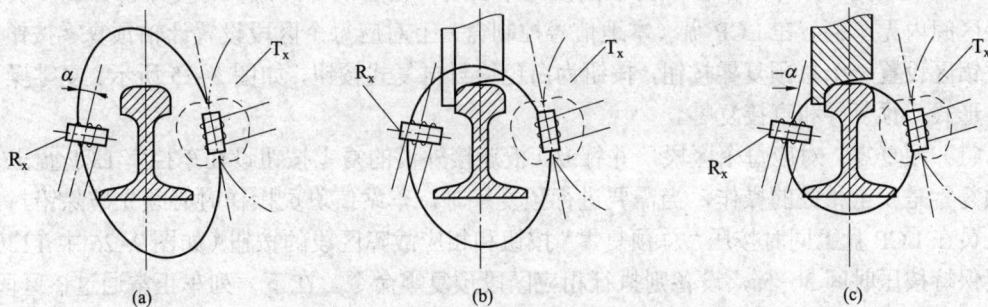

图 2-24 车轮对磁场的影响示意图

（a）无车轮经过时；（b）车轮渐渐靠近时；（c）车轮处于磁头正上方时

由上述原理可知，当列车车轮经过磁头时，由于车轮的屏蔽作用，使得接收线圈中的磁力线方向发生变化，从而产生电压幅值及相位的变化，相当于对发送线圈的信号进行了相位调制，这个载有车轴信息的信号经电缆传送给电子单元 EAK。

为了能判定不同的运行方向，每个轮对识别点设置两套紧密相依的轨道磁头。当有车轮通过时，两个磁头会分别向电子单元 EAK 发送信号，而这两个信号在时间上的先后，可供 EAK 判定列车在轨道区段的运行方向。

2. 计轴器工作原理

与轨道电路相比，计轴设备通过对列车车轮轮轴的检测来表示轨道区段的占用或空闲状态。车轮轮轴的检测是通过安装在轨道内外侧的两个计轴头之间的磁场干扰来实现的。其工作原理是：当列车驶入轨道区段，车轮轮轴进入轨道传感器作用器，轮轴经过计轴磁头时，向驶入端计轴评估器（ACE）传送计轴脉冲，驶入端 ACE 首先要对列车运行方向进行判定，然后对轮轴数是进行累加计数或是递减计数。

（1）驶入轨道区段过程中，驶入端计轴器对轮轴进行累加计数，并发出区段占用信息，同时向驶出端处理器发送驶入端的计轴数据。当列车全部通过驶入端计轴点时，停止计数。

（2）驶出轨道区段过程中，驶出端计轴器对轮轴进行减轴计数，同时向驶入端处理器发送驶出端的计轴数据。

当列车全部通过轨道区段后，驶入端和驶出端处理器会对轮轴计轴数进行比较运算，如果两端计轴数一致，即进入轨道区段的轮轴数等于驶出轨道区段的轮轴数时，可以判定轨道区段无车占用，并发出区段空闲信息；反之，如果两端计轴数不一致，则认为区段仍处于占用状态。

四、计轴器的作用

（1）计轴器用以检测列车通过线路上计轴点的车轴数，以检查两个计轴点之间或轨道区段内的占用情况；同时，可以用来检测区段状态信息以及列车运行方向，这是计轴器的最基本功能，该功能与轨道电路的功能相类似。

（2）计轴器还可以用于检测列车速度，判定列车通过计轴点的时间，自动校正列车行驶里程等。

五、计轴器复零操作

当计轴设备因故障或干扰造成区段轴数不相等致使计轴系统判断区段占用或计轴器故障修复后，需要进行人工复零操作。进行计轴器复零操作可将某一区段的进入和出清轮对数清零。系统收到复零命令后，将认为该区段无车占用，设备恢复，故执行复零前，调度员必须确保区间内无车辆。在 LCP 盘（本地信号控制盘）上对应每个区段设置计轴预复零按钮，每个联锁区设置一个总预复零按钮，按钮为白色铅封自复式按钮，如图 2-25 所示。复零操作有两种形式：预复零和直接复零。

（1）预复零。对应每个区段，并行 I/O 板连接外设的复零按钮设在车控室 LCP 盘上。计轴预复零是安全相关的操作，当需要进行预复零时，车站值班员操作时必须先破除铅封，操作人员在 LCP 盘上同时按压"总预复零"按钮和相应故障区段的按钮（如图 2-25 中 T1302），需要保持按压时间 3～5s，设备则执行相应区段预复零命令。在下一列车正常通过该区段后，轨道继电器吸起，室内计轴主机完成复零，故障现象消除，设备恢复正常后可组织行车。

（2）直接复零。对应每个区段，在并行 I/O 板上都设置有钥匙开关，信号维护人员可通过该钥匙开关执行无条件复零命令。在计轴设备恢复正常后，本地 LOW/ATS 上故障消除，可正常组织行车。

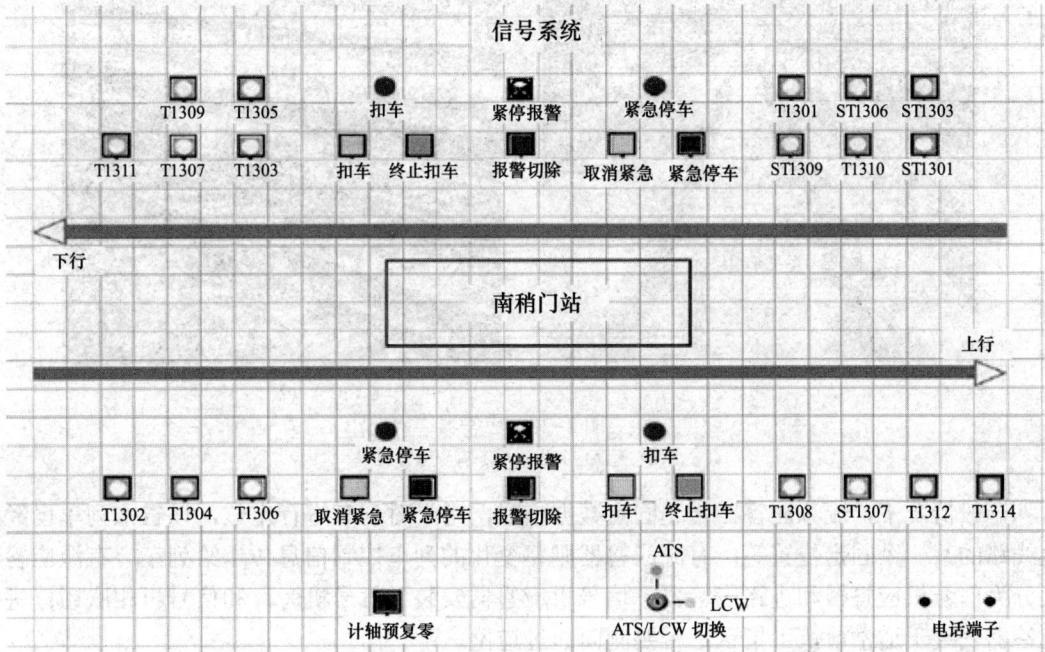

图 2-25 LCP 盘计轴预复零按钮

学习单元六 应 答 器

随着科技的迅猛发展，应答器在城市轨道交通列车运行自动控制系统中的应用已非常普遍。我国最早使用应答器的城市轨道交通系统为上海轨道交通 1 号线 ATC 系统。该系统采用无源应答器和有源应答器，实现列车在车站的程序定位停车控制。

应答器也称"信标"，是一种用于从地面向列车传输信息的点式数据传输设备。其主要用途是在特定地点向列控车载设备提供可靠的地面固定信息和可变信息，即实现车地间的相互通信。该模式既可以是单向，也可以是双向信息传输。

一、应答器的分类

1. 按供电来源分类

按供电来源的不同，应答器可分为无源应答器和有源应答器两种。

（1）无源应答器。安装在铁路两轨中心部位，本身不具有电源，如图 2-26（a）所示，平时处于休眠状态，当列车经过应答器所在位置时，车载天线发射的电磁能量激励应答器进行工作，将预先固定写入的报文发送给车载设备，直至电能消失（即车载天线已离去）。预置报文存储于其存储单元中，一般包括线路的坡度、轨道区段长度、限速等相关信息，通过报文读写工具可以对无源应答器存储的数据报文进行读出、校核，并进行改写。

（2）有源应答器。通过专用的应答器电缆与轨旁电子单元（linside electronic unit，LEU）连接，如图 2-26（b）所示，根据轨旁电子单元设备所发送的报文，可实时更新应答器中的数据，向列车传送实时变化的应答器报文信息，主要是进路信息和临时限速信息等。因此，有源应答器本身具备电源，并且存储的是可变的信息，设置在车站的进站端和出站端。

图 2-26　应答器
(a) 无源应答器；(b) 有源应答器

一般情况下，无源应答器传递固定数据信息，用于对列车进行定位，以告知列车已经到达线路的某一个固定位置等；有源应答器则将变化的列车控制信息传送给列车。有源应答器又分为信号机应答器和进路应答器。信号机应答器安装于信号机旁，和信号机相联锁；进路应答器安装于道岔前，可指示是否要侧向通过道岔。

2. 按安装方式分类

应答器的安装方式可分为：

(1) 中心式：应答器安装在铁路两轨中心位置，而车载天线安装在列车底部中间位置，与应答器相对应耦合。

(2) 侧面式：应答器安装在一根钢轨的侧面，车载天线安装在机车（列车）侧面与之相对应。

(3) 立杆式：应答器安装于线路旁立杆处，其作用的无线电波无方向性。因此，线路上通过装有查询器的移动车辆时，立即可与它起耦合作用，传递相应的信息。

3. 按数据类型分类

按数据类型的不同，应答器可分为固定数据应答器（FB）、可变数据应答器（VB）、填充数据应答器（IB）和错误侧数据应答器（WB）四种。

(1) 固定数据应答器（FB）。固定数据应答器是无源应答器。当列车通过时，车载天线发出的电磁波激励固定数据应答器工作，而固定数据应答器将事先预存的数据报文发送给应答器天线接收。

(2) 可变数据应答器（VB）。可变数据应答器与轨旁电子单元（LEU）相连，显示信号机的显示状态。

(3) 填充数据应答器（IB）。填充数据应答器与轨旁电子单元（LEU）相连，复示可变数据应答器。

(4) 错误侧数据应答器（WB）。错误侧数据应答器是无源应答器，在某些特定位置用于列车应答器天线的转换。

二、应答器的组成

应答器系统由地面设备和车载设备两部分组成。其中，地面设备主要包括地面应答器和轨旁电子单元，车载设备包括车载天线和车载查询器主机。

1. 地面设备

（1）地面应答器。地面应答器布置在线路两钢轨中心位置，其内部寄存器按协议以代码形式存放，实现列车速度监控及其他行车功能所必需的数据的传输。当列车运行经过地面应答器时，车载天线通过发送的电磁波激励应答器进行工作，使其发射预存的报文数据，从而使得列车获得线路坡度、区间长度、限速等行车信息，避免危及行车安全的事件发生。

（2）轨旁电子单元（LEU）。轨旁电子单元是一种数据采集与处理单元，它是地面有源应答器与信号机之间的电子接口部件，如图 2-27 所示。根据情况，将轨旁电子单元中已存储的一条报文发送给地面有源应答器，或将外部发送的应答器报文直接向有源应答器传送。轨旁电子单元通过通信接口周期性接收报文，并将周期性的报文输入通过逻辑控制单元转变为连续性的报文输出，向地面有源应答器发送。同时，轨旁电子单元实时监测与地面有源应

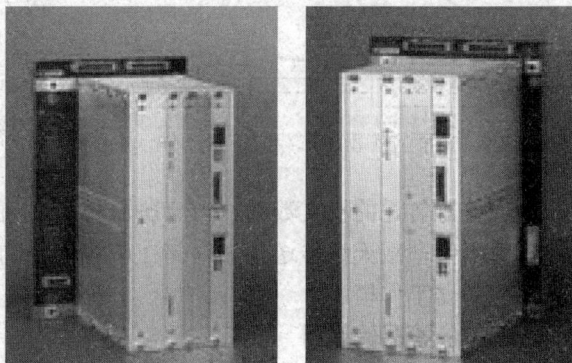

图 2-27　轨旁电子单元（LEU）

答器之间的信息通道状态，如果通道发生故障或者轨旁电子单元内部发生故障，轨旁电子单元向有源应答器发送一条默认报文。

2. 车载设备

（1）车载天线。车载天线又称车载查询器天线，置于列车底部，距轨道 180～300mm。车载天线一方面可以连续向地面发送电磁波，以激活无源应答器；另一方面，接收地面应答器发送的报文。查询器要用硬塑料外壳做保护，以防异物撞击，如图 2-28 所示。

图 2-28　车载天线

（2）车载查询器主机。车载查询器主机可检查、校验、解码和传送接收到的报文，选择激活位于列车两端的任一天线，与地面应答器进行双向（或单向）数据传输，并具有自检和诊断功能。其主要功能有：向地面应答器发送列车车次号信息；提供列车运行前方区段内的线路参数；提供信号设备的状态信息等。

三、应答器的工作原理

不论是无源应答器还是有源应答器，其工作原理是相同的。当列车经过地面应答器上方

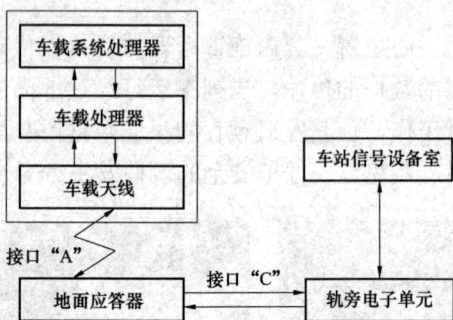

图 2-29　地面应答器和车载应答器动作示意图

时，应答器的耦合线圈感应到 27MHz 的磁场，应答器将电磁能量转换为电能，从而使得应答器获得工作时所需要的电源，启动电子电路工作，将预先存储或轨旁电子单元传送的 1023bit 应答器传输报文循环发送出去，直至电能消失（即车载天线离去）。

通过报文读写工具可以改写无源应答器的数据报文，对无源应答器存储的数据进行读取、校核。

有源应答器通过与 LEU 的连接，可以实时改变应答器传送的报文数据。当应答器与 LEU 通信通道发生故障（接口"C"故障）时，有源应答器向车载天线传送预先存储在应答器中的一条默认报文，同时有源应答器自动切换到无源应答器工作模式。

四、应答器的作用

1. 系统初始化

列车从车辆基地驶入正线时，需要在出段线路转换轨"登记"进入 ATC 监控区。列车出发驶入"转换轨"，经转换轨上的应答器进行车地信息初始化，自动将车组号和司机号传送到中央 ATS 系统。中央 ATS 系统自动赋予列车相应的识别号，此时，列车便正式登录 ATC 控制区。

2. 列车定位

列车在线路上运行时，由于上、下坡及季节的原因会导致车轮空转和打滑，由此会造成列车的定位误差。采用应答器可以传送给列车绝对位置数据，辅助进行列车绝对位置的定位。车载设备接收到这些数据后，对车载里程计的测距误差进行修正，使车载设备的控制精度保持在合理范围之内。

定位应答器为无源设备，安装在线路道床上，由列车上的查询器天线的无线电信号激活。当列车通过一个定位应答器时，可以接收到一组数字信息用来识别应答器，并根据应答器提供的数据信息检索车载轨道数据库，为列车提供精确的绝对地理位置信息。

3. 精确停车

列车在车站停车时，车门的开度与站台门的开度要配合良好，要求车门与站台门之间的停站允许误差控制在 0.25～0.5m 范围内。列车精确停车信息需要地面应答器提供。

车站定位停车的应答器设备设置在两钢轨之间特定的位置，如图 2-30 所示，应答器将轨旁的准确位置信息传送给车载设备，位置的输入被用来确定列车停车曲线的启动时机。接近停车位置的应答器数量越多，越能提高站停位置的精度。利用此种方法，可以实现列车在车站停车时，车门开度与站台门开度的配合。列车停准后，车载设备将会向轨旁发送列车停稳信号，然后才能进行开关车门和站台门的操作；如果列车停止但未读取到接近传感器的信息，将无法进行开关车门和站台门的操作。

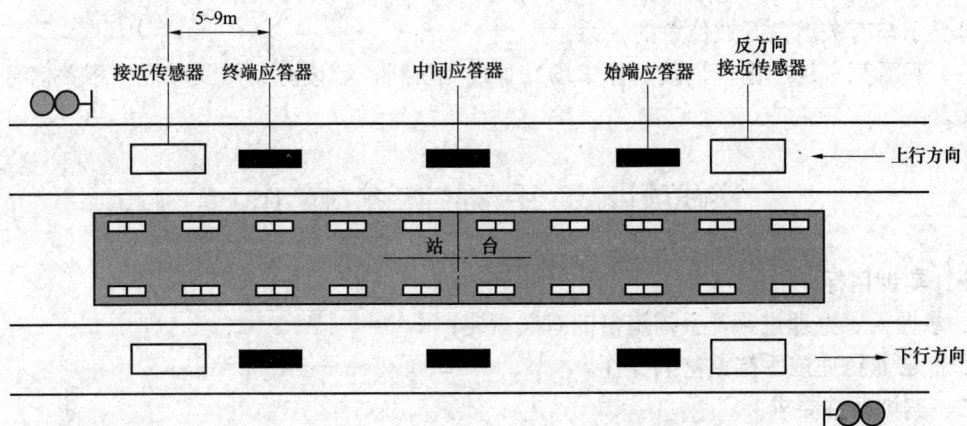

图 2-30　用于车站定位停车的应答器布置

模块实践项目

实践项目一　正线和车辆段信号平面图识读

一、实训目标

1. 掌握城市轨道交通正线信号机设置原则；
2. 掌握城市轨道交通正线信号机显示及其意义；
3. 掌握发车表示器的设置位置及显示意义；
4. 掌握城市轨道交通车辆段（停车场）内信号机设置及其作用；
5. 掌握城市轨道交通车辆段（停车场）内信号机灯光配列及显示意义。

二、实训条件要求

1. 城市轨道交通 OCC、车控室的模拟仿真环境或城市轨道交通正线信号平面图；
2. 城市轨道交通车辆段（停车场）信号平面图；
3. 正线、车辆段（停车场）各类信号机图片资料；
4. 列车运行、列车折返、列车进段（场）、列车出段（场）等视频资料。

三、实训内容

1. 认识正线信号平面图，能区分正线上各类信号机；
2. 认识车辆段信号平面图，能区分车辆段内各类信号机。

四、教学实施建议

本任务可根据实际教学条件选择不同的方式展开教学。

1. 识读正线、车辆段信号平面图：

（1）分组讨论信号平面图中各个信号机的类型、作用，可参考附录 B 及附录 C；

（2）讨论各类信号机设置的位置及灯光配列。

2. 信号机识别：

（1）提供正线和车辆段各类信号机图片，根据设置位置、显示及外观特征辨别信号机类型；

（2）观看列车运行及列车折返等视频资料，解读有关作业过程中相关信号机显示的意义及信号显示与有关道岔开通位置的关系；

（3）观看列车进、出车辆段（停车场）等视频资料，解读有关作业过程中相关信号显示的意义。

实践项目二　手摇道岔操作

一、实训目标

1. 掌握人工办理进路及手摇道岔的有关规定；

2. 能够熟练完成手摇道岔的操作。

二、实训条件要求

1. 由转辙机牵引的道岔；

2. 手摇道岔作业全套工具、备品；

3.《行车组织规则》中关于手摇道岔的有关规定。

三、实训内容

1. 标准化手摇道岔作业练习；

2. 人工办理进路相关内容的了解。

四、教学实施建议

1. 了解手摇道岔排列进路使用的情况；

2. 按步骤标准化练习手摇道岔。

因不同的城市轨道交通运营企业对手摇道岔操作的规定有一定的差异，故该项目可结合某城市轨道交通企业的具体方法加以练习。

手摇道岔操作的一般步骤如下：

一看：看道岔开通位置是否正确，是否需要改变位置。

二开：打开锁孔盖板及钩锁器的锁，拆下钩锁器。

三摇：摇道岔转向所需位置，在听到"咔嚓"的落槽声后停止。

四确认：手指尖轨，口呼"尖轨密贴开通×位"，并与另一人共同确认。

五加锁：另一人在确认道岔位置开通正确后，用钩锁器锁定道岔尖轨。

六汇报：向车站控制室汇报道岔开通位置。

3. 了解人工排列进路的相关内容。

某地铁公司手摇道岔排列进路作业流程如下：

（1）接到命令后，清点、检查备品，穿戴防护用品。相关备品及用具如图 2-31 所示。

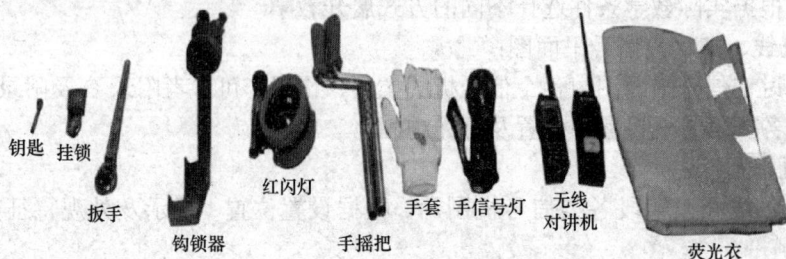

钥匙　挂锁

扳手

钩锁器　红闪灯　手摇把　手套　手信号灯　无线对讲机　荧光衣

图 2-31　手摇道岔操作相关备品及用具

（2）明确需准备的进路后，进入现场（须经车控室同意），确认来车方向。

（3）确认防护距离后设置红闪灯［吸在右侧（背对来车方向的右侧）钢轨上］。

（4）需分段排列进路时，按照由远及近的原则进行，判断道岔开通位置是否需要转动（两人确认）。

（5）摇动道岔至所需位置［首先拆除钩锁器（原道岔加有钩锁器），打开箱孔盖，断开节点，插入手摇把，边摇边观察道岔移动位置，直到听到"咔嚓"的落槽声为止］。

（6）确认开通位置正确，尖轨密贴后加装钩锁器（进路上的道岔必须使用钩锁器锁定，折返道岔使用钩锁器时只挂不锁）。

（7）检查确认整条进路办理妥当后，撤除防护、出清线路至安全位置后向车控室汇报。

（8）在现场划定的安全区域或端墙门内设备区走廊等安全区域向司机显示相应的信号。

实践项目三　轨道电路区段的划分与命名

一、实训目标

1. 熟悉轨道电路的结构及工作原理；

2. 掌握轨道电路区段划分的原则和命名的方法；

3. 能根据车辆段信号平面图（未分区段）划分轨道区段；

4. 能给车辆段信号图中轨道区段命名。

二、实训条件要求

1. 未标注轨道区段及名称的车辆段信号平面图（练习版），图纸每人一份；

2. 完整的车辆段信号平面图（完整版）一份。

三、实训内容

1. 车辆段轨道电路的划分；

2. 车辆段轨道电路的命名。

四、教学实施建议

1. 熟悉轨道区段划分的原则和命名的方法；

2. 在车辆段信号平面图（练习版）中独立完成轨道区段的划分及命名；

3. 对照完整版车辆段信号平面图，标出自己错误和有疑问的地方；

4. 小组讨论，教师答疑，完善练习版信号平面图中轨道电路区段的划分和命名。

实践项目四　计轴器预复零操作

一、实训目标

1. 熟悉计轴器工作原理；

2. 能够正确判断和掌握计轴器预复零操作的条件；

3. 熟悉计轴设备预复零操作的流程。

二、实训条件要求

1. 地铁计轴设备介绍的教学视频；

2. 地铁车控室 LCP 模拟盘；

3. 地铁车站 IBP 盘使用说明书。

三、实训内容

地铁联锁站计轴器预复零操作。

四、教学实施建议

1. 熟悉计轴器结构，认识 LCP 盘上"计轴预复零"按钮和各个计轴区段复零按钮；

2. 在 LCP 盘上设置个别计轴区段故障，下达任务；

3. 计轴区段预复零操作：确认区段空闲、破铅封、预复零操作。

复习思考题

1. 简述继电器的基本原理。

2. 安全型继电器主要有哪些类型？

3. 城市轨道交通固定信号有哪些？各表示什么意义？

4. 分别说明正线防护信号机、阻挡信号机有哪些显示？各表示什么意义？

5. 分别说明车辆段（停车场）调车信号机、出段（场）信号机、列车阻挡信号机有哪些显示？各表示什么意义？

6. 简述发车表示器的作用。

7. 转辙机的作用是什么？对转辙机有哪些基本要求？

8. 道岔操作方式有哪几种？试作简要说明。

9. 什么叫轨道电路？轨道电路由哪些部分构成？

10. 简述 50Hz 相敏轨道电路的工作原理。

11. 道岔区轨道电路区段如何命名？

12. 什么叫红光带和分路不良？它们分别对行车有什么影响？

13. 简述计轴器的作用及其工作原理。

14. 应答器是如何工作的？它有哪些类型？

15. 应答器的作用有哪些？

模块三

联 锁 设 备

知识要点

1. 掌握联锁的概念及其主要内容;
2. 了解常用联锁设备的类型及其应用;
3. 理解车辆段联锁与正线联锁的区别;
4. 理解联锁设备能实现的功能;
5. 掌握 6502 联锁设备的基本操作方法;
6. 了解计算机联锁设备的基本结构;
7. 掌握车辆段计算机联锁设备的显示意义及操作方法;
8. 掌握正线联锁站 LOW 的显示及操作方法;
9. 熟悉 LCP 盘的功能及操作方法。

技能要点

1. 能区分联锁设备控制台(或人机交互界面)上的按钮及指示灯的显示状态;
2. 会 6502 联锁设备的基本操作;
3. 会车辆段计算机联锁设备的基本操作;
4. 会 LOW 的基本操作;
5. 会 LCP 盘的操作。

建议学时

建议 14 课时。

模块理论知识

学习单元一　联锁及联锁设备

联锁设备是轨道交通信号系统的重要设备,用来实现在轨道网中"节点"(车站、车辆段等)内的行车安全。在城市轨道交通中,联锁设备主要应用在正线的设备集中站和车辆段,实现建立进路、集中转换和控制道岔,以及开闭信号、解锁进路等功能,保证作业安全的同时提高作业效率，现多采用计算机集中控制的形式。

一、联锁概述

联锁是轨道交通信号保证行车安全的重要技术措施。广义的联锁是指各种信号设备与相关因素之间的制约关系；狭义的联锁，即通常所说的联锁，专指车站信号设备之间的制约关系。为保证行车安全，联锁关系必须十分严密。

（一）联锁的定义

1. 进路

城市轨道交通正线或车辆段内有许多用道岔连接的线路。列车或调车车列在正线或车辆段内运行时，从一架信号机开始，至同方向次一架信号机（或站界标，或车档）为止所经过的径路，称为进路。

进路分为列车进路和调车进路。凡是进站、出发及通过列车经过的径路均称为列车进路，包括接车进路、发车进路和通过进路。凡是调车车列为完成调车作业所经过的径路，均称为调车进路，包括单元调车进路（短调车进路）和组合调车进路（长调车进路）。

每条进路都由其始端的信号机防护，即每条进路都有相应的信号机防护；按照道岔开通位置不同，以同一信号机为始端可构成不同的进路；列车或调车车列必须依照防护进路的信号机的开放状态进入进路。办理进路就是将有关道岔转换到进路要求的位置后锁闭，并开放防护进路的信号。但是，有些进路有共用路段（重叠的部分），又对共用道岔的位置要求相同，即不能通过任一道岔的位置将两条进路区分开，这样的进路若同时建立，会造成列车或调车车列的冲突，则这样的进路互为敌对进路，防护敌对进路的信号互为敌对信号。图3-1中下行X至1道接车进路（实线）与1道S1向上行发车进路（虚线）互为敌对进路，X与S1互为敌对信号。

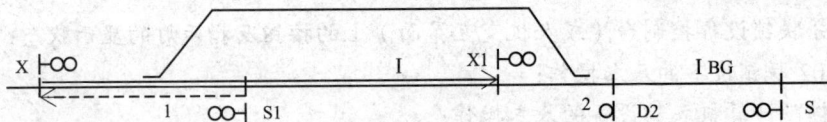

图3-1　敌对进路示意图

2. 联锁

为了作业安全，如进路上的道岔位置不正确，或已有车占用进路，或与之敌对的进路已建立，防护该进路的信号机就不能开放。因此，为了保证列车或调车作业的安全，进路、信号和道岔之间必须建立相互制约的关系，这种关系称为联锁关系，简称联锁。

（二）联锁的基本内容

（1）不允许建立会导致列车、机车车辆冲突的进路。防护进路的信号机开放前，须检查进路上没有被其他列车或调车车列占用，即进路的各个轨道区段必须空闲。防护进路的信号开放前，须确保其敌对信号处于关闭状态；信号开放后，应将其敌对信号锁闭在关闭状态。

（2）进路上的道岔必须被锁闭在与所办进路相符合的位置。防护进路的信号开放前，须检查相关道岔被转换至进路要求的位置并锁闭。

（3）信号机的显示必须与进路的开通状态相符合。有些信号机（如车辆段内的调车信号机）的显示不表示道岔开通的方向，但有些信号机，如正线上道岔前的防护信号机的显示，须指示所防护进路中道岔开通的方向。如图 3-2 所示，防护信号机显示绿灯表示进路排列至下一个信号机，允许列车在线路限速条件下运行，信号机显示黄灯表示进路开放至下一个信号机，至少一组道岔在反位且锁闭，允许列车在道岔开通方向以道岔允许的速度在线路限速条件下运行。

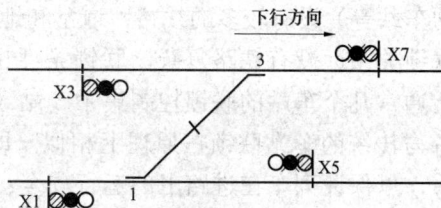

图 3-2　正线防护信号机

综上所述，进路办理好最终表现为防护进路的信号机开放允许信号，故联锁集中地表现为信号开放前后所具备的条件，即联锁基本的技术条件：进路上各区段空闲时才能开放信号；进路上有关道岔在规定位置且被锁闭时才能开放信号；敌对信号未开放时才能开放信号；信号开放后，敌对信号机锁闭。

二、联锁设备

控制道岔、信号和进路，并实现它们之间联锁关系的设备称为联锁设备。联锁设备是轨道交通的重要信号设备，用来在车站和车辆段实现联锁闭塞关系，建立进路，控制道岔的转换和信号机的开放，以及进路解锁，以保证行车安全。联锁设备可分为正线车站联锁设备和车辆段（停车场）联锁设备，分别布置在正线集中联锁站和车辆段内。

联锁设备有分散控制和集中控制两种类型，目前使用的联锁设备均为集中控制型，主要有电气集中联锁和计算机联锁两大类。

1. 电气集中联锁设备

电气集中联锁又称继电联锁，是用电气的方法集中控制和监督所辖区域内的道岔、进路和信号，并实现其联锁关系。电气集中联锁设备以安全型继电器为主要控制器件，用继电电路来实现对室外设备的控制，并实现联锁。操作人员通过控制台集中控制和监督管辖区域内的信号设备。我国广泛采用的电气集中联锁设备为 6502 电气集中联锁设备，目前在部分铁路车站和地铁车辆段应用。例如，上海地铁 1 号线车辆段、北京地铁 1 号线车辆段、广州地铁 1 号线车辆段等均采用 6502 电气集中联锁设备。

2. 计算机联锁设备

计算机联锁是以计算机为核心构成的联锁控制系统。20 世纪 70 年代后期，随着微电子技术、计算机技术、信息技术、容错技术的发展，各国相继研究计算机联锁，用计算机的软硬件和其他一些电子、继电器件组成的具有"故障-安全"性能的实时控制系统来实现车站信号系统的联锁，操作人员通过计算机显示器等设备实现对现场设备的控制和监督。计算机联锁系统的研制成功和推广使用，使信号设备向数字化、网络化、综合化、智能化的方向发展，是信号联锁设备的发展方向，目前正取代电气集中联锁设备。城市轨道交通车辆段及正线基本采用计算机联锁设备。

三、城市轨道交通联锁设备分布

城市轨道交通系统联锁设备包括车辆段联锁设备和正线集中站联锁设备。城市轨道交通的车辆段类似于铁路区段站，要进行车辆检修、停放以及大量的列车编解、列车接发和频繁的调车作业，故通常采用与铁路车站相同的联锁设备，除了少部分车辆段采用 6502 电气集中联锁设备外，新建及改建的车辆段一般采用国产的计算机联锁设备。城市轨道交通正线上的大多数车站不设配线，仅在少数需要折返作业的车站（如终点站、折返站等），或需进行其他调车作业的车站（如配置出入车辆基地线路的车站，联络线出岔处车站，设有渡线可供转线的车站等）设有较多的线路、道岔和地面信号机，故联锁设备的监控对象远少于铁路车站，联锁关系远没有铁路复杂，联锁条件也较为简单。目前的城市轨道交通信号系统中，正线上通常几个车站的联锁控制集于一站（集中联锁站）。该站仅设置一套联锁设备，该联锁设备与传统的车站联锁在原理上相似，即在信号机、道岔和进路之间建立一定的相互制约关系，以保证列车在进路上的运行安全；不同之处在于，正线的联锁设备通常与 ATC 设备结合在一起，该联锁设备接收车站值班员和 ATS 子系统的控制命令，用以实现联锁区内进路的自动控制。

四、联锁设备的基本要求

联锁设备应符合以下基本要求：

（1）确保进路、道岔、信号机的联锁，联锁条件不符时，禁止进路开通。故对进路必须相互照查，不得同时开通。

（2）装设引导信号的信号机因故不能开放时，应通过引导信号实现列车的引导作业。

（3）应能办理列车和调车进路，根据需要设置相应的防护进路。

（4）联锁设备宜采用进路操纵方式。根据需要，联锁设备可实现车站（车辆段）有关进路、端站折返进路的自动排列。

（5）进路解锁宜采用分段解锁方式。锁闭的进路应能随列车正常运行自动解锁、人工办理取消进路和限时解锁，并应防止错误解锁，限时解锁时间应确保行车安全。

（6）联锁道岔应能单独操纵和进路选动。影响行车效率的联动道岔宜采用同时启动方式。

（7）车站站台及车站控制室应设置站台紧急关闭按钮。站台紧急关闭按钮电路应符合"故障-安全"原则。

（8）车站联锁主要控制项目包括列车进路、引导进路、进路的解锁和取消、信号机关闭和开放、道岔操纵及锁闭、区间临时限速、扣车和取消、遥控和站控、站台紧急关闭和取消。

学习单元二　车辆段联锁设备

车辆段联锁设备设置于车辆段信号楼，通常采用 6502 电气集中联锁设备或计算机联锁设备。

一、车辆段 6502 电气集中联锁设备

继电联锁电路曾有多种制式，几经修改和完善，6502 电气集中被认为是较好的定型电路，得到广泛使用。我国北京地铁 1 号线车辆段、上海地铁 1 号线、广州地铁 1 号线车辆段均采用 6502 电气集中联锁。

（一）系统组成

6502 电气集中联锁设备由室内设备和室外设备两部分构成，如图 3-3 所示。室内设备设置在信号楼内，主要包括控制台、继电器组合及组合架、区段人工解锁盘、分线盘、电源屏；室外设备主要包括信号机、转辙机、轨道电路、电缆及电缆盒等。

1. 室内设备

（1）控制台。控制台主要由线路模拟图、按钮和指示灯构成，设置于车辆段信号楼（地铁系统）或车站运转室（市郊铁路）内，是车辆段信号员（地铁系统）或车站值班员（市郊铁路）指挥列车运行和调车作业的控制台面，如图 3-4 所示。

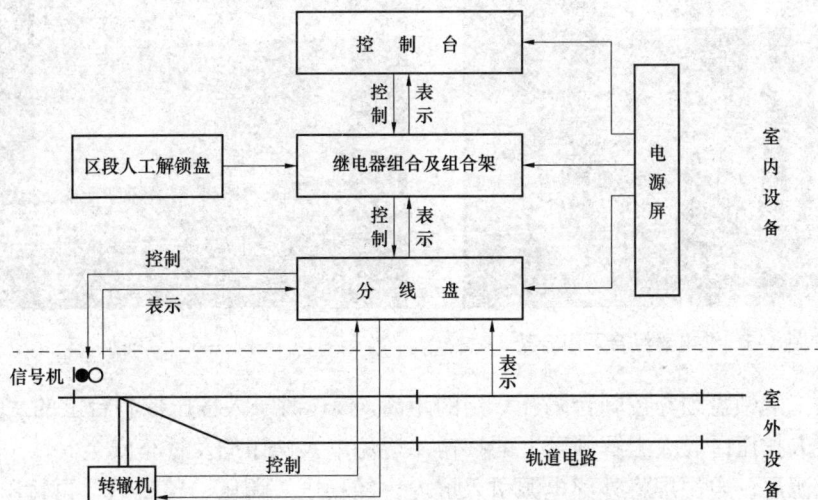

图 3-3 6502 电气集中联锁系统设备的组成

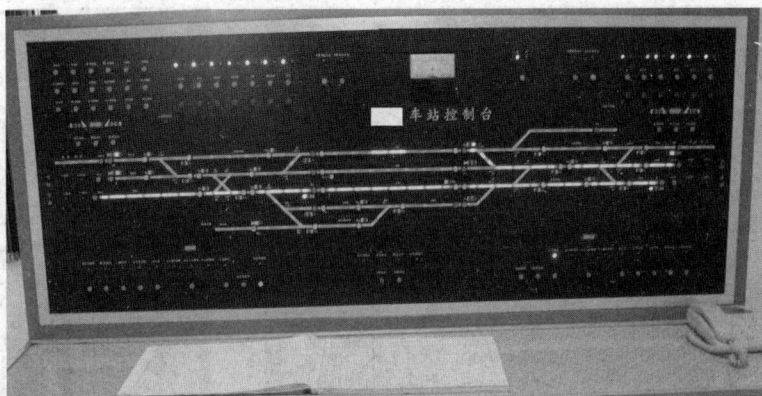

图 3-4 6502 电气集中联锁系统控制台

信号员利用控制台盘面上的按钮操纵联锁区域内道岔、排列列车及调车进路、开放和关闭信号，并且通过控制台盘面上的表示灯监督室外道岔的位置、线路占用情况及信号机的显示状态。

（2）继电器组合及组合架。6502 电气集中联锁电路由若干种继电器定型组合电路构成，每个定型组合电路均由若干继电器组成，称为继电器组合。每个组合可以安装 10 个继电器，最后将这些组合按设计要求安装在组合架上，如图 3-5 所示。

（3）分线盘。分线盘是室内、室外电缆连接的地方，如图 3-6 所示。

（4）区段人工解锁盘。如图 3-7 所示，区段人工解锁盘盘面设有许多带铅封的按钮，每个按钮对应于所辖联锁区域内的一个道岔区段或有列车经过的无岔区段。当轨道电路区段因故障不能按进路方式解锁时，可以利用有关按钮办理区段人工解锁；当采用取消解锁或人工解锁的方法也不能关闭信号时，可以利用它关闭信号。

图 3-5　继电器组合及组合架

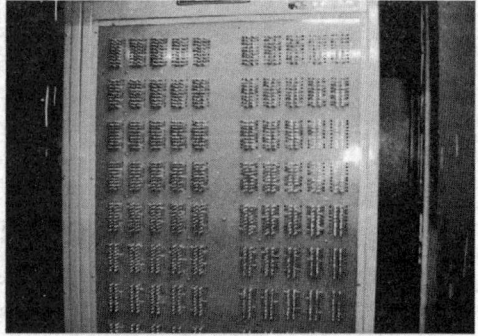

图 3-6　分线盘

区段人工解锁盘须与控制台隔开一定的距离，操作时一人按压控制台上的"总人工解锁"按钮，另一人按压区段人工解锁盘上的按钮，避免单人操作危及行车安全。

（5）电源屏。电源屏将外部电源引入屏内，经稳压、调压、整流后，再输出不同电压的交、直流电，供车辆段内各类信号、通信设备使用，即提供电气集中联锁需要的各种交、直流电源及闪光电源等，如图 3-8 所示。

图 3-7　区段人工解锁盘

图 3-8　电源屏

2. 室外设备

（1）信号机：各类信号机均采用色灯信号机。

（2）转辙机：联锁区内的每一组道岔均设置一台或多台转辙机。

（3）轨道电路：电气集中联锁车辆段的股道、联锁道岔区段和无岔区段均设轨道电路，反映列车、调车车列的占用情况。

（4）电缆及电缆盒：室内与室外信号设备之间、室内控制台与继电器组合架之间的联系都是采用电缆连接；室外电缆的分歧点、连接点及终点设有电缆盒或变压器箱，用以实现电缆与电缆、电缆与设备之间的连接。

（二）控制台盘面

控制台是 6502 电气集中实现人机会话的设备，是行车工作人员用来实现行车控制的主要控制盘面。6502 联锁采用控制和表示合用的控制台，如图 3-9 所示。控制台主要由线路模拟图、按钮和表示灯构成，其中按钮和表示灯用来控制信号机和道岔等行车设备，并反映这些设备的状态；线路模拟图由光带单元（白光带和红光带）组成，按照每个站场的实际情况布置。

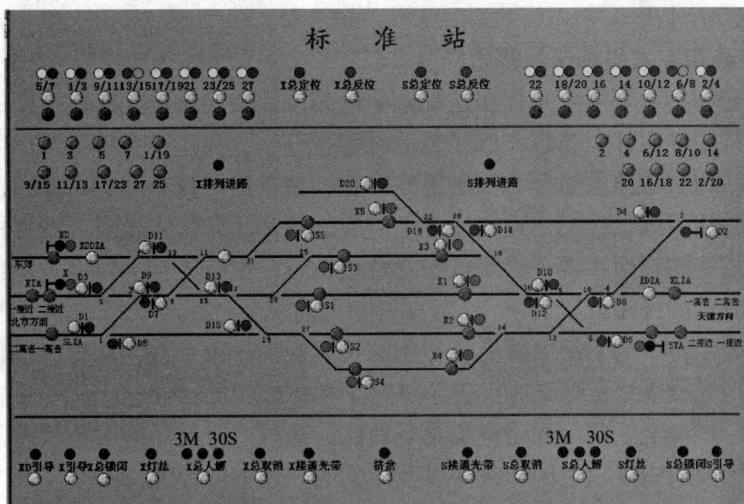

图 3-9　6502 电气集中联锁系统控制台盘面

控制台从上到下主要由三部分构成，每部分中按钮和指示灯的功能不同，主要分为与操纵道岔有关的按钮和指示灯（上部）、与排列进路有关的按钮和指示灯（中部）、其他按钮和指示灯（下部）。

按钮均采用二位式，即有定位（平时所处位置）和按下两个位置。按钮分为自复式与非自复式，自复式按钮带有复位弹簧，按下时接通，松手后自动恢复定位；非自复式按钮无复位弹簧，按下后保持按下位置，恢复时需手动拔出或者再次按下；涉及行车安全的按钮平时加铅封，需用时先破铅封，必要时还需装设计数器监督。

1. 与操纵道岔有关的按钮和指示灯

该部分按钮和指示灯一般布置在控制台上部，两端咽喉分别设置，每一端均包括总定位和总反位按钮及指示灯，以及每组道岔的单独操纵和单独锁闭按钮及指示灯，如图 3-10 所示。

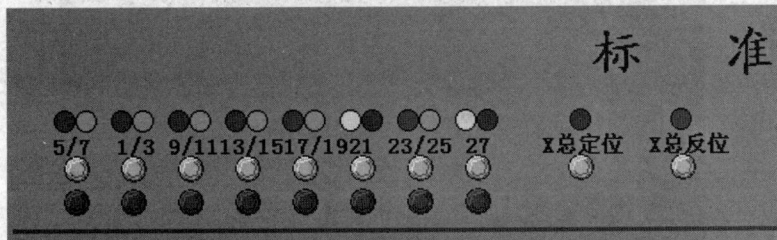

图 3-10　与操纵道岔有关的按钮和指示灯

每个咽喉区设道岔总定位按钮和道岔总反位按钮各一个，均为二位自复式；总定位按钮上方设一绿色指示灯，总反位按钮上方设一黄色指示灯，按下按钮时指示灯亮。

每组道岔设一个道岔单独操纵按钮和一个道岔单独锁闭按钮（联动道岔合用一个）。道岔单独操纵按钮为自复式，与总定位或总反位按钮一起操纵实现道岔的单独转换，其上方设置绿色和黄色两个指示灯，绿灯亮表示道岔在定位，黄灯亮表示道岔在反位；道岔单独锁闭按钮为非自复式，下方设一个红色表示灯，按下按钮，表示灯亮红色，则该道岔单独锁闭，再次按压解锁，指示灯灭。

2. 与排列进路有关的按钮和指示灯

该部分按钮和指示灯主要布置在控制台中由光带构成的站场线路模拟图的周围，主要包括进路按钮、按钮表示灯、光带、信号复示器等。

（1）进路按钮。进路按钮分为列车进路按钮、调车进路按钮和变通按钮，均为二位自复式。列车进路按钮为绿色按钮，设在光带上对应进站和出站信号机或者站界标处，作为办理列车进路时的始终端按钮；调车进路按钮为白色按钮，设在光带上对应调车信号机处，作为办理调车进路时的始终端按钮。

（2）按钮表示灯。为了记录或监督按钮的按下操作，每个按钮均对应设置了表示灯，按钮表示灯显示闪光或者稳定灯光时，表示进行了按下按钮的操作。

（3）光带。控制台上利用光带模拟站场线路，通过光带的不同颜色状态监督进路的锁闭和解锁，轨道区段的占用、空闲和故障以及道岔的开通方向等。

用于监督场内轨道电路的光带有三种状态：平时处于灭灯状态；当表示对应的轨道电路区段被占用或故障时，显示红光带；当办理好进路，进路锁闭时，控制台上与该进路有关的轨道电路区段显示白光带。

（4）信号复示器。信号复示器用于监督信号机的状态，设置于控制台面模拟线路图中与室外信号机相对应的位置。

除进站信号机的复示器显示红灯表示相应的信号机关闭外，其他信号复示器平时均处于熄灭状态，表示有关信号机关闭。

信号复示器显示绿灯或者白灯，表示相应有关进、出站信号机或调车信号机开放。

当信号复示器闪光时，表示相应信号机灯丝断丝、灯光熄灭。

3. 其他按钮和指示灯

在控制台下方每一端咽喉均设置"总取消""接通光带""总人解""总锁闭""灯丝"及进站信号机的"引导"按钮，如图3-11所示。

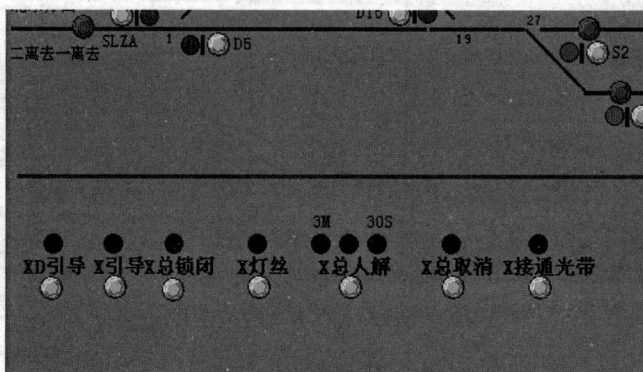

图3-11 其他按钮和指示灯

（三）设备基本操作及相关技术要求

6502 电气集中联锁采用双按钮操纵方式，即办理进路、取消和人工解锁进路、单独操纵道岔均要按两个按钮设备才能动作，这样可以防止由于误操作按钮而造成信号设备错误动作。

1. 列车进路的办理

6502 电气集中联锁同一咽喉同时只能办理一条进路，即在排列进路表示灯亮时不能办理第二条进路。只有第一条进路已经选出，排列进路表示灯熄灭后，才能办理第二条进路。进路上有车占用、轨道电路故障、正在进行人工解锁以及敌对进路已建立时，都不能办理进路。

列车进路的办理，只需在控制台上顺序按压进路的始端和终端按钮，就能够自动转换道岔、锁闭进路、开放信号。

控制台上办理好进路后，从防护进路的信号开始至进路的终端显示白光带，称该进路处于锁闭状态。集中联锁的道岔区段是锁闭的主要对象，进路锁闭实质上是由构成该进路的各轨道区段的锁闭构成的。

（1）接车进路。办理接车进路时，以对应接车进路的进站信号机处的列车按钮为始端按钮，以股道入口处的列车按钮为终端按钮。例如图 3-9 中，办理北京方面下行方向 3 道接车进路，顺序按压进站信号机 X 处的绿色列车按钮和 3 道入口处信号机 S3 对应的绿色列车按钮。

（2）发车进路。办理发车进路时，以对应防护发车进路的出站信号机处的列车按钮为始端按钮，以对应发车进路终端处的列车按钮为终端按钮。例如，办理 4 道至北京方面的发车进路，需顺序按压信号机 S4 处的绿色列车按钮和 4 道上行方向发车口处的绿色列车按钮 SLZA。

（3）变通列车进路。在有些咽喉区内，进路的始端和终端之间往往有几条径路可走，根据作业需要，一般规定路径最短或者对其他进路影响最小的进路为基本进路，其余为变通进路。平时正常使用基本进路，只有当基本进路有车占用，或进路发生故障时，才使用变通进路。

根据双按钮进路式选路法的基本原则，顺序按压进路始端和终端按钮，只准许选出基本进路。即使基本进路因故选不出来，也不准自动改选变通进路。这是因为若准许自动改选变通进路，将会背离值班员的意图，就可能打乱作业计划。若想要选排变通进路，就必须有意识地附加一个操作。

6502 电气集中规定：在按下始端按钮之后，再按一下变通按钮，最后再按终端按钮，才准许选出变通进路来。在选变通进路时，因故选不出，也绝不允许自动选出基本进路。

变通按钮通常有两种情况：一是选择在变通进路上的调车信号按钮，无论单置、并置、差置均可作为列车进路的变通按钮；二是变通位置没有调车信号机时，专门设置一个"变通按钮"。因此，办理变通进路，需顺序按压进路的始端按钮、变通按钮和终端按钮。

2. 调车进路的办理

调车进路的办理原则与列车进路的办理原则相同，即顺序按压进路的始端按钮和终端按钮，只是应按压白色按钮。

（1）调车基本进路。根据设置形式的不同，调车信号机可分为单置信号机、并置信号机和差置信号机三种，如图 3-12 所示。单置调车信号机在线路一侧单独设置，如 D11；两架背向信号机在同一坐标处线路两侧并列设置，则互为并置调车信号机，如 D9 与 D7 互为并置信号机；两架背向信号机之间构成不小于 50m 的无岔区段，则互为差置信号机，如 D5 与 D15。

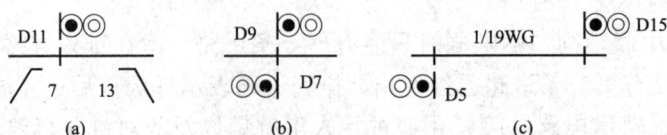

图 3-12　调车信号机的设置形式

(a) 单置；(b) 并置；(c) 差置

调车进路的始端按钮是防护进路的信号机的调车按钮，实际操作中按不同的情况确定调车进路的终端按钮。

以单置调车信号机为终端时，其终端按钮即为该调车信号机的调车按钮。

以并置或差置调车信号机为进路终端时，终端按钮应为该调车信号机的并置或差置信号机的调车按钮，而不能使用该调车信号机的按钮。这是由电路结构所决定的。

（2）长调车进路。长调车进路可以分段办理或一次办理。分段办理即一段一段地分别办理组成长调车进路的各段调车进路；一次办理只需顺序按压长调车进路的始、终端按钮，即选出整条长调车进路。

（3）变通调车进路。办理变通调车进路与办理变通列车进路的方法相似，即顺序按压始端调车进路按钮、变通按钮和终端调车进路按钮。其中，变通按钮确定的方法如下：

a）在变通位置上有专门设置的变通按钮时，可作为调车进路的变通按钮。

b）在变通位置上的反向单置调车信号按钮，可作为调车进路的变通按钮。

c）在变通位置上的并置、差置及同向单置调车信号按钮，不能作为调车进路的变通按钮。

3. 进路的解锁

列车及调车进路的解锁是指进路办好，信号开放后（控制台白光带），通过一定作业或操作使进路上有关轨道区段解锁，以及控制台相应轨道区段的白光带熄灭的过程。

实际中进路的解锁主要有两种情况：进路的自动解锁和人为办理进路的解锁。人为办理进路的解锁又分为进路的取消和进路的人工解锁。

（1）进路的自动解锁。进路的自动解锁就是进路锁闭、防护进路的信号开放后，随着列车的出发、到达、通过以及调车车列的经过，进路上有关轨道区段自动解锁。此时控制台相应轨道区段的白光带自动熄灭，无需任何操作。进路的自动解锁又可分为：

1）正常解锁。列车进路和调车进路的正常解锁是指随着列车或调车车列的顺序占用、出清轨道区段，各轨道区段顺序解锁，只是调车信号要调车车列全部越过信号机后才能自动关闭。

2）调车中途返回解锁。在调车过程中，调车车列未压上或部分压上的轨道区段，能够随着调车车列的折返而自动解锁。

（2）人为办理进路的解锁。防护进路的信号机外方的第一轨道电路区段称为进路的接近区段。进路排通、防护进路的信号开放后，接近区段空闲时的进路锁闭称为进路的预先锁闭，接近区段有车占用时的进路锁闭称为进路的接近锁闭。进路的锁闭程度不同，人为办理进路解锁时采用的方式也不同。

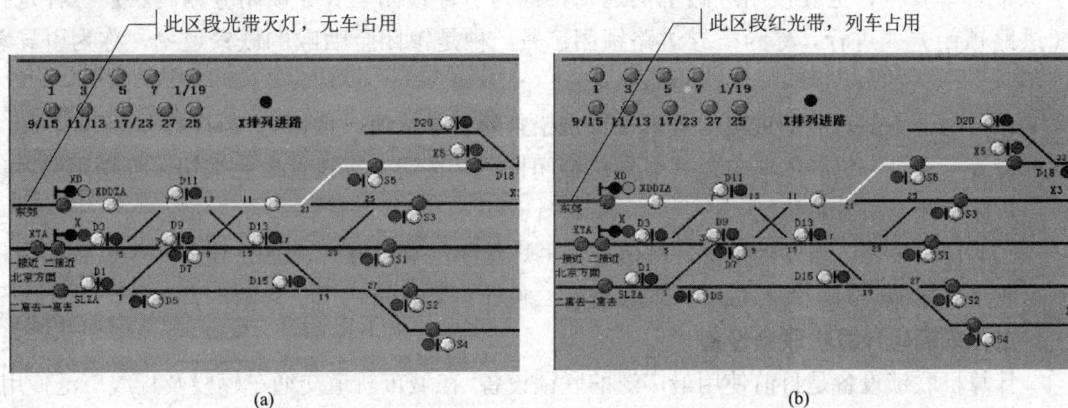

图 3-13 进路的预先锁闭和接近锁闭

（a）预先锁闭；（b）接近锁闭

1）当进路处于预先锁闭时，办理"取消解锁"，可将进路解锁。

2）当进路处于接近锁闭时，须办理"人工解锁"，才能将进路解锁。

办理"人工解锁"进路时，进路需经过 **3min** 或 **30s** 的延时才能解锁。设置延时解锁，是为了防止解锁原有进路改办其他进路时，处于接近区段的列车或调车车列可能由于停车不及时冒进信号而压上正在转换的道岔。延时解锁能够确保列车或调车车列有足够的停车时间，保证行车安全。

控制台的下方有"总取消"和"总人工解锁"按钮（见图 3-11）。当进路处于预先锁闭，需要办理取消解锁时，只需同时按压"总取消"按钮和进路的始端按钮，就可实现信号自动关闭，进路解锁，白光带熄灭；当进路处于接近锁闭时，如需解锁进路，需要同时按压"总人工解锁"按钮和进路的始端按钮，才能实现信号自动关闭，进路经延时后解锁，进路上白光带熄灭。

4. 道岔的单独操纵及单独锁闭

在道岔未锁闭的条件下，联锁道岔的转换有进路式选动和单独操纵两种情况，单独操纵优先于进路式选动。在进路式选动的过程中，如果尖轨转换遇阻不能转换到底，为保护电动机，允许单独操纵转换回原来的位置。进路式选动前面已作介绍，为自动转换，下面重点介绍单独操纵。

当有关道岔区段未处于锁闭状态时，可以单独转换道岔，同时按压道岔按钮和"道岔总定位"按钮，道岔转换至定位，道岔表示灯显示绿灯；同时按压道岔按钮和"道岔总反位"按钮，道岔转换至反位，道岔表示灯显示黄灯。

联锁道岔允许单独锁闭，当需要单独锁闭某组道岔时，按下道岔单独锁闭按钮（非自复式），这时按钮下方指示灯亮红灯，表示该道岔被单独锁闭，不能转换。解除单独锁闭时，再次按下该按钮使按钮复位，指示灯灭。

5. 控制台其他操作

（1）引导接车。引导接车是联锁设备发生故障时采用的接车办法。采用引导接车时，准许列车在信号机前方不停车，以低速进入段内，并准备随时停车。办理引导接车时，为了保证行车安全，也要锁闭进路上的道岔，称为引导锁闭。引导锁闭分为两种：一种是按照进路锁闭方式进行，称为引导进路锁闭；另一种是锁闭全咽喉的联锁道岔，称为引导总锁闭。

在控制台下部对应的进段信号机设置带铅封的引导按钮，按钮上方有白色表示灯。每个咽喉设置一个带有铅封的非自复式引导总锁闭按钮，按钮上方设置白色按钮，分别用来办理引导进路锁闭及引导总锁闭。

（2）切断报警。当发生挤岔、跳信号、主灯丝断丝等故障时，6502电气集中联锁系统控制台有声光报警。对于每种故障，均设置有二位非自复式按钮用于切断声音报警。

二、车辆段计算机联锁设备

计算机联锁设备是目前使用最广泛的联锁设备，在城市轨道交通车辆段及正线广泛使用。它与电气集中联锁设备相比，在安全性、可靠性、经济性以及设计、施工、维修、使用等方面具有明显优势。

（一）计算机联锁的特点、发展及使用

计算机联锁设备是目前车辆段联锁采用的主流设备。

1. 计算机联锁的特点

（1）进一步完善了联锁控制功能。由于计算机联锁系统完全摆脱了继电联锁系统的网络结构，因而在技术上能够减少硬件投资和发挥软件的作用，较容易克服网状电路难以解决的一些问题。

（2）计算机发出的控制信息和现场返回的表示信息，均能由传输通道串行传送，可以节省大量的干线电缆，并使采用光缆成为可能。

（3）用计算机屏幕显示代替电气集中控制台，大大缩小了体积，简化了结构，方便了使用，还可以根据需要多台并机使用。

（4）可靠性、安全性高。计算机联锁系统可以最大限度地利用软、硬件资源，对直接涉及行车安全的联锁逻辑处理和执行表示环节采用冗余及容错技术，从而保证了整个系统的可靠性，安全性指标也高于继电联锁系统。

（5）灵活性大。计算机联锁系统无论是硬件还是软件均采用标准化、模块化结构，不同规模和作业性质的车站或站场只需编制一些站场数据，选用不同和数量不等的模块组装即可。当站场改扩建时，计算机联锁系统用修改数据的方法，几乎不用变更既有电路和联锁程序就能满足需求。

（6）便于系统维护。计算机联锁系统大部分是电子设备，这些电子设备没有机械磨损，所以日常维修量小。此外，计算机联锁系统往往具有完善的检测和故障诊断功能，便于维修人员分析查找和及时排除故障。

2. 我国计算机联锁的发展及使用

20世纪80年代起，铁道科学研究院、铁道部通信信号总公司研究设计院、北京交通大学等科学研究机构及院校相继展开了计算机联锁系统的研制工作。

1984 年，铁道部通信信号总公司研究设计院研制生产出的第一个车站计算机联锁系统成功应用于地方铁路，1989 年开始应用于国家铁路，20 世纪 90 年代予以推广。

目前，我国通过原铁道部技术鉴定的计算机联锁系统有：

（1）铁道科学研究院通信信号研究所研制的 TYJL–Ⅱ 型双机热备计算机联锁系统和 TYJL–TR9 型三取二容错计算机联锁系统。

（2）通信信号总公司研究设计院研制的 DS6–11 型双机热备计算机联锁系统和 DS6–K5B 型二乘二取二计算机联锁系统。

（3）北京交大微联科技有限公司研制的 JD–1A 型双机热备计算机联锁系统和 EI32–JD 型二乘二取二计算机联锁系统。

（4）卡斯柯信号有限公司研制的 VPI 型双机热备计算机联锁系统和 CIS–Ⅰ 型双机热备计算机联锁系统。

使用情况举例：

北京地铁 1 号线四惠车辆段、广州地铁 2 号线车辆段、深圳地铁车辆段、南京地铁 1 号线车辆段、重庆单轨交通、北京 13 号线正线车站及车辆段等采用 TYJL–Ⅱ 型计算机联锁系统。上海地铁 2、3、4、5、6、8 号线停车场采用 VPI 型双机热备计算机联锁系统。上海地铁 3 号线正线采用 VPI–2 型双机热备计算机联锁系统。大连快速轨道交通 3 号线正线采用 DS6–11 型双机热备计算机联锁系统。西安地铁 2 号线车辆段采用 DS6–K5B 型计算机联锁系统。

西安地铁 2 号线正线和上海地铁 2 号线正线采用安萨尔多 USSI 公司的 MicroLok–Ⅱ 型计算机联锁系统。上海地铁 5 号线正线、广州地铁 1 号线和 2 号线正线、深圳地铁 1 号线正线、南京地铁 1 号线正线采用德国西门子公司的 SICAS 型计算机联锁系统。上海地铁 6、8、9 号线正线采用上海贝尔阿尔卡特股份有限公司的 PMI 型计算机联锁。

总体来说，地铁车辆段一般采用国内自主研发的计算机联锁系统，地铁正线则多采用国外引进的计算机联锁系统，目前正逐步实现国产化。下面以某地铁车辆段 DS6–K5B 型计算机联锁系统为例来介绍车辆段联锁设备。

（二）车辆段计算机联锁系统的组成

计算机联锁系统由硬件设备和软件设备构成。硬件设备包括人机会话计算机、联锁测控计算机、安全检验计算机、安全继电输入输出接口柜、电源屏，以及现场信号机、转辙机和轨道电路等室外设备。软件设备是实现进路、信号和道岔联锁逻辑的核心部分，由两部分组成：一部分是参与联锁运算的站场数据库，另一部分是进行联锁逻辑运算，完成联锁功能的应用程序。

通常情况下，计算机联锁系统的层次结构主要包括操作层、联锁逻辑层、执行表示层、设备驱动层和现场设备层，具体到车辆段计算机联锁系统的结构如图 3–14 所示。

1. 操作层

操作层是人机会话层，按照人机会话硬件设备形式的不同，计算机联锁有控制台方式、数字化仪方式和鼠标方式三种形式，目前多采用鼠标方式，即将设备和列车运行情况用图形显示在显示器上，通过鼠标和键盘操作命令实现联锁命令操作，接收操作员命令并传递给逻辑层处理。

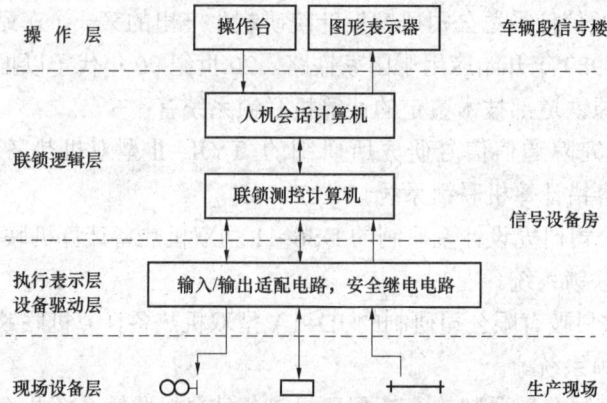

图 3-14　车辆段计算机联锁结构示意图

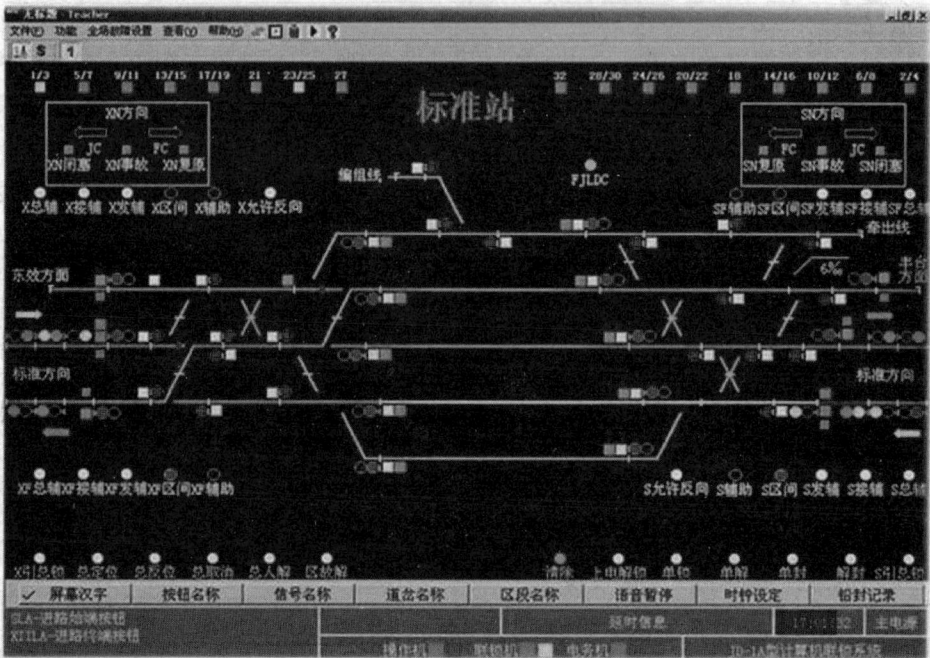

图 3-15　计算机联锁操作层

2. 联锁逻辑层

联锁逻辑层是联锁系统的核心，实现联锁逻辑的处理。联锁逻辑层的功能由人机会话计算机和联锁测控计算机实现。由于计算机联锁要求有较高的可靠性和安全性，核心硬件的结构一般都采用冗余结构（为了提高安全性和可靠性而增加的结构）。

目前，为了提高可靠性与安全性，计算机联锁系统主要采用双机热备系统、二乘二取二系统或三取二系统。

（1）双机热备系统。双机热备系统是冗余系统的基本结构组成，如图 3-16 所示。它采用两套相互独立、结构相同、指令或周期同步工作、编程相同的系统同时工作，双机互为热备，相互检测，通过比较器确定系统正常工作后，才能输出控制指令。当一套系统发现自身出现故障时，就给出控制信号，自动切换到另一套系统上，并给出故障报警和提示。

（2）二乘二取二系统。二乘二取二系统采用四台计算机，一般分为系统Ⅰ、系统Ⅱ，双系互为热备关系。该联锁系统通过"单系保证安全，双系提高可靠性"实现整体系统的安全性和可靠性，如图3–17所示。双系中每一单系均包括双套计算机，进行实时校核工作。每一单系中必须双机工作一致才能对外输出，实现整体系统的安全性；任一系统检出故障均可立即导向备系工作，实现整体系统的可靠性。

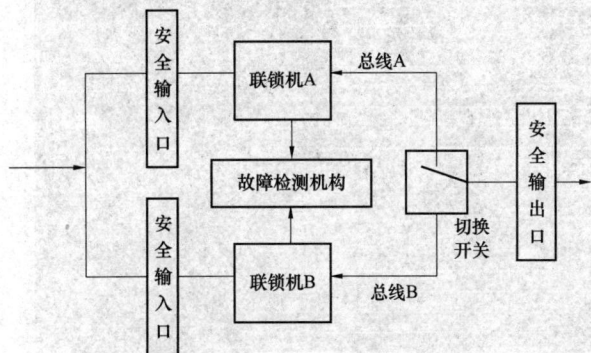

图3–16 双机热备系统示意图

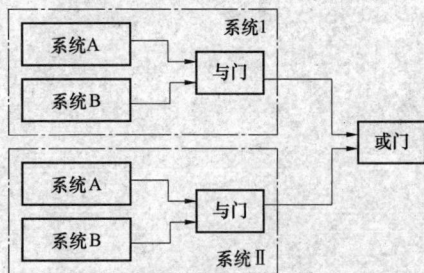

图3–17 二乘二取二系统示意图

（3）三取二系统。三取二系统又称三机表决系统，如图 3–18 所示，采用三台计算机同时工作。三取二系统中央处理器（CPU）之间是通过两两相比较保证整体系统的安全性，当有至少两个结果相同时，认为正确无误方可输出。当某一个 CPU 故障或运行产生差错时，该 CPU 将被屏蔽，另外两个 CPU 相当于组成一个二取二的系统，不需要切换，在没有降低系统安全性的前提下，保证了整体系统的高可靠性。

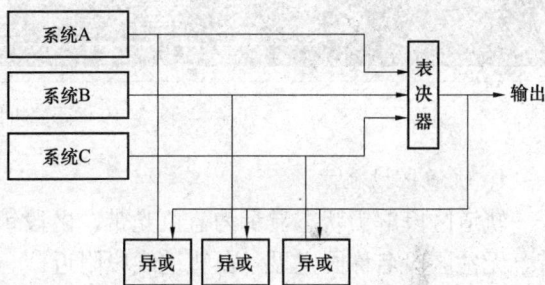

图3–18 三取二系统示意图

3. 执行表示层

执行表示层是联锁逻辑层与设备驱动层之间的接口，其任务是分析、执行联锁逻辑层的命令，控制设备驱动层驱动现场设备，并采集设备驱动层的表示信号给联锁逻辑层。

4. 设备驱动层

设备驱动层是现场设备的驱动设备，其功能是实现列车自动选路、列车自动跟踪、列车指示等。

5. 现场设备层

现场设备层是计算机联锁系统的控制对象，包括联锁道岔转辙机、信号机、轨道电路等现场设备。

（三）计算机联锁屏幕显示及按钮设置

下面以某地铁车辆段 DS6–K5B 型计算机联锁鼠标与显示屏的操作方式为例，介绍计算机联锁的显示。

如图 3–19 所示，计算机联锁屏幕分上、下两个区域：上部是菜单栏，包括系统状态表示区和系统按钮区；下部是视图区，包括功能按钮区、站场图形区、指示灯区和提示报警区。

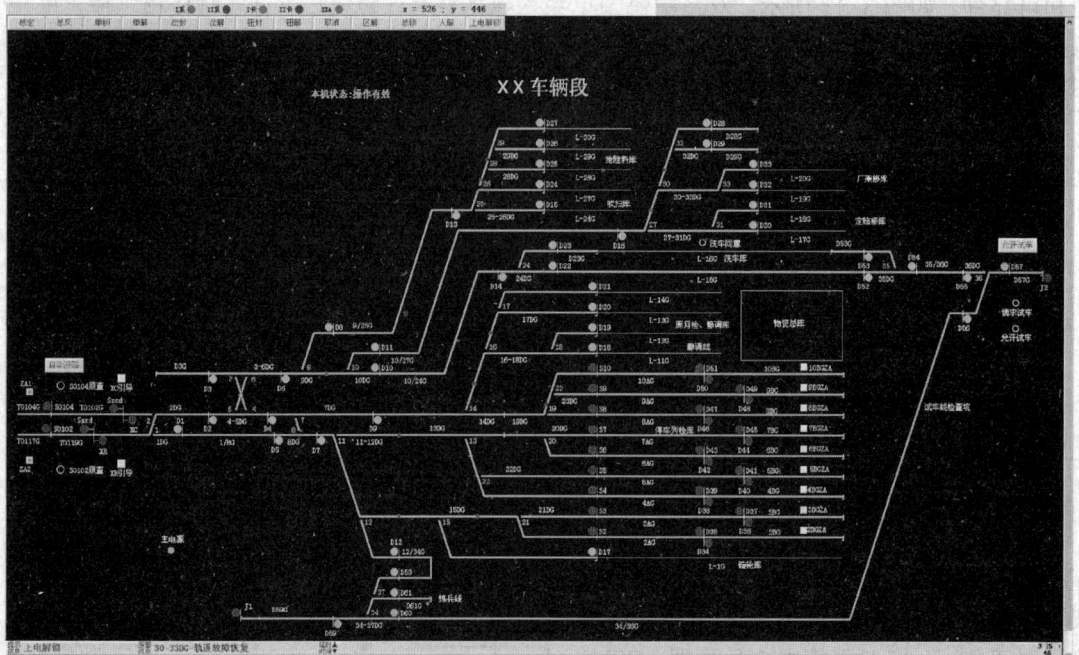

图 3-19　计算机联锁显示界面

1. 轨道区段显示

轨道区段解锁状态显示为蓝色光带，区段锁闭显示为白色光带，区段占用显示为红色光带。无岔区段名称固定显示在轨道线段附近。

2. 信号机显示

列车信号机关闭状态显示红色图形，开放时显示与室外一致的颜色。

调车信号机关闭状态显示蓝色图形（有的为红色图形），开放时显示白色图形。

信号机的名称用拼音字母表示，信号机名称是否显示受"显示信号名"按钮控制。信号机在开放或断丝状态，或其对应的按钮为封闭状态时，其名称始终显示，不受该按钮控制。信号机发生灯丝断丝时，除有灯丝断丝报警外，相应信号机灯禁止信号灯光闪光，信号机名称也要显示。

排列进路时，点击信号按钮，显示按钮名称并闪光，进路锁闭后按钮名称消失。

3. 道岔显示

道岔岔尖处用缺口表示道岔开通的位置，无缺口的一侧表示道岔开通方向，采用与所在轨道区段颜色相同的线段连通表示。

道岔名称用道岔编号的数字表示，可重复点击菜单"显示道岔名"按钮调出显示或消除显示道岔名。道岔在定位时，道岔名显示绿色；道岔在反位时，道岔名显示黄色。

道岔发生挤岔故障时，道岔名显示红色并闪光。

道岔锁闭时，在道岔岔尖处显示一个圆圈，单独解锁后圆圈消失。道岔锁闭在定位，圆圈为绿色；道岔锁闭在反位，圆圈为黄色；道岔锁闭在四开，圆圈为红色。

道岔封闭时，道岔名称上显示一个红框；道岔解封后，红框消失。

4. 操作报警和提示

在屏幕最下方有操作提示显示区，如图 3-20 所示，显示当前办理的作业，后来的操作提示覆盖先前的操作提示。

图 3-20　计算机联锁提示信息栏

5. 按钮设置

计算机联锁操作时用鼠标在屏幕上点击有关按钮即可。

（1）信号按钮。屏幕上列车按钮为列车信号机图形，调车按钮是调车信号机名称，当信号机既有列车按钮又有调车按钮时，点击信号机图片表示列车按钮，点击信号机名称表示调车按钮。

（2）道岔按钮。道岔按钮用道岔名称表示。

（3）区段按钮。区段按钮用轨道区段的名称表示。

（4）功能按钮。功能按钮设置在屏幕上方，如图 3-21 所示，各按钮的作用如下：

图 3-21　计算机联锁功能按钮

a）总定、总反——用于单独操纵道岔。

b）单锁、单解——用于对道岔进行单独锁闭和单独解锁操作。道岔单独锁闭后可以排列经过该道岔所在位置的进路，但不能动作该道岔。

c）岔封、岔解——在施工、维修等情况下对道岔进行单独封锁/解封操作。道岔封锁后不能再排列经过此道岔所在位置的进路，但可以单操该道岔。

d）钮封、钮解——用于对信号按钮进行封闭/解封操作。信号按钮闭锁后不能排列以此信号为始终端的进路。

e）取消、人解——用于取消进路和人工解锁进路。

f）总锁——用于道岔总锁闭操作。

g）区解——用于区段事故解锁。

h）上电解锁——联锁系统在重新加电时，系统处于上电锁闭状态，此时值班员不能对系统进行信号操作，而需要值班员首先对系统进行上电解锁，解锁后方可进行操作。

（5）命令按钮。命令按钮位于界面的右上方，包含"显示隐藏""站场操作""系统操作"三个按钮，各自又含有下拉菜单，如图 3-22 所示。

a）显示隐藏按钮：道岔——用于显示/消隐道

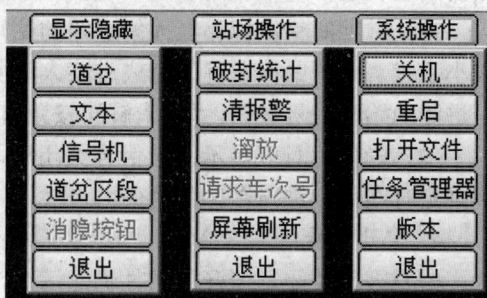

图 3-22　计算机联锁命令按钮

岔名称；文本——用于显示/消隐文本内容；信号机——用于显示/消隐信号机名称；道岔区段——用于显示/消隐道岔区段名称。

b）站场操作按钮：破封统计——用于显示/消隐铅封按钮的使用次数；清报警——用于清除屏幕提示报警信息。

c）系统操作按钮：关机——用于关闭计算机，电务人员使用；重启——用于重新启动计算机，电务人员使用。

6. 按钮封闭显示

列车按钮封闭后，其信号机红灯外方显示一个黄色方框；调车按钮封闭后，其调车信号名称外方显示一个黄色方框。

对于出段信号机，无论是封闭列车按钮还是封闭调车按钮，其信号机红灯外方及调车信号按钮外方均显示一个黄色方框。

（四）计算机联锁的操作

计算机联锁的操作方法与6502电力集中联锁基本类似，原理相近。

1. 办理进路

（1）排列一般进路：顺序点击进路的始端信号按钮和终端信号按钮。鼠标移至要排列的进路始端信号机灯信号按钮上，当光标变成小手状时点击左键。按压按钮后，信号机名闪烁。

（2）排列变更进路：顺序点击始端信号按钮、变更按钮和终端信号按钮。操作时对应显示：按压始端按钮后，信号机名闪烁，进路建立过程中，屏幕显示出有关道岔的动作情况。进路呈白色光带，信号机名称呈白色稳定显示，信号复式器给出相应显示。

2. 取消进路

（1）操作方法：鼠标移至"取消"功能按钮上，光标会变成小手状，点击鼠标左键，"取消"功能按钮会处于按下状态并且开始10s延时。在延时期间移动鼠标至取消进路的始端信号机按钮处，光标会变成小手状，点击鼠标左键，完成进路取消操作。

（2）操作后对应显示：信号关闭，进路白光带消失。若点击"总取消"按钮后10s之内没有点击进路的始端信号按钮，则"总取消"按钮自动恢复抬起状态。此后再点击进路的始端信号按钮也无效。

3. 人工解锁进路

（1）操作方法：鼠标移至"人解"功能按钮上，光标会变成小手状，点击鼠标左键将弹出密码确认框；确认密码后，"人解"功能按钮会处于按下状态并且开始10s延时。

在延时期间将鼠标移至人解进路的始端信号机名称（用于人解列车进路）上，光标会变成小手状，点击鼠标左键，完成进路人解操作。在"总人解"按钮按下后10s之内，没有点击进路的始端信号按钮，"总人解"按钮自动恢复抬起状态。

（2）操作后对应显示：自信号关闭后，屏幕下方出现进路延时解锁时间的倒计时，延迟到规定时间后，进路白光带消失。

4. 重开信号

信号因故关闭，但开放条件仍然满足，可以通过点击进路始端按钮完成信号重开。

（1）操作过程：鼠标移至要排列的进路始端信号机灯上，当光标变成小手状时点击左键，完成重开操作。

（2）操作后对应显示：信号复式器显示开放信号。

5. 道岔操作

（1）道岔单操：移动鼠标到功能按钮"总定"或"总反"按钮上，当光标变成小手状时，点击鼠标左键，"总定"或"总反"按钮会处于按下状态并且开始10s延时。在延时期间移动鼠标到待单操的道岔名称上，当光标变成小手状时，点击鼠标左键，完成道岔单操操作。在10s延时时间内点击道岔按钮后，命令生效，道岔单操按钮随之抬起。超过10s不点击道岔按钮，"总定"或"总反"按钮将自动抬起，再点击道岔按钮则无效。因此，点击一次道岔单操按钮只能操纵一组道岔。

（2）道岔封闭和解锁：首先点击"岔封"或"岔解"按钮，在10s延时时间内点击道岔按钮，完成道岔封闭或解封的操作。在 10s 延时时间内点击道岔按钮后，命令生效，道岔封闭或道岔解封按钮随之抬起。超过 10s 不点击道岔按钮，"岔封" 或 "岔解"按钮自动抬起，再点击道岔按钮则无效。因此，点击一次道岔封闭或道岔解封按钮只能封闭或解封一个道岔。

（3）道岔单锁：道岔单独锁闭或单独解锁时，首先点击"单锁"或"单解"按钮，在10s延时时间内点击道岔按钮，完成道岔单锁或单解的操作。在10s延时时间内点击道岔按钮后，命令生效，道岔单锁或道岔单解按钮随之抬起。超过10s不点击道岔按钮，"单锁"或"单解"按钮自动抬起，再点击道岔按钮则无效。因此，点击一次道岔单锁或道岔单解按钮只能单锁或单解一个道岔。

（4）道岔单解：移动鼠标到功能按钮"单解"按钮上，当光标变成小手状时点击鼠标左键，单解按钮会处于按下状态并且开始 10s 延时。在延时期间将鼠标移至待单解的道岔名称上，当光标变成小手状时点击鼠标左键，完成道岔单解操作。

6. 区段事故解锁（区解）

计算机联锁系统不设区段事故解锁盘，而是在屏幕的上方设区段事故解锁按钮。

将鼠标移至 "区解"（区段事故解锁）按钮上，当光标变成小手状时点击鼠标左键，将弹出破封密码确认框。确认后"区解"会处于按下状态并且开始10s延时。在延时期间将鼠标移至待区解的区段名称上，当光标变成小手状时点击鼠标左键，完成区段事故解锁操作。

为安全起见，信号开放且列车接近后，如因故信号故障关闭，则自信号故障关闭起，信号机需45s延时后进行区段事故解锁操作方可生效。如在延时期间内进行区段事故解锁操作，操作无效，显示器上同时显示事故解锁延时操作剩余等待时间。

7. 按钮封闭（钮封）和按钮解锁（钮解）

为了防止误操作，可以采取对信号机进行戴帽处理来完成对信号机按钮的封锁。

移动鼠标到功能按钮区的"钮封"按钮上，当光标变成小手状时点击鼠标左键，钮封按钮会处于按下状态并开始10s延时。在延时时间内移动鼠标到待钮封的信号机名称上，当光标变成小手状时点击鼠标左键。此后除了"钮解"操作，其他对该信号机按钮的操作都将失效，完成钮封操作。同理，点击"钮解"按钮，完成解封操作，信号机操作和显示都恢复原样。点击一次信号封闭或信号解封按钮，只能封闭或解封一架信号机的信号按钮。

学习单元三　正 线 联 锁 设 备

一、正线联锁设备概述

　　城市轨道交通正线上的大多数车站仅有列车到达、停靠、上下乘客、出发等作业，没有调车作业；在车站线路设置方面也较简单，大多只需两条运行线，无须配备其他线路，不设道岔，甚至也不设地面信号机，仅在少数需要折返作业的车站（如终点站、折返站等），或需进行其他调车作业的车站（如配置出入车辆基地线路的车站、联络线出岔处车站、设有渡线可供转线的车站等）才设有较多的线路、道岔和地面信号机。因此，正线联锁设备的监控对象远少于铁路车站的监控对象，联锁关系远没有铁路复杂，联锁条件也较为简单。

　　目前的城市轨道交通信号系统中，正线上通常几个车站的联锁控制集于一站，称为集中联锁站。该站仅设置一套联锁设备。正线联锁与传统的车站联锁在原理上相似，即在信号机、道岔和进路之间建立一定的相互制约关系，以保证列车在进路上的运行安全；不同之处在于，正线的联锁设备通常与 ATC 设备结合在一起，该联锁设备接收车站值班员和 ATS 子系统的控制命令，用以实现车站及附近几个车站的集中联锁及车站进路的自动控制。此外，还将联锁的有关状态信息传送至 ATP/ATO 子系统，即联锁系统是 ATC 系统的基础，联锁功能设计的优劣直接影响 ATC 系统的行车安全、折返功能和行车间隔。

　　正线联锁系统能在规定的联锁条件和规定的时序下对进路、信号和道岔实行控制，以保护正线行车安全。正线联锁功能包括如下几点：

　　（1）联锁逻辑运算：接收 ATS 或车站值班员的进路命令，进行联锁逻辑运算，实现对道岔和信号机的控制。

　　（2）轨道电路信息处理：处理列车检测功能的输出信息，以提高列车监测信息的完整性。

　　（3）进路控制：设定、锁闭和解锁进路。

　　（4）道岔控制：解锁、转换和锁闭道岔。

　　（5）信号机控制：确定信号机的显示。

　　正线联锁采用计算机联锁设备，一般可分为分布式、区域式和集中式三种方式。

　　分布式正线联锁设备是指各站设置的独立的、小型的联锁设备，适用于地铁站信号机、道岔数量少的线路；区域式正线联锁设备是指具有一定的监控规模，可根据车站规模确定数量的联锁设备；集中式正线联锁设备的特点是在控制中心或某车站设置联锁中心，由该中心管辖全线有关信号设备的监控。

　　目前轨道交通正线联锁设备常用的型号有以下几种：铁道科学研究院通信信号研究所研制的 TYJL–Ⅱ 型双机热备计算机联锁系统和 TYJL–TR9 型计算机联锁系统；中国铁路通信信号股份有限公司研究设计院研制的 DS6 型双机热备计算机联锁系统和 DS6 型计算机联锁系统；北京交大微联科技有限公司的 JD 型双机热备计算机联锁系统和 EI32 型计算机联锁系统；德国西门子公司的 SICAS 型计算机联锁系统；卡斯柯信号有限公司的 VPI 型双机热备计算机联锁系统和 CIS–Ⅰ 型双机热备计算机联锁系统；安萨尔多 USSI 公司的 MicroLok–Ⅱ 型双机热备计算机联锁系统。常用联锁设备的应用情况见表 3–1。

表 3-1　　　　　　　　　　　　　常用联锁设备的应用情况

型 号	制 造 商	地 铁 线 路
TYJL-Ⅱ	铁道科学研究院通信信号研究所	北京地铁 1 号线四惠车辆段、北京 13 号线正线车站以及车辆段；广州地铁 2 号线车辆段；深圳地铁车辆段；南京地铁 1 号线车辆段；重庆单轨交通
VPI	卡斯柯信号有限公司	上海地铁 2、3、4、5、6、8 号线停车场
DS6-11	中国铁路通信信号股份有限公司（中国通号）	大连快速轨道交通 3 号线正线；北京地铁 8、10 号线正线车辆段
DS6-K5B	中国铁路通信信号股份有限公司（中国通号）	西安地铁 2 号线车辆段（停车场）
DS6-60	中国铁路通信信号股份有限公司（中国通号）	西安地铁 1、3 号线正线和车辆段（停车场）
MicroLok-Ⅱ	安萨尔多 USSI 公司	上海地铁 2 号线正线；西安地铁 2 号线正线
SICAS	德国西门子公司	北京地铁 8、10 号线正线；上海地铁 5 号线正线；广州地铁 1、2 号线正线；深圳地铁 1 号线正线；南京地铁 1 号线正线
PMI	上海贝尔阿尔卡特股份有限公司	上海地铁 6、8、9 号线正线

二、正线联锁与车辆段联锁的差异

城市轨道交通正线计算机联锁存在很多与传统车站联锁（车辆段联锁）不同的特殊要求，如列车运行的三级控制、多列车进路、追踪进路、折返进路、联锁监控区、保护区段和侧面防护。

（一）相关概念

1. 列车运行进路控制

城市轨道交通信号系统设计中，列车自动防护（ATP）系统与计算机联锁系统功能的结合，使计算机联锁系统的功能更加强大。

城市轨道交通列车进路由进路的防护信号机防护，列车运行安全由列车自动防护系统负责。

列车运行进路控制采用三级控制，即进路的控制方式有三种：控制中心 ATS 自动控制控制、远程终端单元（remote terminal unit，RTU）控制和车站工作站（LOW）控制。

正常情况下，控制中心集中控制全线的列车运行（不包括车辆段内列车的运行控制）。该控制为全自动的列车监控模式，在该模式下，列车自动监控（ATS）系统按照运行图，根据列车的车次号，结合列车的运行位置，发送排列进路的命令给联锁系统，自动排列进路。控制中心调度员也可以人工干预，人工排列和取消进路。

在控制中心设备故障或控制中心与下级设备的通信线路故障时，系统自动转入远程控制终端控制的降级模式。此模式下，由司机在车上人工输入目的地码，通过列车上的车次号发送系统发出带有列车去向的车次号信息，车站列车自动监控系统的远程终端单元接收到目的地码后，自动产生进路控制

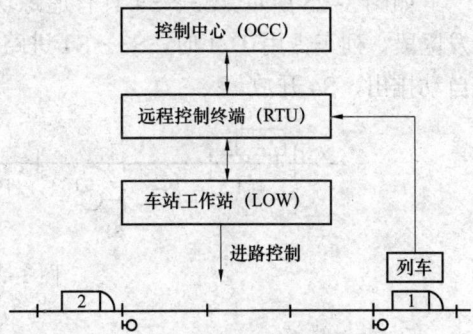

图 3-23　列车进路控制示意图

命令，联锁系统根据来自远程控制终端的进路命令排列进路。

在站级控制模式下，列车运行的进路由车站值班员工作站控制。站级控制时，列车进路的设定完全取决于值班员的意图。值班员通过工作站选取进路的始端和终端，系统进行联锁逻辑检查，然后排列进路。

2. 进路的组成

进路一般由主进路、保护区段和侧面防护三部分组成。主进路是指进路上从始端信号机至终端信号机的路径。保护区段是指终端信号机后方的 1～2 个区段。侧面防护由道岔、信号机及轨道区段的单个元素或组合元素组成。

3. 多列车进路

城市轨道交通运行间隔小、行车密度大，列车运行安全由列车自动防护系统保护，所以在一条进路中允许多列列车运行。如图 3-24 所示，系统将信号机至信号机的主进路（如S1→S2）分为监控区和非监控区，只要监控区空闲即可再次排列以 S1 为始端的进路，开放S1。此时称 S1→S2 为多列车进路。

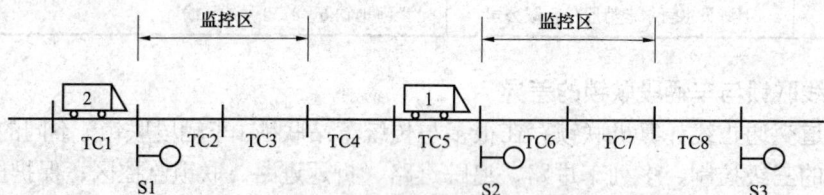

图 3-24　多列车进路示意图

对于多列车进路，当第一列车出清进路始端信号机后的监控区，可以排列第二条相同终端的进路。进路排出后，只有当第二列车通过后才能解锁。

多列车进路排出后，如果是进路中有列车运行，则人工取消进路时，只能取消最后一次排列的进路至前行列车所在位置的部分，其余部分由前行列车通过以后解锁。人工取消多列车进路的前提是：进路的第一个轨道电路必须空闲。

4. 自动追踪进路

追踪进路为联锁系统本身的一种自动排列进路功能。列车接近信号机，占用触发区段（触发区段可能是信号机前方第一个接近区段，也可能是第二个接近区段）时，系统可向带有追踪功能的信号机发出排列进路的命令，自动排出一条固定的进路，开放追踪进路的信号。

如图 3-25 所示，S3、S4 具有追踪功能，TC1、TC5 分别是以 S3、S4 为始端的进路的触发区段，列车占用 TC1 时，S3→S4 进路自动排出，S3 开放。列车占用 TC5 时，S4→S5 进路自动排出，S4 开放。

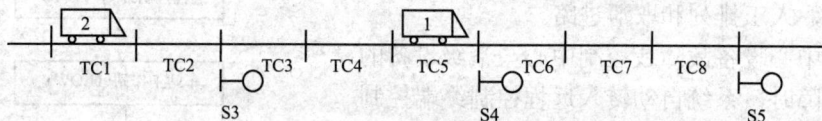

图 3-25　追踪进路示意图

5. 折返进路

列车折返进路作为一般进路纳入进路表，通过列车自动选路排列。

6. 联锁监控区域

在传统车站联锁中，信号机开放要检查全部区段的空闲情况，但在装备 ATC 的城市轨道交通信号系统中，为了提高建立进路的效率，开放信号机前联锁设备不需检查全部区段空闲情况，而只要检查一部分区段，即为联锁监控区段，联锁监控区段空闲，进路便可排列，信号便可正常开放。

在无岔进路中，联锁监控区段一般为信号机内方后两个区段。在有岔进路中，从进路的第一轨道区段开始，直到最后一个道岔的后一区段为止都为监控区段。列车通过这些区段后能自动将运行模式转为 ATP 监督人工驾驶模式或 ATO 自动驾驶模式。列车之间的追踪保护由 ATP 来实现。

进路设有监控区段时，只要监控区段空闲，进路防护信号机便可正常开放。

7. 保护区段

为了保证列车的运行安全，避免列车由于某种原因不能在信号机前方停住而导致危及行车安全的事故发生，充分考虑了列车的制动距离及线路等因素，在停车点后设置了保护区段，即终端信号机后方的一至两个区段为保护区段，也称重叠区段，如图 3-26 所示。

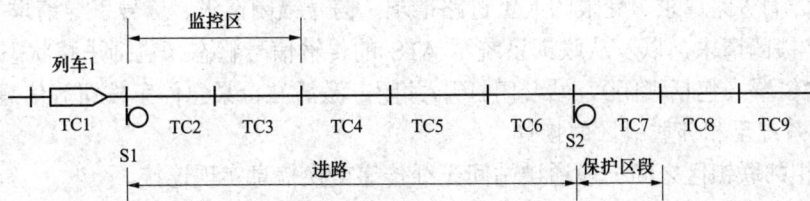

图 3-26 保护区段示意图

进路可以带保护区段或不带保护区段排出。对于短进路，保护区段与进路同时建立；为了不妨碍其他列车运行，对于长进路，可以通过目的轨的占用来触发使保护区段延时设置。

保护区段的解锁：当列车顺序占压进路及保护区段时，保护区段正常解锁；当列车头部压入保护区段的接近区段时，保护区段的解锁开始计时，计时结束后区段解锁；当主进路未完全解锁时，保护区段不准许采用区解的方式解锁；当取消或人工解锁进路时，保护区段在列车主进路解锁后自动解锁。

8. 侧面防护

正线联锁中没有联动道岔的概念，所有道岔都按单动道岔处理。排列进路时通过侧面防护把相关道岔和信号机锁闭在联锁要求的位置，避免其他列车从侧面进入进路，与进路中列车发生侧面冲突。侧面防护包括主进路的侧面防护和保护区段的侧面防护，如图 3-27 所示。

侧面防护的任务是通过转换、锁闭和检查邻近分歧道岔位置（需在侧面防护要求的保护位置上），使通向已排运行进路的所有路径均不能建立。如果侧面防护道岔的实际位置与所要求的位置不一致，则发出转换道岔的命令；当命令不能执行时（如道岔已锁闭），操作命令将被储存，直到达到要求的终端位置，否则将通过取消或解锁该进路来取消操作命令。

侧面防护也可由位于进路需要侧面防护方向的主体信号机显示禁止信号来完成，即检查该架信号机的红灯灯丝是否正常，通过显示红色信号来确保。

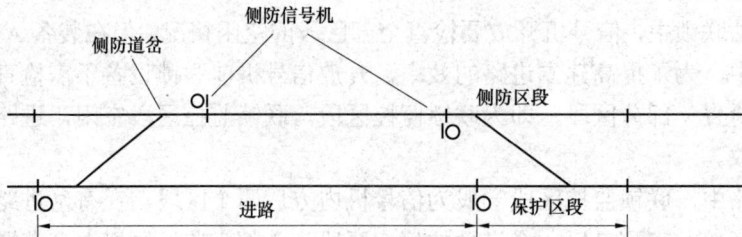

图 3-27 侧面防护示例

道岔为一级侧面防护，信号机为二级侧面防护。排列进路时首先确定一级侧面防护，再确定二级侧面防护。没有一级侧面防护时，则将信号机作为侧面防护。

（二）正线计算机联锁系统的接口

1. 联锁系统至 ATS 子系统的接口

联锁系统响应来自 ATS 的命令，进行联锁逻辑运算，在满足安全的前提下，控制进路、道岔和信号机等设备，并将有关设备的状态信息提供给 ATS。具体传输的信息为：从 ATS 至联锁系统的传输进路请求、受限的人工进路请求、信号锁闭请求、信号引导请求（进站）、道岔定位/反位/锁闭请求，以及从联锁系统至 ATS 的传输信号状态（包括进路状态和信号闭塞状态）、道岔位置（包括锁闭）、站台门打开/关闭、激活站台紧急停车按钮等信息。

2. 联锁系统至相邻联锁区的接口

在两个相邻联锁区之间一般通过站间光纤传递交换信息实现连接。

在联锁边界处，某条进路的始端信号机和终端信号机分别受相邻的两个联锁区控制，两个区控联锁要通过安全数据网传递联锁区交界处的轨道区段、信号机及道岔信息。

跨联锁区进路的排列和取消是由始端信号机所在的联锁区完成。

当相邻的两个区控联锁通信连接出现故障时，按照"故障-安全"原则，进路的始端信号机被关闭，进路以及保护区段保持锁闭。当联锁计算机之间的通信恢复时，需进行区段事故解锁将原进路中轨道区段解锁后，再次办理进路，或者重开信号，见表 3-2。

表 3-2   相邻联锁区域接口交换信息表

序号	始端信号所在联锁区→终端信号所在联锁区	终端信号所在联锁区→始端信号所在联锁区
1	设置区段锁闭信息	进路内轨道区段占用/空闲状态
2	取消区段锁闭信息	进路内轨道区段锁闭/解锁状态
3		进路始端信号机显示状态（包括点灯、灯丝状态）

3. 联锁系统至转辙机、信号机、现地控制盘的接口

联锁系统可通过安全继电器与转辙机、信号机、现地控制盘相连接。

4. 联锁系统至紧急停车按钮的接口

联锁系统可通过安全继电器与紧急停车按钮相连接。

5. 联锁系统至自动折返按钮的接口

联锁系统可通过安全继电器与自动折返按钮相连接。

6. 联锁系统至车辆段的接口

正线联锁与车辆段的接口通过设相互照查电路实现，操作人员只有确认设置于控制台或计算机屏幕的照查表示灯显示后才能开放信号。

联锁系统至车辆段的主要联锁关系包括：

（1）不能同时向对方联锁区排列进路，并将本方排列进路的信息传送给对方。

（2）如果本方的轨道电路作为另一方联锁区进路的一部分，则必须传给另一方，以进行进路检查。

（3）如果本方进路包含另一方联锁区的轨道电路，则必须将本方进路的排列信息传送给另一方，并要求另一方排列出另一部分。

（4）列车入段时，车辆段必须先排接车进路，正线车站才能排列入段进路，以减少对咽喉区的影响。

7. 联锁系统至站台门的接口

联锁系统通过安全继电器与站台门相连接。

8. 联锁系统至防淹门的接口

联锁系统通过安全继电器与防淹门相连接。与防淹门实现以下信息的传递或控制。

防淹门状态信息：开门状态，非开状态；

防淹门请求信息：请求关门；

联锁系统给出的同意信号：关门允许。

其基本联锁关系如下：

（1）进路的排列应检查防淹门的状态，只有当防淹门在开门状态并且没有请求关门的情况下才能排列进路，否则不能排列进路。

（2）根据计算的 ATP 保护区段的长度与防淹门的位置关系，如果防淹门在计算的保护区段内，则只有当防淹门在开门状态并且没有请求关门的情况下提供的保护区段才是有效的，列车才能进入站台停车。如果在计算的保护区段的外方，则保护区段无须考虑防淹门的状态。

（3）信号机开放信号后，接收到防淹门非开信号，信号机立即关闭并封锁信号。

（4）信号机开放信号后，接收到来自防淹门的"请求关门"请求，联锁系统按以下步骤自动处理：首先，关闭并封锁始端信号机。其次，如果接近区段无车，则立即取消进路；否则延时 30s 取消进路。最后，检查隧道区域轨道电路是否有红光带，如没有红光带则立即给出"关门允许"信号；否则，联锁不给出"关门允许"信号，需要防淹门操作人员人工确认列车运行情况，并依据有关操作规定人工关门。

9. 联锁系统至其他线路联络线接口

联锁系统可通过安全继电器与其他线路联络线相连接。

三、正线联锁设备认知及操作举例

根据目前城市轨道交通线路联锁系统的应用情况以及信号系统逐步国产化的发展趋势，此部分重点以 DS6–60 型、MicroLok–Ⅱ型、SICAS 型计算机联锁为例，介绍正线联锁设备的构成、功能及操作。

（一）DS6–60 型计算机联锁系统

DS6–60 型计算机联锁系统是在引进、消化和吸收国际先进计算机联锁技术的基础上，继承和发扬自身技术优势，自主创新研发的一套符合欧洲铁路安全标准的计算机联锁系统。

1. 设备组成及功能

DS6-60 型计算机联锁系统包括计算机联锁集中设备,以及计轴器、转辙机、信号机等其他轨旁设备。其中,正线有联锁集中设备的车站为联锁集中站,联锁集中设备是由联锁主机、输入输出接口、控显机、远程通信单元、维护机五部分组成,如图 3-28 所示。

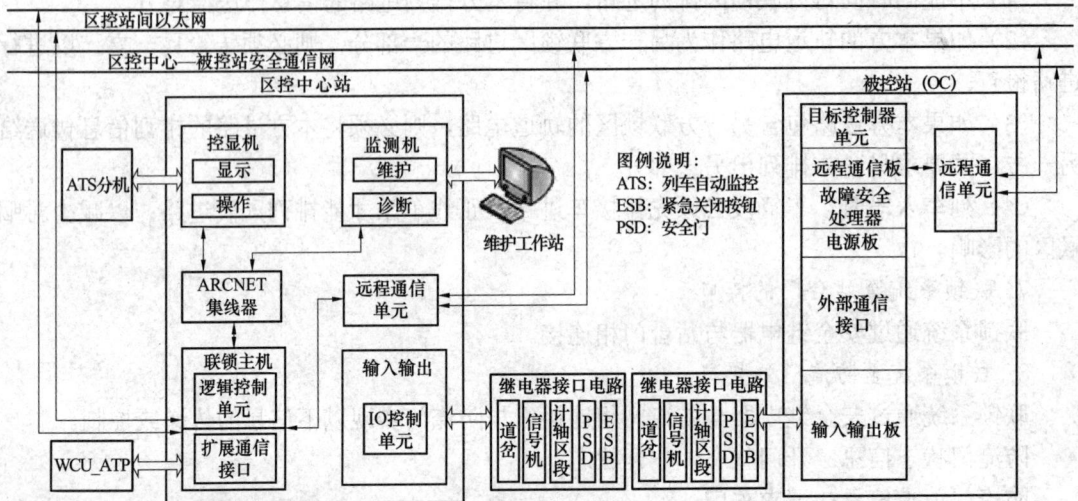

图 3-28 区控中心站(联锁集中站)与被控站(非联锁集中站)联锁系统组成原理示意图

系统采用二乘二取二冗余结构设计,系统中所有涉及安全信息处理和传输的部件均按照"故障-安全"原则采取了双重结构设计,任何单点故障都不会影响系统的正常使用。

2. 系统联锁原理及条件

与其他联锁设备的要求相同,DS6-60 型计算机联锁系统要求在开放信号时,进路上有关的道岔必须处于开通该进路的位置,同时要求该进路上没有车占用,与该进路上有关的道岔不能扳动,并且与该进路有关的敌对信号没有开放。除此之外,其联锁功能的安全限制条件如下:

(1)当信号系统重启后,在操作值班员发送上电解锁命令前,操作员必须重新办理系统重启前存在的锁闭的元素及临时限速等条件。

(2)当信号系统重启后,在操作值班员发送上电解锁命令前,操作员必须确认 ATS 与其他信号系统连接正常,发送调度命令(扣车、跳停)或设置安全命令(设置临时限速,封锁区段,封锁道岔)可以正常执行,才可以下发上电解锁命令。

(3)当信号系统启动后,如果某个道岔处于失表示状态,需要相关授权的维护人员采用手工方式将道岔转动到相关位置,并确认室内外的一致性。

(4)如果某个道岔属于失表示状态,且通过信号系统无法实现操作,则需相关授权的维护人员采用手工方式将道岔转动到相关位置,并确认室内外的一致性。

3. 系统功能

根据车站行车安全的需要,联锁系统能在规定的联锁条件和规定的时序下对进路、信号和道岔实行控制,满足计算机联锁的技术条件和功能。其基本功能主要包括进路控制、信号机控制、道岔控制等。同时,包括正线车站的联锁系统一般还具有保护区段设置、扣车、紧急关闭、站台门控制、车队模式办理、自动追踪、防淹门控制、停稳控制、封锁（解封）区段等特殊功能。

（1）进路控制：

1）进路建立。能根据操作选出与操作意图相符的进路。依次确定进路的始端、终端，只能自动地选出一条基本进路。确定相应进路的始端、终端后，能自动选出该进路及其保护区段。对于有多个保护区段的主进路，可通过区分方向的保护按钮选出保护区段。同时要注意的是，不得同时选出敌对进路。

2）进路锁闭。在有关联锁条件（与进路有关的轨道区段空闲、道岔位置正确和未建立敌对进路等）具备时，可对进路上的有关道岔实行进路锁闭，并排除敌对进路建立的可能性。

3）进路解锁：① 正常解锁。锁闭的进路在其防护信号机关闭后，能随着列车的正常运行，使各轨道区段分段自动解锁。② 取消进路。进路未处于预先锁闭的情况下，办理取消进路时，按压取消进路按钮和相应的始端信号按钮，在检查信号机关闭和进路空闲后，进路将立即解锁。③ 人工解锁进路。当进路处于接近锁闭而列车未驶入进路的情况下需要解锁时，按压总人解按钮和相应的始端信号按钮，可延时解锁进路。人工解锁的使用具有自动记录功能。④ 强解区段。轨道区段（道岔区段、无岔区段）在因故未解锁时，在检查该区段空闲后，能采取轨道区解操作，并自动记录。⑤ 引导进路解锁。在人工确认列车通过引导进路后，按压总取消按钮和相应的始端信号按钮办理引导解锁操作可使引导进路解锁。

（2）信号机控制：

1）正常办理进路。防护进路的信号机（引导信号除外）必须检查其进路空闲、有关道岔位置正确、进路已锁闭、未施行取消和人解进路操作、敌对进路未建立、照查联锁条件正确、站台门处于关闭锁紧或互锁解除状态、紧急关闭按钮未按下、未办理扣车作业等条件后方可开放。

2）折返信号机。具有折返功能的信号机，仅在列车于折返轨道停稳后，经检查联锁条件满足时才能开放信号。

3）信号重复开放。进站兼防护信号机、出站兼防护信号机、防护信号机、调车信号机（仅车辆段、试车线、停车场）关闭后，未经再次办理，不得重复开放。但当进路办理了车队模式后，该进路将保持锁闭，信号机随着列车的运行自动变换显示。

4）引导信号。引导信号只有在办理引导进路或办理重复开放引导信号操作后，且确认引导进路中的道岔位置正确，未建立敌对进路，引导进路在锁闭状态后才能开放。使用引导信号必须自动记录。

（3）道岔控制。道岔具有总定、总反、单锁、单解、岔封、岔解等功能。

1）总定、总反：用于单独操纵道岔。

2）单锁、单解：用于对道岔进行单独锁闭和单独解锁操作。道岔单独锁闭后可以排列经过该道岔所在位置的进路，但不能单独操纵道岔。

3）岔封、岔解：在施工、维修等情况下对道岔进行岔封/岔解操作。道岔封锁后不能再排列经过此道岔所在位置的进路，但可以单独操纵道岔。

道岔既能人工单独操纵，也能进路选动和带动。单独操纵优先于进路选动和带动。联锁道岔受进路锁闭、区段锁闭、人工单独锁闭或其他锁闭，一旦锁闭，该道岔则不能启动。

4. DS6-60 型计算机联锁系统 LOW 显示界面认识

下面以某地铁 1 号线 DS6-60 型计算机联锁为例进行介绍，在该地铁线路上，LOW 与为 ATS 车站工作站合二为一。

LOW 的界面主要包括标题栏、菜单栏、设备状态视图、功能状态视图、时间显示视图、站场图显示视图、告警视图、操作记录视图、列车详细信息列表视图、状态栏，如图 3-29 所示，对应的实物显示界面如图 3-30 所示。

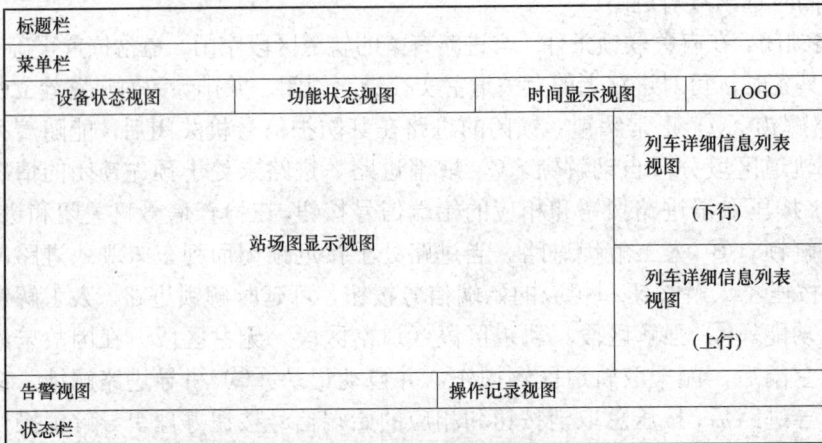

图 3-29 LOW 界面布局

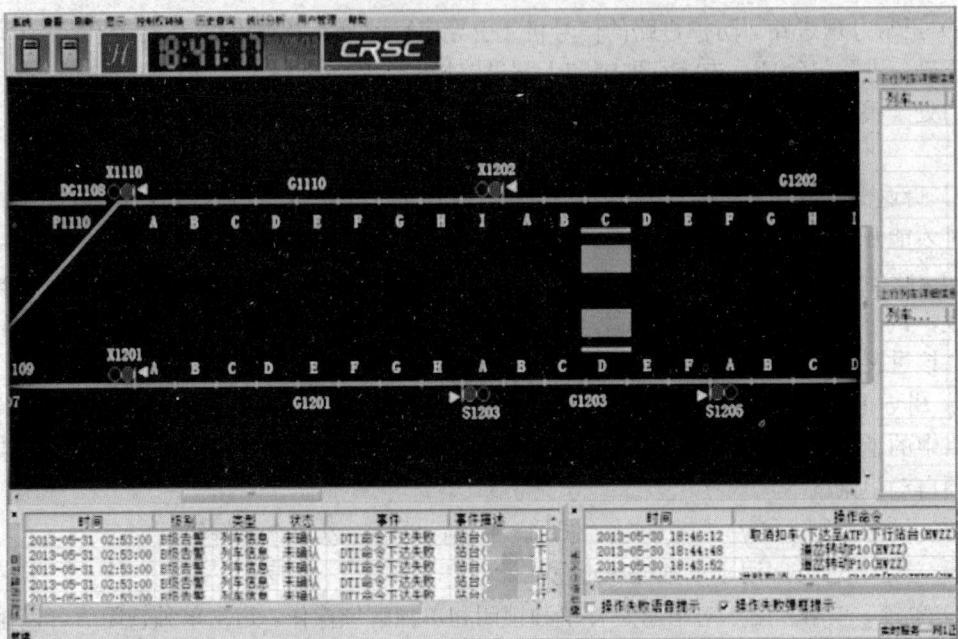

图 3-30 LOW 显示界面实物图

（1）设备状态显示。菜单栏下面是主要设备状态显示和主要功能状态显示。设备状态栏表示当前设备的工作状态，如正常状态、备机状态或设备故障状态等分别用不同颜色表示，鼠标悬停到状态栏时显示详细故障信息。

（2）功能状态显示。此部分主要显示全线扣车情况，即是否有站台设置扣车。其中，红色表示有站台设置扣车，灰色表示全线无扣车设置。鼠标悬停到状态栏时显示详细扣车信息，包括扣车站台和命令由谁下达，鼠标右键点击状态栏，弹出扣车车站列表，选择车站后自动将站场图显示视图定位到相应车站界面，如图 3-31 所示。

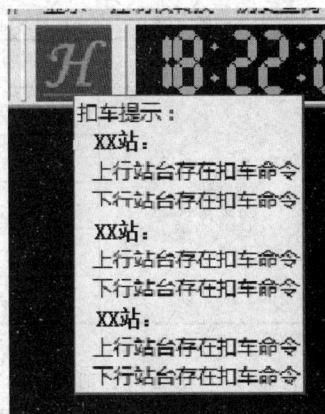

（3）信号机状态显示及其含义，见附录 D。

（4）站台状态显示。站台方框内颜色显示及其含义：稳定灰色——站台没有列车停站；稳定黄色——列车在站台停站；稳定浅蓝色——列车在站台跳停；站台旁的 H 字符表示站台的 ATS 扣车命令设置情况（见图 3-32）：黄色字符——车站设置站台扣车；白色字符——中心设置站台扣车；红色字符——车站和中心同时设置站台扣车；蓝色字符——未知位置扣车（或非 ATS 扣车）；隐藏字符——站台没有被设置扣车。

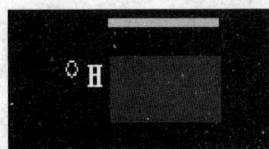

图 3-31 LOW 功能状态显示

站台旁的白色圆点表示站台的联锁 IBP 扣车命令设置情况：空心圆点——未设置 IBP 扣车；白色圆点——设置 IBP 扣车；隐藏圆点——车站未设置扣车。

（5）站台门状态显示。翠绿线段断开显示——站台门打开；翠绿线段全部显示——站台门关闭；红色线段全部显示——站台门切除或故障关闭；红色线段断开显示——站台门切除或故障打开；蓝色——屏蔽门状态未知。

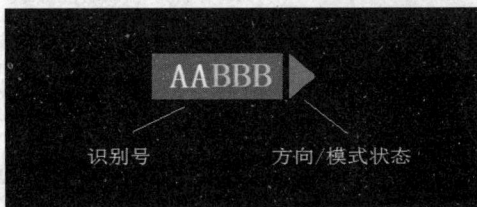

（6）列车识别号显示。LOW 在站场图上的车次窗内显示列车识别号。车次窗所显示的位置代表列车车头当前所在的位置。一个轨道区段对应一个车次窗。列车识别号显示如图 3-33 和表 3-3 所示。

图 3-32 站台状态显示实例　　　　图 3-33 列车识别号显示

表 3-3 列车识别号显示意义

图形	显示颜色（状态）	含 义
识别号 AA	白色	准点计划车
	绿色	早点计划车
	棕色	晚点计划车
识别号 BBB	白色	计划车
	黄色	头码车与人工车
方向状态（图形）		列车运行
		列车停稳

续表

图形	显示颜色（状态）	含 义
方向状态 （颜色）	绿色	AM（ATO 自动）驾驶模式
	黄色	SM（ATP 监控下的人工）驾驶模式
	橘黄色	RM（限制人工）驾驶模式
	棕色	NRM（非限制人工）驾驶模式
	红色	通信中断

5. LOW 基本操作举例

　　LOW 的基本操作包括进路控制以及对信号机、对道岔、对轨道区段的操作，除此之外还包括站台操作和列车操作等，均以命令的形式实现。LOW 的操作命令按照安全等级分为标准命令（用 R 表示）和安全相关命令（用 S 表示）。安全相关命令是指该命令执行后可能对行车安全或设备安全带来影响。

　　（1）对进路的操作。系统可执行的对进路操作的命令见表 3–4。下面以"排列进路""取消进路"为例介绍操作过程，其他操作方法相似。

表 3–4　　　　　　　　　　　　　　LOW 进 路 操 作 命 令

命令相关设备	命令缩写	命 令 含 义	命令类型
进路	排列进路	排列进路	R
	取消进路	取消进路	R
	人工解锁	列车在接近区段解锁进路	S

　　1）人工办理进路的操作：

　　a. 鼠标右键点击进路始端信号机，在出现的菜单中选择"进路选排"，如图 3–34（a）所示。

　　b. 弹出"进路选排"对话框，列表中显示以选中信号机为始端的所有进路，如图 3–34（b）所示。

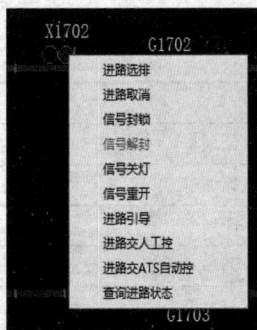
（a）

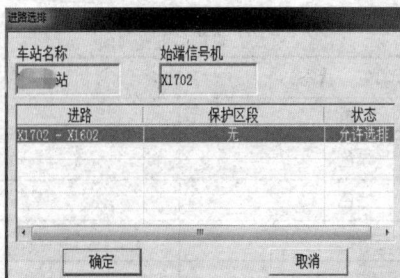
（b）

（c）

图 3–34　人工办理进路操作流程示意图

c. 鼠标选中要办理的进路，选中的进路会开始闪烁，点击"确定"后，弹出"进路设置"对话框，如图 3-34（c）所示。

d. 核对选排进路后，再次点击"确定"，向 ATP 发出进路选排命令，完成进路办理。

2）进路取消的操作；

a. 鼠标右键点击进路始端信号机，在出现的菜单中选择"进路取消"，如图 3-35（a）所示。

b. 弹出"取消列车进路"对话框，如图 3-35（b）所示。

c. 选择确认后，弹出"进路取消"对话框，如图 3-35（c）所示。

d. 点击"确定"，进路取消。进路取消后，信号机旁出现黄色三角，代表以该进路为始端信号机的进路中存在人工控制进路，如图 3-35（d）所示。

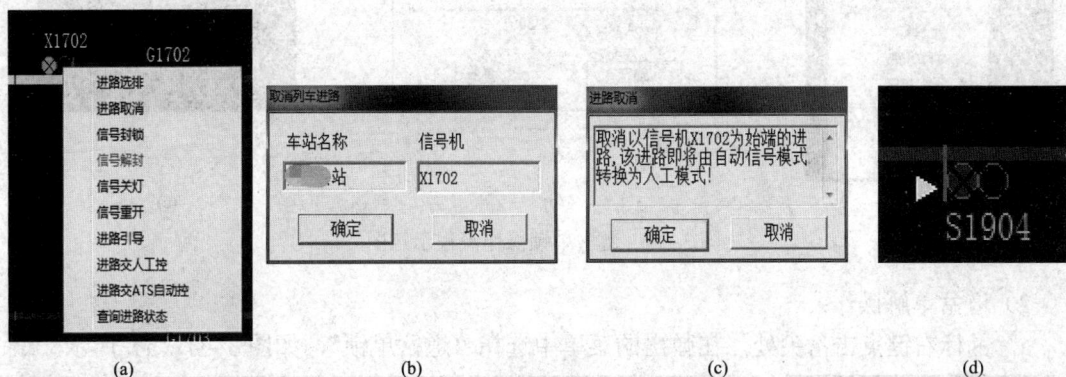

| (a) | (b) | (c) | (d) |

图 3-35　取消进路操作流程示意图

（2）对道岔的操作。系统可执行的对道岔的操作的命令见表 3-5。下面以"单独锁定""取消锁定""转换道岔"等为例介绍操作过程，其他命令操作方法相似。

表 3-5　　　　　　　　　　　　**LOW 道 岔 操 作 命 令**

命令相关设备	命令缩写	命 令 含 义	命令类型
道岔	单独锁定	锁定单个道岔，阻止转换	R
	取消锁定	取消对单个道岔的锁定，道岔可以转换	S
	转换道岔	转换道岔到定位/反位状态	R
	强行转岔	强行转换道岔到定位或反位	S
	封锁道岔	禁止通过道岔区段排列进路	R
	解封道岔	允许通过道岔区段排列进路	S
	强解道岔	解锁进路中的该道岔区段	S
	设置限速	对道岔区段设置限速	S
	取消限速	取消对道岔区段的限速	S
	输入车次	在该道岔区段上增加一个列车	R

1）道岔单锁操作：

a. 鼠标右键点击岔尖处，选择弹出菜单中的"道岔单锁"，如图 3-36（a）所示。

b. 选择道岔单锁后，系统弹出的确认对话框，对话框中会自动加载车站名称及道岔名称，如图 3-36（b）所示。

c. 经"确定"后向 ATP 发出操作命令，或选择"取消"结束操作并退出对话框。道岔单锁执行后，道岔名称显示为红色，如图 3-36（c）所示。

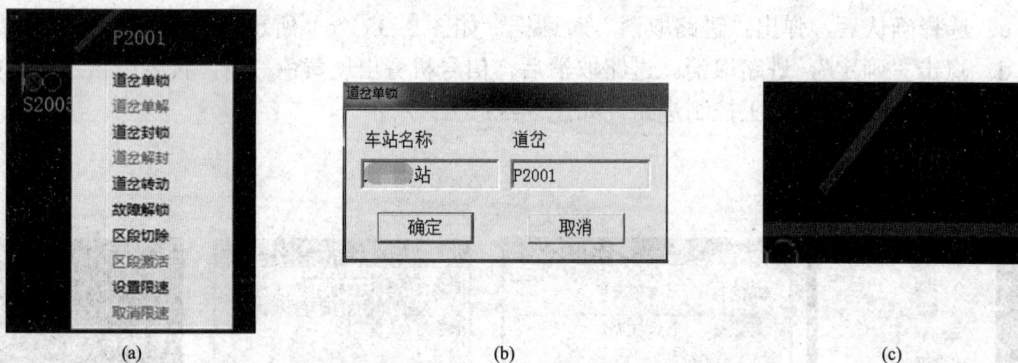

图 3-36　道岔单锁操作流程示意图

2）道岔单解操作：

a. 鼠标右键点击岔尖处，在弹出的菜单中选择"道岔单锁"，如图 3-37（a）所示。

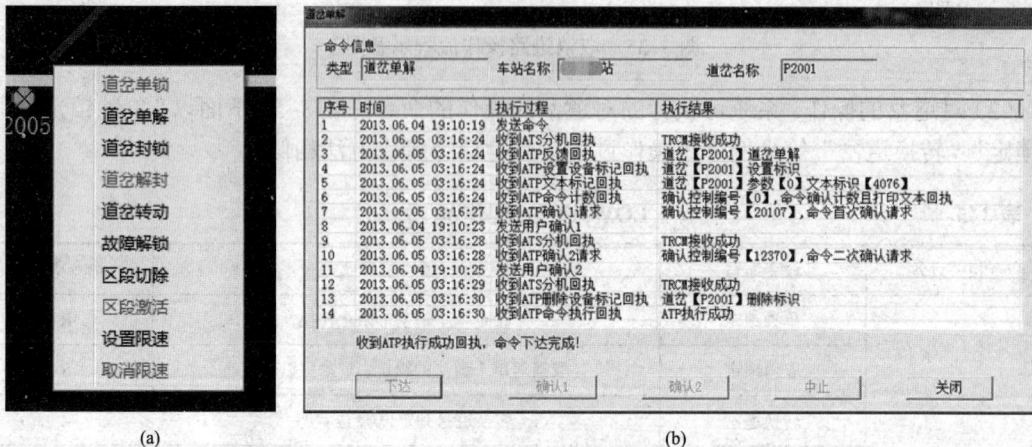

图 3-37　道岔单锁操作流程示意图

b. 在弹出的确认对话框中，会自动加载对应的车站名和道岔名称。依次点击"下达""确认 1""确认 2"，即可完成道岔单解操作，如图 3-37（b）所示。

c. 操作命令成功后，道岔单锁状态解除。

3）道岔封锁操作：

a. 鼠标右键点击道岔尖端，在弹出菜单中选择"道岔封锁"，如图 3-38（a）所示。

b. 弹出的对话框中会自动加载车站名称和道岔名称，如图 3-38（b）所示。

c. 点击"确定"后，完成命令下达。道岔处于封锁状态时，道岔名称用红色边框包围，如图 3-38（c）所示。

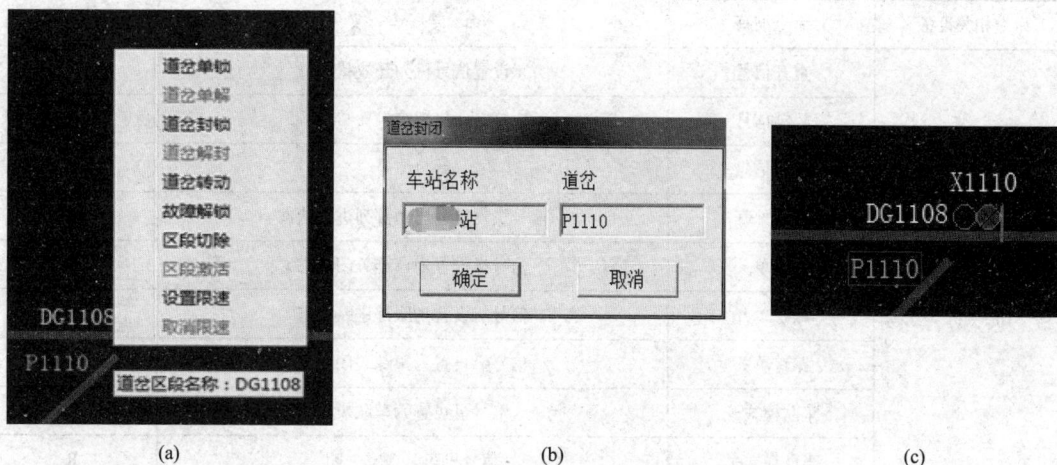

图 3-38　道岔封锁操作流程示意图

4）道岔转动：

a．鼠标右键点击岔尖处，在弹菜单中选择"道岔转动"，如图 3-39（a）所示。

b．弹出的确认对话框会自动加载当前的车站名称和道岔名称，图 3-39（b）所示。

c．点击"确定"后，系统会向 ATP 下达道岔转动命令。道岔转动过程中，状态被判定为四开状态，所以道岔会被红色边框包围并出现短暂闪烁。道岔转动完成后，便会恢复正常的定位或反位显示，如图 3-39（c）所示。

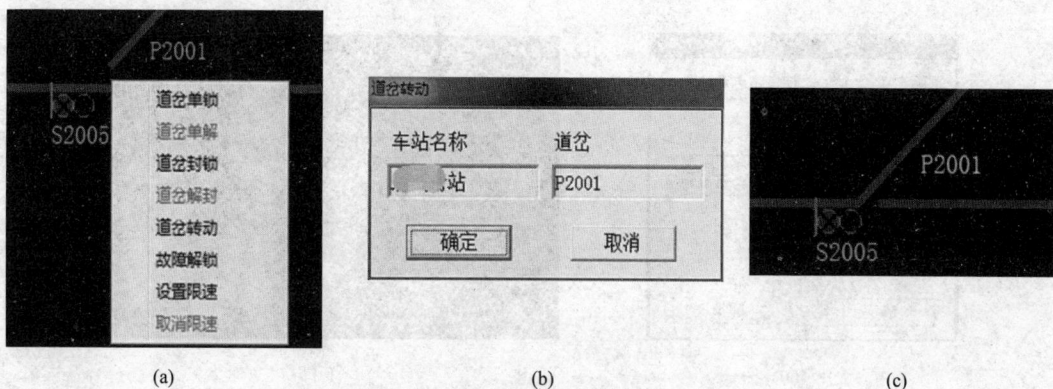

图 3-39　转换道岔操作流程示意图

（3）对信号机的操作。系统可执行的对信号机的操作命令见表 3-6。下面以"信号封锁""信号解封"为例介绍操作过程。

表 3-6　LOW 信号机操作命令

命令相关设备	命令缩写	命令含义	命令类型
信号机	开放引导	开放引导信号机	S
	关闭信号	关闭信号机	R

续表

命令相关设备	命令缩写	命　令　含　义	命令类型
信号机	重开信号	设置信号机为开放状态	R
	封锁信号	封锁信号	R
	解封信号	解封信号	S
	自排单开	信号机设置为自动排列进路状态	R
	自排单关	信号机设置为自排关闭状态	R
	跟踪单开	信号机设置为跟踪进路状态	R
	跟踪单关	信号机设置为跟踪关闭状态	R
	车队模式开	信号机设置为车队模式	R
	车队模式关	信号机车队模式关闭	R
	设置保护区段	设置保护区段	R
	取消保护区段	取消保护区段	

1）信号封锁：

a. 鼠标右键点击信号机，在弹出的菜单中选择"信号封锁"。

b. 弹出"封锁信号按钮"，如图 3–40（a）所示。

c. 鼠标点击"确定"后，信号机名称被红色边框包围，表示信号已封锁，如图 3–40（b）所示。

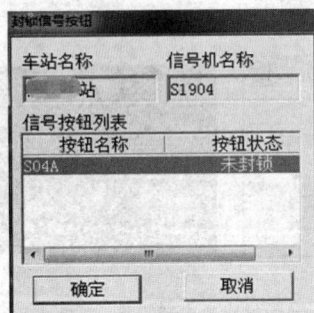

(a)　　　　　　　　　　　　　　　　　　　(b)

图 3–40　信号封锁操作流程示意图

2）信号解封：

a. 鼠标右键点击信号机，在弹出的菜单中选择"信号解封"，弹出"信号解封"对话框，如图 3–41（a）所示。

b. 点击"下达"按钮后，弹出"确认下达"对话框，如图 3–41（b）所示。

c. 点击"确认 1"并成功执行后，会收到 ATP"确认请求 2"，如图 3–41（c）所示。

d. 点击"确认 2"后，会收到 ATP 的回执，显示命令是否下达完成。命令成功下达后，点击"关闭"即可，如图 3–41（d）所示。

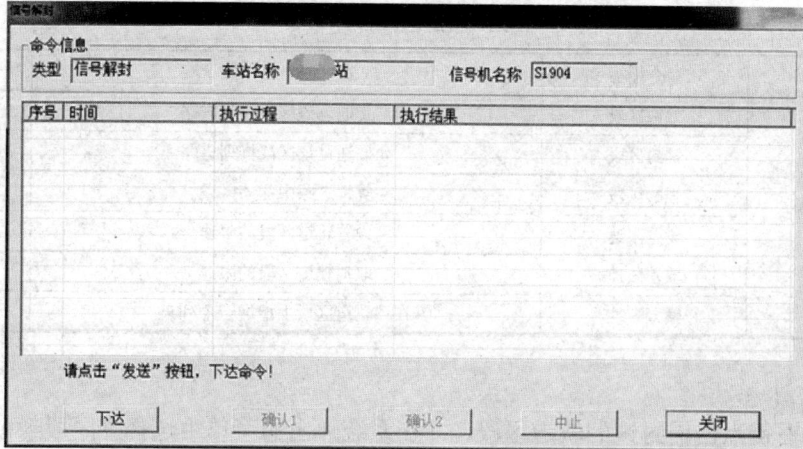

(a)

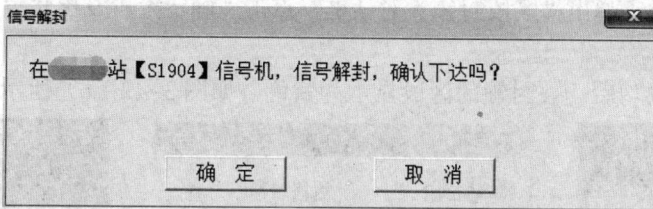

(b)

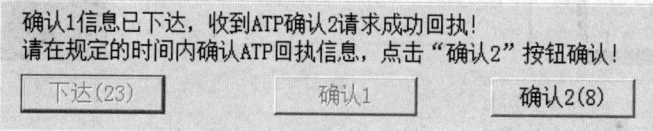

(c)

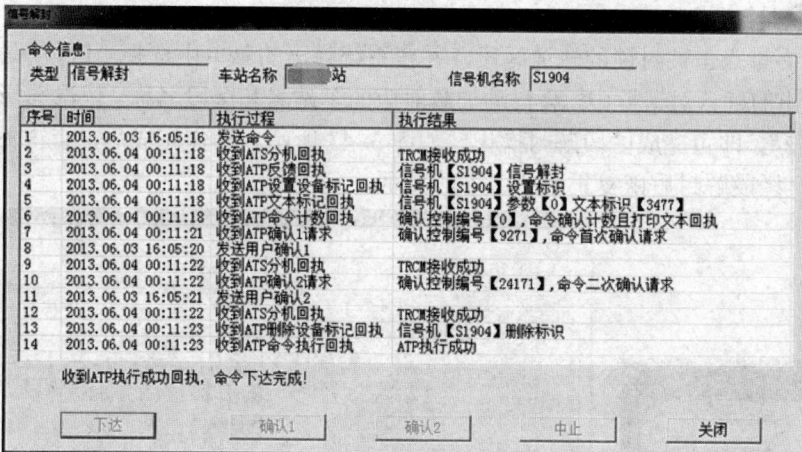

(d)

图 3-41 信号解封操作流程示意图

（4）对轨道区段的操作。系统可执行的对轨道区段的操作命令见表 3-7。下面以"区段封锁""区段解封"为例介绍操作过程，其他命令操作方法相似。

表 3-7　　　　　　　　　　　　LOW 轨道区段操作命令

命令相关设备	命令缩写	命 令 含 义	命令类型
轨道区段	封锁区段	禁止通过该区段排列进路	R
	解封区段	允许通过该区段排列进路	S
	强解区段	解锁进路中的该区段	S
	设置限速	设置轨道区段的限速	S
	取消限速	取消轨道区段的限速	S
	输入车次	在该轨道区段上增加一个列车	R

1）区段封锁：

a. 鼠标右键点击需封锁的轨道区段，并在系统弹出的菜单中选择"区段封锁"选项，如图 3-42（a）所示。

b. 点击该选项，弹出"区段封锁"对话框，点击"确定"后发出轨道区段切除命令，如图 3-42（b）所示。

c. 命令下达成功后，被封锁的区段显示为紫色，如图 3-42（c）所示。

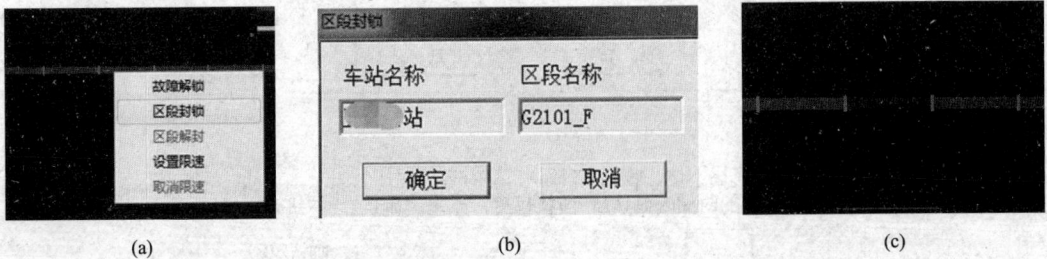

（a）　　　　　　　　　（b）　　　　　　　　（c）

图 3-42　区段封锁操作流程示意图

2）区段解封：

a. 鼠标右键点击被封锁的轨道区段，并在系统弹出的菜单中选择"区段解封"选项。

b. 在弹出的确认对话框中，会自动加载对应的车站名和区段名称。依次选择"下达""确认 1""确认 2"，即可完成区段解封操作，如图 3-43 所示。操作完成后，点击关闭，将对话框关闭即可。区段解封后恢复正常状态下的显示。

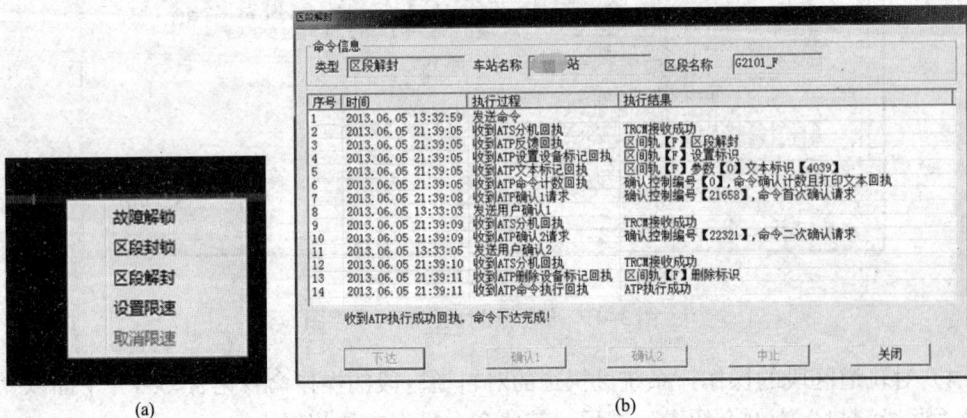

（a）　　　　　　　　　　（b）

图 3-43　区段解封操作流程示意图

（5）其他操作。系统可执行的其他操作命令见表3-8。

表3-8   LOW 轨道区段操作命令

命令相关设备	命令缩写	命 令 含 义	命令类型
OC 区域	交出控制	交出本操作区域的控制权	R
	接收控制	接收本操作区域的控制权	R
	强行站控	强行获取本操作区域的控制权	S
站台	扣车	在该站台扣车	R
	跳停	设置该站台跳停	R
	取消扣车/跳停	取消扣车/跳停	R
	后续站台扣车	设置后续站台扣车	R
	折返策略	设置折返策略为：NO/DTRO/Auto cab change	R
列车	删除列车	删除列车	R
	设置任务码	设置列车任务码信息	R
	ARS 开关	设置 ARS 的开关状态	R
	ATR 开关	设置 ATR 的开关状态	R

1）站台设置扣车：

a．鼠标右键点击站台图标，在系统弹出的菜单中选择"设置扣车"选项，如图3-44（a）所示。

b．被点击站台的名称和所属的车站名称将被自动列入弹出的对话框中，如图3-44（b）所示。

c．选择"确定"将发出该站台扣车命令，选择"取消"将放弃操作。车站扣车命令设置成功后，显示黄色"H"，如图3-44（c）所示。

d．此时若办理了该方向的出站进路，出站信号机已开放，则关闭该出站信号机。扣车取消后，被关闭的出站信号机自动重复开放。若命令执行失败，系统发出报警提示。

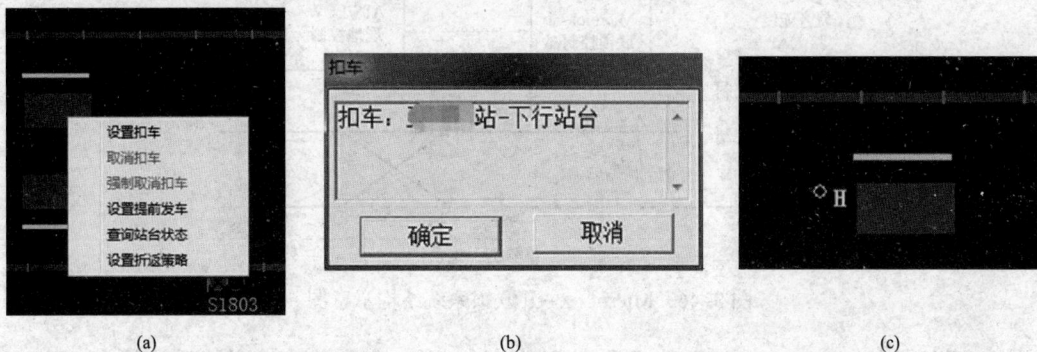

(a)   (b)   (c)

图3-44 站台设置扣车操作流程示意图

2）站台取消设置扣车：

a．鼠标右键点击站台图标，在系统弹出的菜单中选择"取消扣车"选项，如图3-45（a）

所示。

b. 被点击站台的名称和所属的车站名称将被自动列入弹出的对话框中，如图 3-45（b）所示。

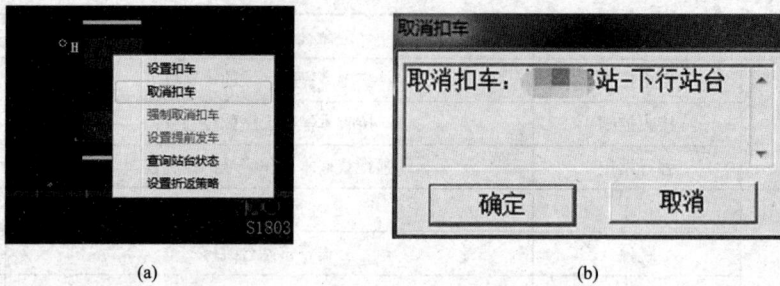

(a)　　　　　　　　　　　　(b)

图 3-45　站台取消扣车操作流程示意图

c. 选择"确定"将发出该站台取消扣车命令，选择"取消"将放弃操作并关闭对话框。扣车命令取消成功后，黄色"H"字符消失。

其余操作方法与前面所述相似，均为右键点选相应设备之后选择要操作的菜单，在弹出的对话框中确认即可。

（二）其他型号计算机联锁系统

1. MicroLok-Ⅱ计算机联锁系统

以某地铁 2 号线正线计算机联锁采用的双机热备故障安全 MicroLok-Ⅱ联锁控制系统为例介绍，其基本功能是根据一个标准的执行程序和一个专为安全功能而设计的应用程序，来处理输入量并生成相应输出，达到控制安全联锁的功能。MicroLok-Ⅱ负责安全执行传统联锁功能。MicroLok-Ⅱ从辅助列车检查计轴系统中获得列车位置信息。Microlok-Ⅱ与轨旁设备接口，如转辙机、LED 信号机等。它同样包括计算机联锁集中设备，以及计轴器、转辙机、信号机等其他轨旁设备。

MicroLok-Ⅱ联锁系统结构如图 3-46 所示。

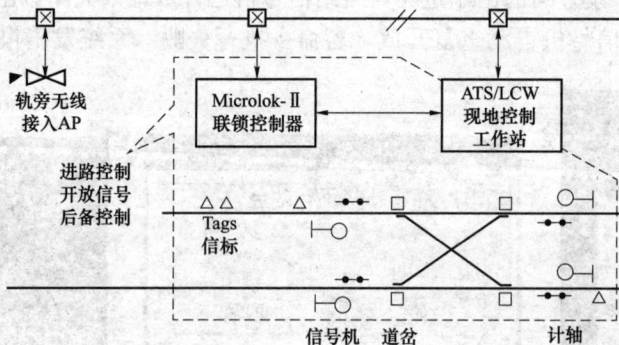

图 3-46　MicroLok-Ⅱ联锁系统结构示意图

（1）系统功能。MicroLok-Ⅱ联锁系统的功能与 DS6-60 型计算机联锁系统基本一致，能够根据车站行车安全的需要，在规定的联锁条件和规定的时序下对进路、信号和道岔实行控制。联锁系统在 CBTC、点式 ATP 和联锁三种控制模式下联锁的技术条件（包括进路建立、锁闭、解锁检查的基本条件）相同，联锁功能通过列车位置数据来实现，同时具有保护区段设置、扣车、紧急关闭、站台门控制、自动通过进路、自动触发进路、停稳控制、封锁（解封）区段等特殊功能。

（2）本地控制工作站（local control workstation，LCW）界面显示。车站 LCW 界面默认显示在控制台的三个窗口分别为轨道图窗口、操作请求堆栈窗口、报警队列窗口，如图 3-47～图 3-49 所示。

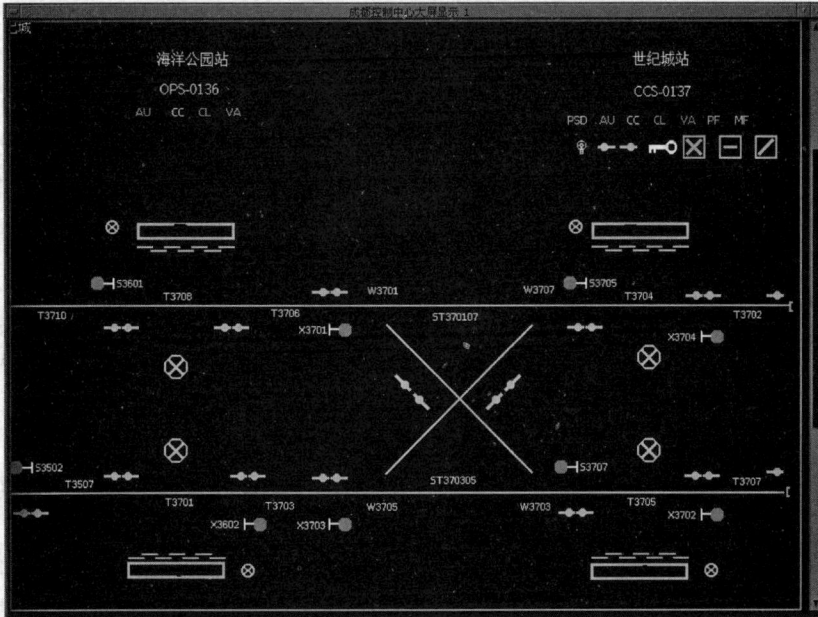

图 3-47 轨道图窗口

图 3-48 操作请求堆栈窗口

图 3-49 报警队列窗口

（3）操作举例。MicroLok-Ⅱ联锁系统可实现的操作与 DS6-60 型计算机联锁系统相同，以"封锁信号"为例，操作如下：选择需要操作的信号机，点选封锁信号指令，系统先检查这个控制是否有效，如有效，在当前请求堆栈窗口和轨道图窗口中将显示下列变化：

1）控制请求连通"请求成功"的信息显示在当前请求堆栈窗口中。

2）所选信号机周围区域显示为闪烁的青色。

3）控制点标识变成反白显示。

4）若该请求无效，当前请求堆栈窗口显示区域将显示一个红色的错误信息。

2. SICAS 型计算机联锁系统

SICAS 是德国西门子公司计算机辅助信号系统 Siemens computer aided signalling 的英文缩写。它是一个模块化的、灵活的联锁系统，可以通过单独操作、进路设置等当时实现道岔、轨道区段、信号机等室外设备的监督和控制。

（1）SICAS 联锁系统的组成及功能。SICAS 联锁系统由 LOW（现场操作员工作站）、SICAS 联锁计算机、STEKOP（现场接口计算机）、DSTT（接口控制模块），以及现场的道岔、轨道电路和信号机构成，如图 3-50 所示。

LOW（现场操作员工作站）是人机操作界面，它将设备和列车运行情况图形化显示，接收操作人员的操作指令并传递给联锁计算机进行处理。

SICAS 的联锁计算机根据需要可采用二取二结构或三取二结构，主要功能是接收来自 LOW 的操作指令和来自现场的设备状态信息，联锁逻辑运算，排列、监督和解锁进路，动作和监督道岔，

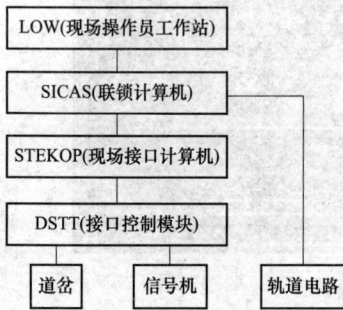

图 3-50　SICAS 型计算机联锁系统结构示意图

控制和监督信号机，防止同时排列敌对进路，向 ATC 发出进入进路的许可，并将产生的结果状态和故障信息传送至 LOW。

STEKOP 是一个采用二取二结构的故障-安全型计算机，实现联锁计算机与 DSTT 间的连接，可控制 100km 的范围。STEKOP 的主要功能是：读入轨道空闲表示信息和开关量信息，根据 SICAS 发出的命令和 DSTT 的结构，分解命令，输出并控制 DSTT，实现对转换设备、显示单元的控制，并将开关量信息回传给 SICAS。

DSTT 是分散式元件接口控制模块，经由并行线与 SICAS 相连，根据 SICAS 的命令控制现场设备，如道岔、信号机或轨道空闲检测系统。从联锁计算机到 DSTT 的最大距离为 30m，DSTT 与轨旁元件间的最大距离为 1km。

（2）LOW 的显示及操作。每个联锁站都安装有一套 LOW 设备，主要由一台计算机和一台记录打印机组成。SICAS 联锁系统的本地操作是通过 LOW 工作站来完成的。

LOW 的屏幕显示由三部分组成，自上而下分别为基本窗口、主窗口和对话窗口，如图图 3-51 所示。

LOW 的操作命令分为常规操作命令（用 R 表示）和安全相关操作命令（用 K 表示）。与 DS-60 相似，操作命令包含"联锁""轨道区段""信号""道岔"等设备相关操作。

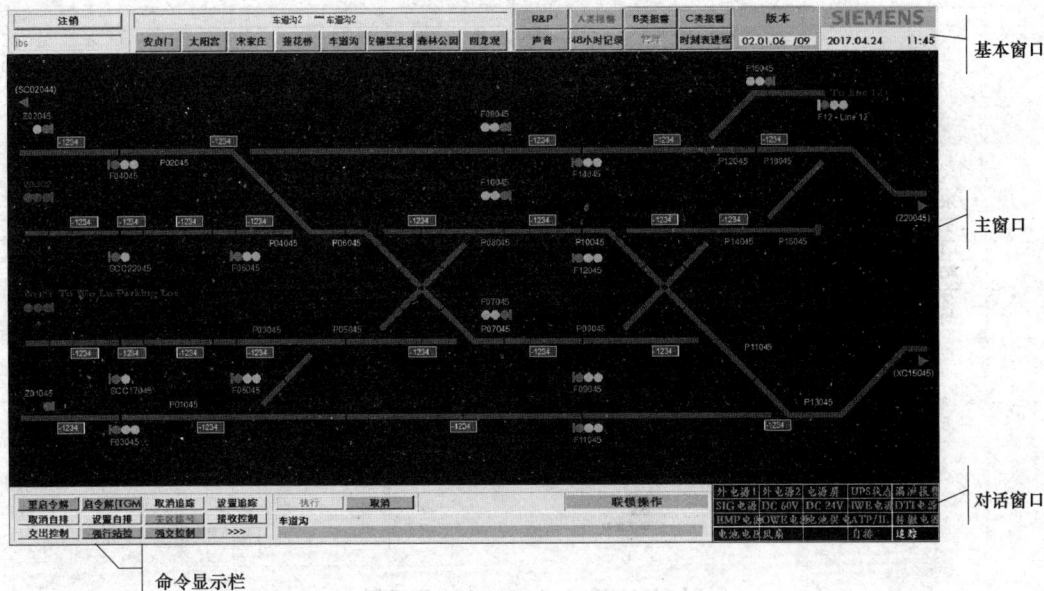

图 3-51　SICAS 型计算机联锁 LOW 显示界面

1）对进路的操作：

a. 排列进路：用鼠标左键点击 LOW 主窗口上要排进路的始端信号机，再用鼠标右键点击要排进路的终端信号机，此时所选始端和终端信号机都会被打上灰色底色，然后在对话窗口中命令显示栏（LOW 左下角）中用鼠标左键点击命令"排列进路"，最后用左键点击对话窗口中的"执行"按钮即可。

b. 取消进路：用鼠标左键点击 LOW 主窗口上要排进路的始端信号机，再用鼠标右键点击要排进路的终端信号机，此时所选始端和终端信号机都会被打上灰色底色，然后在对话窗口中命令显示栏（LOW 左下角）中用鼠标左键点击命令"取消进路"，最后用左键点击对话窗口中的"执行"按钮即可。

2）对信号、轨道区段、道岔的操作：对信号、轨道区段、道岔的操作方法一致。用鼠标左键在主窗口中点击要操作的元件对象，此时该元件会被打上底色，然后在对话窗口中命令显示栏（LOW 左下角）中用鼠标左键点击要执行的操作命令，最后用左键点击对话窗口中的"执行"按钮即可。

（三）LCP 盘的操作

1. LCP 盘盘面设置

联锁设备集中站的 LCP 盘盘面包括紧急停车按钮、取消紧急停车按钮、报警切除按钮、扣车按钮（上、下行线各设一个）、终止扣车按钮，以及计轴预复零按钮盒相应的区段名称按钮，如图 3-52 所示。

非联锁设备集中站的 LCP 盘盘面包括紧急停车按钮、取消紧急停车按钮、报警切除按钮、扣车按钮（上、下行线各设一个）、终止扣车按钮。

2. LCP 盘相应操作

（1）紧急停车：IBP 盘中间设有紧急停车按钮，当有紧急情况发生时，按下 LCP 盘上相应线路的紧急停按钮或站台上、下行线中任意一个紧急停车按钮。

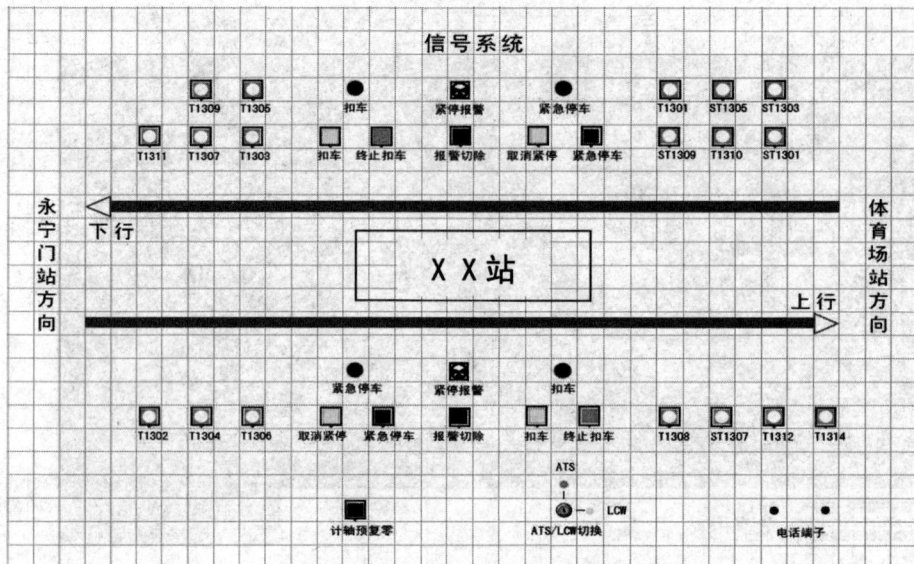

图 3-52　集中站 LCP 盘盘面设置

（2）取消紧急停车：需要恢复停车时，只能按下 LCP 盘中间设置的取消紧急停车按钮。

（3）报警切除：当按下紧急停车按钮时，蜂鸣器会报警，此时按下报警切除按钮，便切除蜂鸣器报警声。

（4）扣车：当有紧急情况发生，需要扣车时，按下相应线路的扣车按钮。

（5）终止扣车：需要恢复扣车时，按下相应线路的终止扣车按钮。

（6）计轴预复零按钮和相应的区段名称：区段红光带或紫光带不消失的情况下，按压 LCP 左边计轴预复零按钮和相应故障区段按钮，按下时间大于 3s。按压后相应的区段按钮会亮灯，说明预复位按钮按压成功。

模块实践项目

实践项目一　6502 电气集中联锁设备认识及操作

一、实训目标

1. 认识 6502 联锁设备；

2. 能辨别 6502 控制台上各按钮指示灯及其不同颜色的含义；

3. 能在 6502 设备上办理列车及调车进路；

4. 能在 6502 设备上进行道岔操作；

5. 能在 6502 设备上办理进路的解锁；

6. 能在 6502 设备上处理简单故障下的行车操作。

二、实训条件要求

具备 6502 电气集中联锁仿真设备若干。

三、实训内容

1. 6502 电气集中联锁设备基本操作练习，如办理进路、解锁进路、道岔操作；

2. 练习城市轨道交通车辆段利用 6502 设备时列车、调车有关规定及其他非正常操作，如引导接车、红光带的处理等。

四、教学实施建议

1. 结合所学理论知识及 6502 电气集中联锁设备操作说明书，认识设备结构，熟悉设备操作方法。

2. 在实训室 6502 电气集中联锁设备上练习排列进路及道岔的操作，建议以任务单的形式展开。试完成任务单表 3-9 和表 3-10（以图 3-9 所示 6502 台为例，实际教学中以已有教学设备为准设计样表）中操作任务，操作中要求"眼看、手指、口呼"标准化作业。

3. 教师在控制台设置故障练习引导接车、红光带的处理。

附：任务单样例

表 3-9   排列任务单一（部分样例）

方向			排列进路按下按钮	信号机		道岔	取消进路按下按钮	人工解锁进路按下按钮
				名称	显示			
列车进路	东郊方面	接车	至 5 股道					
			至 I 股道					
		发车	由Ⅲ股道					
			由 4 股道					
	北京方面		由 5 股道					
			由Ⅱ股道					
		接车	至 5 股道					
			至 I 股道					
调车进路	由	D1	至 D9					
		D5	向 D1					
		D7	向 D_1 信号机					
		D9	至 5 股道					
		SD	至 D7					
		...	...					

表 3-10   排列任务单二（部分样例）

道岔名称	单独操纵至定位按下按钮	单独操纵至反位按下按钮	单独锁闭按下按钮
5/7			
21			
13/15			
...			

实践项目二 计算机联锁设备认识及操作

一、实训目标

1. 认识车辆段计算机联锁设备;
2. 能辨别计算机联锁界面上各联锁元件的图形及其不同颜色的含义;
3. 能在计算机联锁设备上办理车辆段列车及调车进路;
4. 能在计算机联锁设备上进行道岔操作;
5. 能在计算机联锁设备上办理进路的解锁;
6. 能在计算机联锁设备上处理简单故障下车辆段的行车操作。

二、实训条件要求

具备车辆段计算机联锁仿真设备若干。

三、实训内容

1. 计算机联锁设备基本操作练习,如办理进路、解锁进路、道岔操作等;
2. 练习城市轨道交通车辆段利用计算机联锁设备时列车、调车有关规定及其他非正常操作,如引导接车、红光带的处理等。

四、教学实施建议

1. 结合所学理论知识及计算机联锁设备操作说明书,认识界面显示,熟悉设备操作方法。
2. 在实训室计算机联锁设备上练习车辆段排列进路及道岔的操作,建议以任务单的形式展开。试完成任务单表 3-11～表 3-13(以图 3-19 所示计算机联锁界面为例,实际教学中以已有教学设备为准设计样表),要求标准化作业。
3. 教师在教师机设置故障,练习引导接车、红光带的处理。

附:任务单样例

表 3-11　　　　　　　　　　排列任务单一(样例)

方向		进路	排列进路点击按钮	信号机		道岔
				名称	显示	
车场接发列车进路	接车	经出场线	至 10AG				
			至 8AG				
			至 2AG				
		经入场线	至 9AG				
			至 4AG				
			至 3AG				
	发车	经出场线	由 10AG				
			由 9BG				
			由 8AG				
		经入场线	由 6AG				
			由 4BG				
			由 2BG				
			...				

表 3–12 排列任务单二（部分样例）

方向			进路	排列进路 点击按钮	信号机		道岔
					名称	显示	
调车 进路	由	XC	至 D2				
			向 D27				
			至 D16				
			至 D53（洗车线）				
		XR	至 D5				
			至 D58				
		D6	至 D14				
			向 D28				
		D9	至 10AG				
			向 D18				
		D5	至 5AG				
			至 D58				
		…	…				

表 3–13 单独操纵及锁闭道岔作业表（样例）

道岔名称	单独操纵至定位点击按钮	单独操纵至反位点击按钮	单独锁闭点击按钮
1/2			
19			
3/4			
…			

实践项目三　LOW（LCW）的操作

一、实训目标

1. 认识正线计算机联锁设备；

2. 能辨别 LOW（LCW）界面上各联锁元件的图形及其不同颜色的含义；

3. 能在 LOW（LCW）上对进路进行操作，如人工办理进路、取消进路及人工解锁进路；

4. 能在 LOW（LCW）上对道岔进行转换道岔、道岔单锁、道岔单解、封锁道岔、解封道岔等相关操作；

5. 能在 LOW（LCW）上对信号机进行重开信号、开放引导、关闭信号等相关操作；

6. 能在 LOW（LCW）上对轨道区段进行相关操作。

二、实训条件要求

1. 具备地铁正线联锁模拟仿真教学系统。

2. 地铁正线联锁子系统介绍的教学视频。

三、实训内容

1. 对进路的操作：人工办理进路、取消进路、人工解锁进路；

2. 对道岔的操作：转换道岔、道岔单锁、道岔单解、封锁道岔、解封道岔；

3. 对信号机的操作：转换道岔、道岔单锁、道岔单解、封锁道岔、解封道岔；

4. 对轨道区段的操作：转换道岔、道岔单锁、道岔单解、封锁道岔、解封道岔。

四、实施方案及步骤

1. 启动车站工作站模拟系统，进行用户登录；

2. 结合所学理论知识及正线联锁系统操作说明书，认识 LOW 中联锁元件的显示颜色、状态及含义；

3. 在实训室联锁设备上练习 LOW 的基本操作，建议以任务单的形式展开。教师以已有教学设备型号为准设计样表，要求标准化作业。

实践项目四　LCP 盘 的 操 作

一、实训目标

1. 认识集中站与非集中站的 LCP 盘，熟悉盘面所有按钮；

2. 会 LCP 盘的相关的操作，如扣车、紧停、终止扣车、计轴预复零等。

二、实训条件要求

1. 具备地铁车站工作站仿真教学系统；

2. LCP 盘介绍的教学视频。

三、实训内容

1. 启动车站工作站，进行用户登录；

2. 进行本地控制权的转换操作；

3. 练习 LCP 盘的"扣车""终止扣车"操作；

4. 练习 LCP 盘的"紧停""取消紧停"操作；

5. 练习 LCP 盘的计轴预复零操作。

四、教学实施建议

1. 认识 LCP 盘及盘面按钮；

2. 在实训室 LCP 上练习"扣车""终止扣车""紧停""取消紧停""计轴预复零"等操作；

3. 根据条件可选择实地教学，在地铁车控室进行现场教学。

复习思考题

1. 什么叫联锁？

2. 联锁的基本内容有哪些？

3. 什么叫联锁设备？联锁设备有哪些类型？

4. 6502 电气集中联锁系统由哪些设备组成？

5. 什么叫接近锁闭与预先锁闭？

6. 利用 6502 电气集中设备如何办理调车进路？

7. 计算机联锁的冗余形式有哪些?

8. 正线列车运行进路控制有哪三级?

9. 正线列车进路由哪些部分构成?

10. 什么叫多列车进路? 解锁多列车进路有何规定?

11. 什么叫保护区段? 设置保护区段的目的是什么?

12. DS6-60 型计算机联锁系统中如何实现排列进路的操作?

13. 简述 LCP 盘的按钮及其作用。

14. 利用 LCP 盘如何实现"扣车"操作?

模块四

列车自动控制系统

知识要点

1. 了解 ATC 系统在城市轨道交通中的作用；
2. 掌握 ATC 系统的功能及其设备分布；
3. 了解 ATC 的类型及应用；
4. 掌握 ATP、ATO、ATS 子系统的主要功能；
5. 理解不同类型 ATP 的工作原理；
6. 掌握 ATP 系统的设备组成及分布；
7. 掌握 ATO 系统的设备组成及分布；
8. 了解列车驾驶模式及其应用；
9. 掌握 ATS 系统的设备组成及分布；
10. 理解 ATS 系统的控制模式及其使用。

技能要点

1. 认识 ATC 系统的设备分布；
2. 能辨别 ATC 各子系统的功能及其相互之间的关系；
3. 能判别 ATS 系统控制模式的转换条件；
4. 能简单操作 ATS 子系统。

建议学时

建议 12 课时。

模块理论知识

学习单元一 列车自动控制系统概述

列车自动控制（automatic train control，ATC）系统是列车运行的指挥和控制系统，是保证列车运行安全和提高行车效率的重要技术设备。它能实现行车指挥和列车运行的自动化，最大限度地保证列车运行安全，提高运输效率，减轻劳动人员的劳动强度，发挥城市轨道交通的通过能力。

列车自动控制系统能以有效的技术手段对列车运行速度、运行间隔进行实时监控和超速防护。它取消了传统的地面信号，将机车信号作为主体信号，信号的含义发生了质的变化，传递给列车的是具体的速度或距离信息，根据与先行列车之间的距离和进路条件，在车内连续地显示出允许的速度信息，或设定的运行条件容许的列车前行的距离信息。根据以上信息，列车自动地控制运行速度，进行超速防护，以达到自动调整行车间隔的目的，并实现在车站的程序定位停车，在非常情况下，列车能紧急停车。设备在故障情况下遵循"故障–安全"原则，确保运营安全；同时，ATC 系统还可实现对运行列车的实时监督及运行信息的管理。

一、ATC 系统的构成

ATC 系统由列车自动防护子系统、列车自动运行子系统和列车自动监控子系统组成。

（1）列车自动防护子系统（ATP）。列车自动防护子系统的主要作用是确保列车运行安全，防止列车追尾、冲突事故的发生。通过强制规定列车运行的速度极限，达到既能保持前行列车和后续列车之间的安全间隔，又可以确保在不超过速度极限的条件下保持一个较优的运行速度。

（2）列车自动运行子系统（ATO）。列车自动运行子系统的主要作用是完成列车的自动启动、自动调速、自动停车、定点停车等列车运行工作，能准确、合理地按照列车运行最佳曲线控制列车运行状况，能够方便地完成由 ATO 状态转换为人工驾驶状态的过程。

（3）列车自动监控子系统（ATS）。列车自动监控子系统的主要作用是对线路上运行的所有列车进行监督和管理，控制列车根据运行图完成运营作业，能够实现自动转换道岔、排列进路，根据列车运行计划与实际客流情况自动、合理地调整列车运行。

三个子系统的功能既相互独立又紧密相连，通过信息交换网络构成闭环系统，实现地面控制与列车控制结合，构成一个以安全设备为基础，集行车指挥、运行调整及列车驾驶自动化等功能为一体的列车运行自动控制系统。

二、ATC 系统的设备分布

正线 ATC 系统的设备按照所处地域可分为控制中心设备子系统、车站及轨旁设备子系统、车载设备子系统，如图 4–1 所示。

（1）控制中心设备。控制中心设备主要是安装在控制中心的 ATS 设备，包括调度员终端、服务器、大屏幕、培训终端、维护终端等，可实现控制中心与全线车站信号设备室之间的实时数据信息交换。调度员通过调度员工作站下达行车控制命令，将在线列车运行状态信息、车次号信息以及道岔、信号机的状态信息等传送至控制中心，显示在大屏幕及调度员工作站的 CRT 上。

（2）车站及轨旁设备。车站设备是指安装在车站控制室的操作员工作站（LOW）及车站信号设备房中的联锁主机等（联锁集中站与非联锁集中站的设备布置有区别）。轨旁设备包括线路上的信号机械室内设备和室外的信号设备，如轨旁 ATP、轨旁 ATI、Beacon/PTI 环线、轨旁 SLC（同步环线盒）、轨旁盒、同步环线等。

设于联锁集中站设备室的服务器接收调度员的控制指令，通过联锁设备排列进路、开放信号，并将列车运行信息、设备状态信息等传送至控制中心；ATP 子系统的轨旁设备检测列车信息，以判断轨道区段内有无列车占用，并向列车发送限速命令或运行的目标距离信息、门控命令、定位停车指令等。

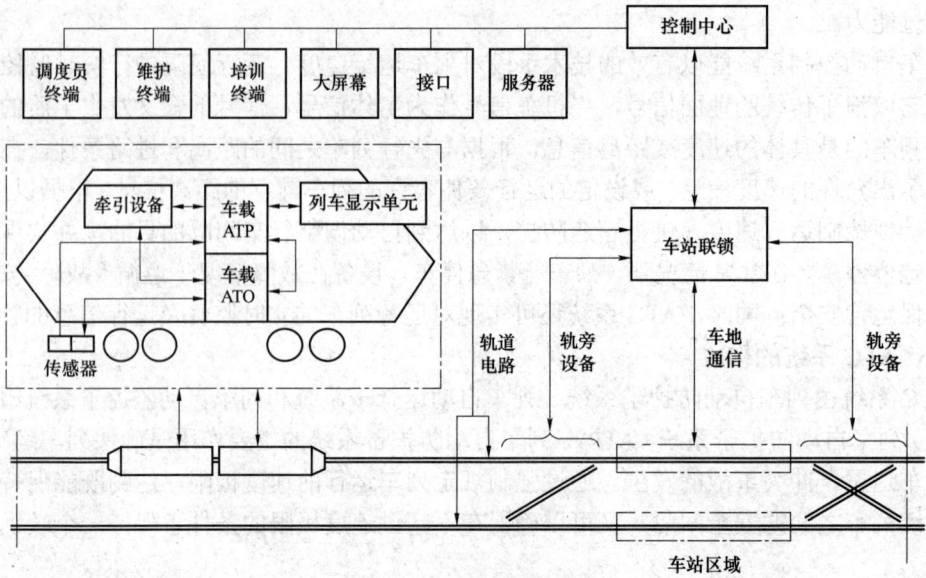

图 4-1　ATC 系统组成及安装位置示意图（正线系统）

（3）车载设备。车载设备是指安装在车上的信号设备，包括车载 ATP/ATO 机柜、驾驶室操作台、测速电机、车底设备等。车载设备接收并解译地面传送来的指令和 ATP 的速度命令或距离信息，完成列车运行速度调整和程序定位停车等，并将列车运行状态和设备信息经车站服务器传送至控制中心。

三、ATC 的分类

（一）按闭塞制式分

闭塞是为了防止列车发生相撞和追尾事故，确保区间行车安全而采取的技术方法。闭塞的基本原则是区间或闭塞分区内同一时间只允许有一列车运行。轨道交通的闭塞方式经历了从站间闭塞到自动闭塞发展的过程，具体分类如图 4-2 所示。

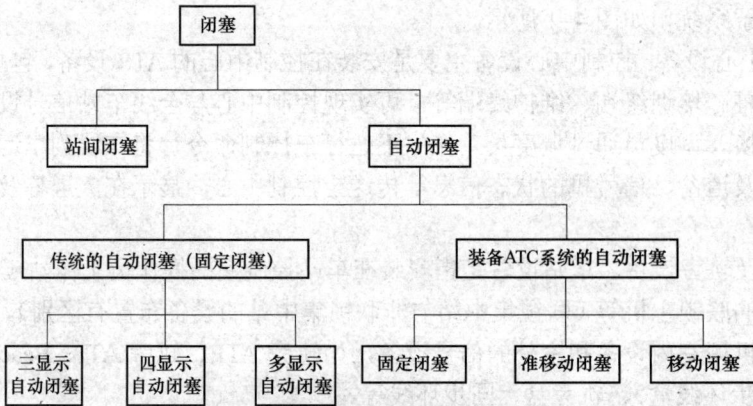

图 4-2　轨道交通闭塞方法分类

站间闭塞即两站间只能运行一列车，其相邻列车的空间间隔为一个站间。这种闭塞方式实现容易，缺点是闭塞区间大，列车运行效率低。

自动闭塞是根据列车运行及有关闭塞分区占用状态自动变换信号显示，司机凭信号行车的闭塞方式。采用自动闭塞时，需把站间划分为若干闭塞分区，各闭塞分区设有轨道电路（或计轴器），闭塞分区入口处装设通过信号机，司机可以凭通过信号机的显示行车，也可凭机车信号或列车控制的车载信号行车，在列车运行过程中自动变换信号的显示，自动完成闭塞，无需人工参与。

按保证列车运行而采取的技术手段来分，自动闭塞可分为两大类：传统的自动闭塞和装备 ATC 系统的自动闭塞。

传统的自动闭塞一般设地面通过信号机，装备有机车信号，保证列车按照空间间隔运行。传统的自动闭塞可分为三显示自动闭塞、四显示自动闭塞、多信息自动闭塞等。

在城市轨道交通中，由于采用了 ATC 系统，区间不再设通过信号机，而由车载 ATP 系统控制列车速度，保证列车之间的间隔，即闭塞作用由 ATP 系统完成，没有铁路那样专门的闭塞设备。

城市轨道交通的基本闭塞法为装备 ATC 系统的自动闭塞，而按照 ATP/ATO 系统闭塞制式的不同，ATC 基本上可以分为三类，即固定闭塞式 ATC、移动闭塞式 ATC 和介于两者之间的准移动闭塞式 ATC。

1. 固定闭塞式 ATC

固定闭塞技术始于 20 世纪 80 年代，其列车运行间隔一般能达到 180s。英国的西屋公司、美国的 GRS 公司分别用于北京地铁、上海地铁 1 号线的 ATP、ATO 系统就属于此种类型。

固定闭塞将线路划分为固定的区段，前后车的位置间距都是用固定的地面设备来检测；闭塞分区用轨道电路或计轴装置来划分。由于列车定位是以固定区段为单位的（系统只知道列车在哪一个区段中，而不知道列车在区段中的具体位置），因此固定闭塞的速度控制模式是分级的，需要向列车传送的信息只有速度码。

固定闭塞的闭塞长度较大，并且一个分区只能被一辆列车占用，因此列车制动的起点和终点总在某一分区的边界，不利于缩短行车时间间隔。除此之外，因为无法知道列车的具体位置，需要在两列车之间增加一个防护区段，从而使得列车间的安全间隔较大，如图 4-3 所示。

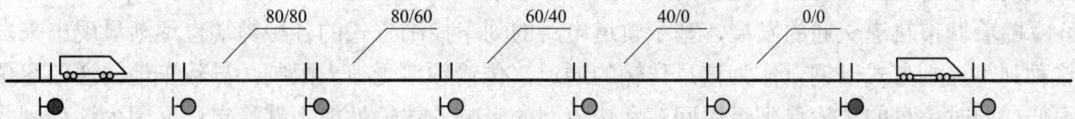

图 4-3 固定闭塞式 ATC 速度控制示意图

2. 准移动闭塞式 ATC

准移动闭塞技术产生于 20 世纪 90 年代，其列车运行间隔一般能达到 90～120s。德国西门子公司在广州地铁 1 号线使用的 LZB700M 系统、美国 US＆S 公司在上海地铁 2 号线使用的 AF-904 系统，以及我国香港地区机场快速线（最高速度达 135km/h）使用的法国阿尔斯通公司的 SACEM（ATP/ATO）系统均属于此种类型。

准移动闭塞对前后列车的定位方式是不同的，前行列车的定位仍然沿用固定闭塞的方式，而后续列车的定位则采用移动的方式，即后续列车可以精准定位。

由于准移动闭塞采用的是固定和移动两种定位方式，因此其速度控制模式既有连续的特点，又有阶梯的性质，如图 4-4 所示。

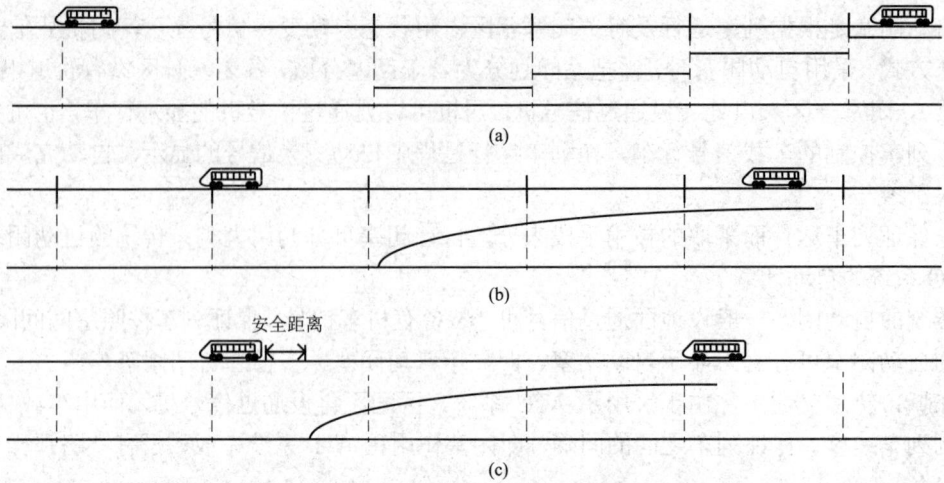

图 4-4　不同闭塞制式 ATC 列车制动方式对比

（a）固定闭塞式 ATC；（b）准移动闭塞式 ATC；（c）移动闭塞式 ATC

准移动闭塞在控制列车安全间隔方面比固定闭塞更进一步，可以告知后续列车继续前行的距离，后续列车也可以通过这一距离合理地采取减速或制动，从而可以改善列车控制，缩小时间间隔，提高线路使用效率。

3. 移动闭塞式 ATC

移动闭塞［见图 4-4（c）］的特点就是前后两车均采用移动式的定位方式，即前后两列车均可精准定位。它与固定闭塞的根本区别在于闭塞分区的形成方法不同，闭塞分区是假想的，在物理上不存在真实的闭塞分区，即线路上没有固定的分割点。

（二）按通信方式分

1. 基于轨道电路的列车自动控制

基于轨道电路的列车控制制式已非常成熟，具有较高的可靠性和性价比，可以满足绝大多数的城市轨道交通运营。这种列车控制依其结构又分为点式 ATC 和连续式 ATC。

随着城市轨道交通的发展，基于轨道电路的列车控制方式的各种弊端也逐渐显现出来。这种列车控制方式以钢轨作为信息传输的通道，传输频率受很大限制，导致车地的通信容量很低，同时信息的传输受到牵引回流和迷流网的影响，传输性能不够稳定；又因为这种制式所实现的主要是准移动闭塞，距移动闭塞还有一定的差距，所以列车间隔的进一步缩短和列车速度的提高受到很大限制。

2. 基于通信的列车自动控制（CBTC）

随着计算机（Computer）、通信（Communication）和控制（Control）技术的发展，以 3C 技术替代轨道电路实现列车的控制成为最好的发展方向，出现了基于通信的列车控制（CBTC）。CBTC 有两种制式，即采用轨间电缆的列车控制和采用无线通信的列车控制。

（1）采用轨间电缆的列车控制：利用轨间铺设的电缆传输信息。轨间电缆是车地通信的唯一通道，为了抗牵引电流的干扰及列车的定位，轨间电缆每隔一段距离（如 25m）作一次交叉。

（2）采用无线通信的列车控制：利用无线通信传输列车信息，地面信息接入点将限制速度、坡度、距离等有关数据通过天线发送到列车上，由车载控制器对信息进行处理，计算出列车目标速度，对列车进行控制。典型的采用无线通信的列车控制系统结构如图4-5所示。

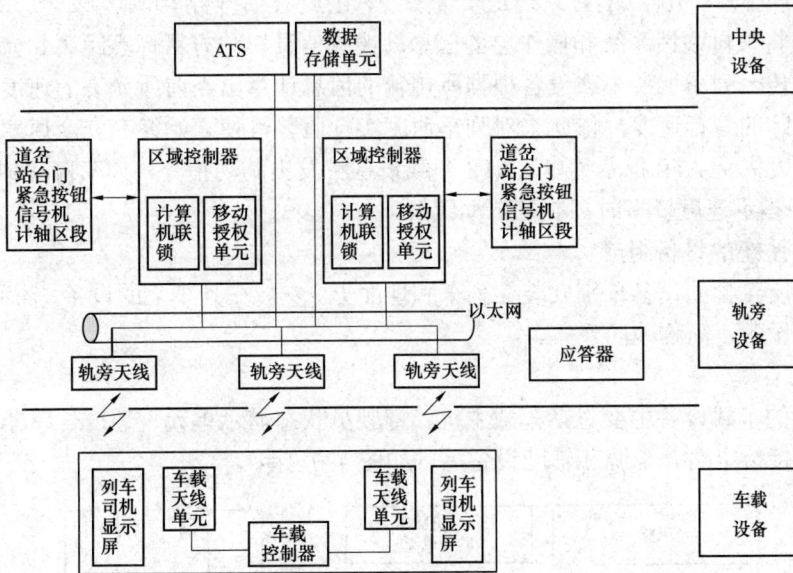

图4-5　采用无线通信的列车控制系统结构示意图

区域控制器与联锁区对应，通过数据通信系统保持与控制区域内列车的信息通信。它根据列车位置报告跟踪列车，并对区域内列车发布移动授权，从而实现联锁，如图4-6所示。车载控制器与列车对应，对行车信息进行处理，实现列车的自动防护和列车驾驶。地面应答器与车载应答查询器及天线则实现列车的定位。数据通信采用国际标准的以太网，实现所有区域和列车的信息通信。

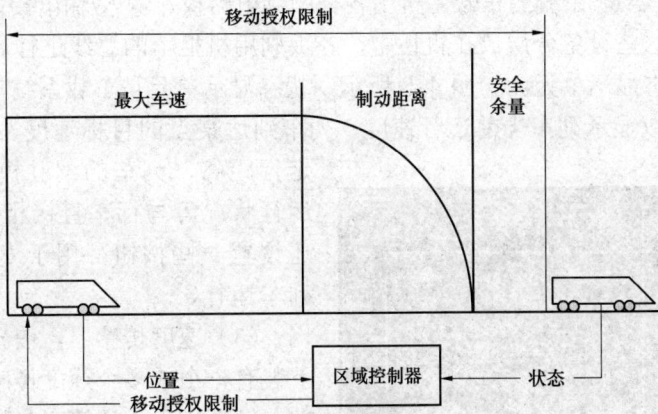

图4-6　移动授权示意图

学习单元二　列车自动防护系统

列车自动防护（ATP）系统是保障行车安全、防止列车进入前方列车占用区段和防止超速运行的设备，可实现列车运行安全间隔防护和超速防护。因此，在城市轨道交通中，尤其是在运营作业繁忙的线路上，信号系统中设置列车自动防护系统是非常必要的，它是行车作业的安全保障和体现。由于 ATP 系统是安全系统，因此必须符合"故障-安全"的基本原则。

ATP 系统将来自联锁系统和操作层的信息、线路信息、前方目标点距离和允许速度信息通过地面设备传至列车上，车载设备根据所传输的信息计算出当前所允许的速度，并由测速器测得列车实际的运行速度，依此来对列车速度实行监督，使之始终在安全速度下运行。如果列车实际速度大于 ATP 指示速度，ATP 车载设备将发出制动指令，列车自动制动；当列车速度降至 ATP 指示速度以下时，制动自动缓解。

一、ATP 系统的设备组成

ATP 系统所包含的设备分别安装在列车和地面上。安装在列车上的设备，简称车载设备；安装在地面的设备，简称地面设备。

1. 车载设备

ATP 系统的车载设备主要包括车载主机、驾驶员状态显示单元、速度传感器、地面信号接收器、列车接口电路、电源和辅助设备等，如图 4-7 所示。

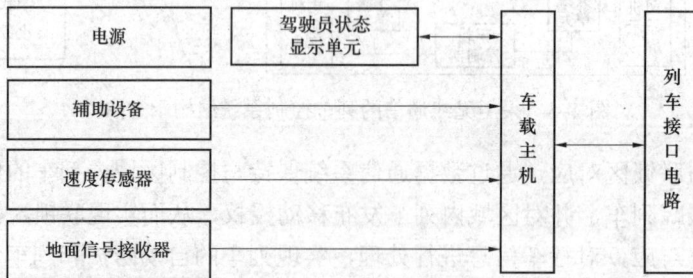

图 4-7　ATP 系统主要车载设备

（1）车载主机。ATP 系统的车载主机由各种印刷电路板、输入/输出接口板、安全继电器和电源设备组成。这些设备分层放在机柜中，各板利用机柜上的总线进行通信。

（2）驾驶员状态显示单元。如图 4-8 所示，状态显示单元是车载系统与列车驾驶人员之间的人机界面，可以显示列车当前运行速度、列车到达某点的目标速度、列车到达某点的走行距离、列车的驾驶模式和有关设备的运行状况等与行车直接相关的信息；此外，还设置一些按钮，用于驾驶员操作和控制列车运行。

（3）速度传感器。信号系统通常在列车上装有一个或多个速度传感器，安装在列车的车轴上，用于计算列车的运行速度和列车运行距离及列车运行方向的判定。

（4）地面信号接收器。地面信号接收器（通常为应答器接收天线和轨道电路接收天线），安装在列车底部，用于接收从轨道上传来的信息。这些信息可以由地面轨道发送，

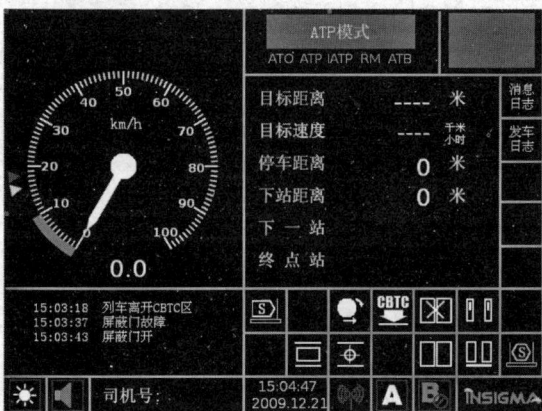

图 4-8　驾驶员状态显示单元

或由安装在地面的应答器或信标发送给列车。地面信号接收器根据所接收的信息格式、容量和处理速度等因素，可以设计为感应线圈或其他形式，以保证列车在一定的运行速度下能及时接收和处理所收到的信息。地面信号接收器的性能要求有：抗机械冲击能力强，有很好的抗电磁干扰能力，信息接收误码率低，不丢失信息。

（5）列车接口电路。ATP系统的车载设备通过车载主机与列车进行接口，车载主机将控制信息通过接口电路传送给列车，同时车载主机通过接口电路从列车获得列车运行的状态信息。

（6）电源和辅助设备。列车为ATP系统车载设备提供所需的电源，同时还有列车运行模式选择开关、各种电源开关和其他一些辅助设备等。

2. 地面设备

ATP系统的核心设备安装在列车上，但车载ATP系统的运行所需要的信息来自地面设备。根据城市轨道交通信号系统的不同制式，ATP系统的地面设备主要有点式应答器和轨道电路，向列车传递有关信息。

（1）点式应答器。应答器中保存有关列车运行所需的各类信息，在列车经过时，由安装在列车车底的感应接收装置从中读取或接收信息，对这些信息进行综合分析处理。点式应答器中所包含的信息，主要有线路位置、列车运行距离、基本线路参数、速度限制等信息。

（2）轨道电路。城市轨道交通系统，轨道电路除了具有表示列车是否占用轨道的功能外，还可以实时发送列车运营所需的信息。轨道电路所发送的信息，其容量大，有利于列车的车载系统对列车进行实时控制。

因信号系统的处理能力和制式不同，轨道电路所发送的信息量可有所不同，一般来讲，轨道电路所发送的信息可以有以下内容：

1）轨道电路基本信息　如轨道电路的长度、坡道和曲线参数，所用的载波频率，轨道电路的编号等。

2）线路速度　是指该轨道区段线路上受坡道和曲线等因素的影响列车所允许运行的最大速度。

3）目标速度　列车到达下一目标时，列车的运行速度。

4）运行距离　列车到达下一目标时所需走行的距离。

5）列车运行方向　指明列车上行运行或下行运行。

6）载波频率　列车接收下一个信息的载波频率。

7）道岔定反位　列车前方经过道岔的定位或反位。

8）列车停站信号　指示列车处于停站状态。

9）备用信息位　预留用作其他的信息使用。

这些信息以数字编码的方式，顺序排列，放在一个信息包里。列车收到信息后进行译码和实时处理，实时控制列车运行状态。

二、ATP系统的工作原理

ATP系统控制列车运行速度有两种基本方式：点式ATP和连续式ATP。

1. 点式ATP

ATP系统以点式叠加方式控制列车运行速度，其速度—距离曲线呈阶梯状，称为阶梯曲线，如图4-9所示。

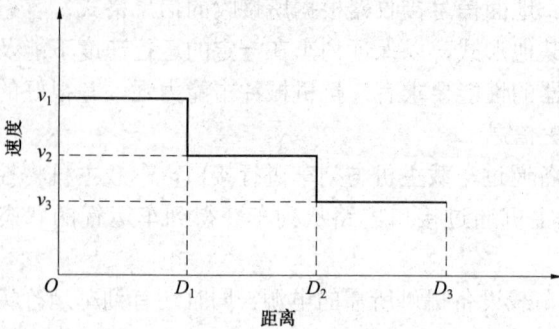

图 4-9　点式 ATP 速度—距离曲线

图 4-9 中横坐标表示距离，纵坐标表示列车运行速度。列车受到制动力的作用，减速运行。列车从某点 O 处以不超过 v_1 的速度运行，当运行到 D_1 点时，对列车施加一定的制动力，使列车允许运行的最大速度迅速从 v_1 降为 v_2；列车从 D_1 点运行到 D_2 点处，在这一区间，列车运行的最大允许速度为 v_2；在 D_2 点，再次对列车施加制动力，使列车减速运行。

列车运行在 $O \sim D_1$ 区段，允许运行的最大速度为 v_1；在 $D_1 \sim D_2$ 区段，允许运行的最大速度为 v_2；在 $D_2 \sim D_3$ 区段，允许运行的最大速度为 v_3。

在每个区段，如果列车运行速度超过在该运行区段所对应的最大速度，ATP 系统会向列车的制动系统发出常用制动命令，列车的制动系统对列车施加制动力，使列车运行速度在系统所设定的时间内，降到允许的运行速度范围，以保证列车安全运行；如果列车运行速度持续维持在该运行区段所对应的最大速度，在持续的时间内超过系统设定的时间后，ATP 系统将对列车实施紧急制动，强制列车停车，以防止意外事故的发生。

阶梯曲线控制速度的方式所需的硬件结构简单，容易实现。在图 4-9 中列车以不超过 v_1 的速度运行，运行速度从 v_1 变为 v_2 时，使得列车的运行速度发生突变。这时强烈的减速会给列车上的乘客一种冲击，容易产生不适感。速度变化越大，冲击感越强，乘客的舒适感较差。

2. 连续式 ATP

列车受到制动力的作用，使列车减速运行，速度—距离曲线为连续平滑的曲线，这种列车速度控制方式称为连续式，如图 4-10 所示。

图 4-10 中横坐标表示距离，纵坐标表示列车运行速度。ATP 系统根据运营计划，使列车从 O 点减速运行到 D_2 点。列车 ATP 系统根据各种数据，计算出列车从 O 点运行到前方 D_2 点的区段内各处所需的运行速度，并向列车的牵引和制动系统发出指令，控制列车按照速度—距离曲线所绘制的速度值平滑、稳定地从在 O 点减速运行到前方 D_2 点。

图 4-10 中曲线上的每一点都对应有一个

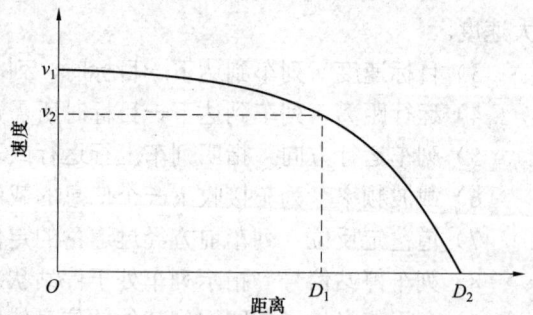

图 4-10　连续式 ATP 速度—距离曲线

速度值，如果列车运行速度超过该点所对应的速度，ATP 系统实时向列车的制动系统发出常用制动命令，对列车施加制动力，使列车运行速度降到曲线的下方，保证列车以允许的速度运行，确保列车安全运行；如果列车运行速度持续超过曲线所规定的速度，列车将运行在曲线的上方，若所持续的时间超过系统设定的时间，ATP 系统将对列车实施紧急制动，强制列车停车，以防止意外事故的发生。

连续式控制速度的方式需要比较复杂的软件和硬件支持，系统调试过程比较复杂。列车平滑减速运行，运行速度没有发生突变，列车运行速度控制稳定，可以有效提高乘客的舒适度。

防止列车超速运行是 ATP 系统最重要的功能，也是城市轨道信号系统保证列车运行安全的核心。ATP 系统对列车速度的有效控制，保持列车运行速度不超过所允许的速度范围，能有效降低驾驶员的劳动强度，提高作业效率，避免人工操作带来的安全隐患，保障列车安全运行。

三、ATP 系统的主要功能

ATP 系统和联锁系统共同作用，起到对列车安全运行的保护作用。具体来说，ATP 系统的主要功能有列车位置检测、测速和测距、监督、超速防护、停车点防护、列车间隔控制、车门与站台门控制等。

1. 列车位置检测

列车位置检测的任务就是确定列车在线路中的地理位置。通常，ATP 系统都是利用查询应答器及测速电机和雷达完成列车定位的。安装在线路上某些位置的应答器用于列车物理位置的检测，每个应答器发送一个包括识别号（ID）的应答器报文，由列车接收。ATP 车载计算机单元线路数据库中存有应答器的位置，这样列车就能确定它在线路上的具体位置。测速动机和雷达执行列车位移测量任务。列车定位的误差来自应答器检测精度、应答器安装精度和位移测量精度。

2. 测速和测距

确定列车速度和位置（距前方目标点的距离）是 ATP 车载设备的重要功能。列车实际运行速度是实行速度控制的依据，速度测量的准确性直接影响速度控制效果。列车位置直接关系到列车运行的安全，通过确定列车的实际位置，才能保证列车之间的运行间隔，以能够在抵达障碍物或限制区之前减速或停下。

列车速度和距离精确测量是所有与速度有关的安全功能以及列车定位的先决条件。不论列车的定位状态如何，利用传感器数据的安全组合，可以连续测量速度和距离。

3. ATP 的监督功能

ATP 监督负责保证列车运行的安全。各监督功能管理列车安全的一个方面，并在它自己的权限内产生紧急制动；所有的监督功能，在信号系统范围内提供了最大可能的列车防护。各种监督功能之间的操作是独立的，且同时进行。

ATP 监督功能包括速度监督、方向监督、车门监督、紧急制动监督、后退监督、报文监督、设备监督等。

（1）速度监督。速度监督功能是超速防护的基础，也是 ATP 监督最重要的功能。它由最大列车允许速度监督、RM（受限制的人工驾驶）速度监督、停车点的监督、线路允许速度的监督、限制速度起始点的监督、进入速度的监督、没有距离同步的监督 7 个速度监督子功能组成，每个子功能均选定一个专用的以速度为基准的安全标准。各标准即为一个速度限制，这个限制速度可以是固定的，也可以根据列车的位置连续改变或呈阶梯式改变。当实际列车速度超过允许速度加上一个速度偏差值时，列车实施紧急制动。该偏差值可以根据安全标准进行修改，并在系统设计时确定。

（2）方向监督。方向监督的功能是监督列车在"反方向"运行中的任何移动，如果此方向的移动距离超过规定值，就会实施紧急制动。"反方向"运行移动距离的监督是累计完成的，以便无论是单一的移动或是在几个短距离移动中交替地被"前行"的短距离移动中断。

（3）车门监督。如果检测到列车在移动而车门没有锁在关闭状态，车门监督功能就会实施紧急制动。除了被抑制，车门监督功能在所有驾驶模式中都有效。

（4）紧急制动监督。紧急制动监督功能可保证接收到紧急制动报文时在最短距离内停车。在 SM、ATO 和 AR 模式中，紧急制动监督功能有效，在 RM 模式中无效。在站台按下紧急停车按钮，紧急停车命令会立即生成。紧急制动发生在超过最大允许速度值（加上规定的误差），或者按压位于车站的紧急按钮时。

（5）后退监督。后退监督功能防止列车后退时超过某特定的距离。列车后退距离的累加减去几次短暂前行的距离不能超过规定的距离（3m）。假如超过此距离，列车将通过 ATP 实施紧急制动，确保列车不后退。

（6）报文监督。报文监督功能用于监测从 ATP 接收到的报文。如果检测出传输报文中断持续超过规定时间，或在此期间列车运行超过规定距离，报文监督功能会触发一个紧急制动。该功能在 SM、ATO 和 AR 模式中有效，但在 RM 模式中不起作用。

（7）设备监督。设备监督功能用来监控 ATP 车载设备的正常工作，确保设备故障时的安全，列车不经检查不允许运行。一旦 ATP 车载设备被检测出故障，就会启动紧急制动直到列车停下来。此时，司机使用故障开关强制关闭 ATP 功能，然后按照控制中心的指挥人工驾驶列车。

4. 超速防护

ATP 车载设备将列车实际运行速度与列车允许速度进行比较，当列车速度超过列车允许速度时，ATP 的车载设备就会发出制动命令，发出报警后控制列车进行常用全制动或实施紧急制动，使列车自动地制动。

城市轨道交通中的速度限制分为两种：一种是固定速度限制，如区间最大允许速度、列车最大允许速度；另一种是临时性的速度限制，如线路在维修时临时设置的速度限制。

（1）固定限速。固定限速是在设计阶段设置的。ATP 车载设备中都储存有整条线路上的固定限速区信息。固定限速有：

1）列车最大允许运行速度——取决于列车位置、停车点、联锁条件等；

2）列车最大允许速度——取决于列车自身；

3）区间最大允许速度——取决于线路参数。

（2）临时限速。临时限速用于一些特殊地段，如轨道作业地段的速度限制。

ATP 系统始终严密监视速度限制不被超越，一旦超过，先提出警告，然后启动紧急制动，并做记录。

5. 停车点防护

停车点就是危险点，危险点在任何情况下都是不能越过的。例如站内有车时，车站的起点必须是停车点，在停车点的前方通常还设置一段防护段，ATP 系统通过计算得出的紧急制动曲线即以该防护区段的起点为基础，保证列车不超越起点。

6. 列车间隔控制

列车间隔控制是一种既能保证行车安全（防止两车发生追尾事故），又能提高运行效率（使两车的间隔最短）的信号概念。在过去的以划分闭塞分区、设立防护信号机为基础的固定闭塞概念下，列车的间隔是靠自动闭塞系统来保证的，列车间隔以闭塞分区为单位；当采用准移动闭塞或移动闭塞时，闭塞分区的长度与位置均不是固定的，而是随前方目标点（前行列车）的位置、后续列车的实际速度及线路参数而不断改变的。

7. 车门与站台门控制

车门控制功能指的是防止列车在站外打开车门、列车在站内时打开非站台侧的车门，以及在车门打开时列车启动等情况发生的功能。只有在 ATP 系统检查所有安全条件均已满足时，给出一个信号，才能打开车门。

通常在车辆没有停稳靠站时，ATP 系统不允许车门开启。当列车在车站的预定停车区域内停稳且停车点的误差在允许范围内时，地面天线会收到车载定位天线发送的停稳信号，列车从 ATP 轨旁设备收到车门开启命令，ATP 系统才会允许车门操作。有了车门开启命令后，ATP 轨旁设备改发打开站台门信号，当站台门定位接收器收到此信号后，便打开与列车车门相对应的站台门。

列车停站时间结束（或人工终止），地面停站控制单元启动 ATP 轨旁设备，停发开门信号，关闭车门，同时关闭站台门。车门与站台门关闭后，车载 ATP 系统才具备安全发车条件。

车站在检查车门已关闭后，才允许 ATP 系统向列车发送运行速度命令信息；列车收到命令，同时检查车门已关闭后，可按车载 ATP 系统收到的速度命令出发。

8. 其他功能

（1）紧急停车。在紧急情况下，按压设在车站的紧急停车按钮，就可通过轨道电路将停车信息传递给区间内的列车，启动紧急制动，使列车停止运行。

（2）给出发车命令。ATP 系统检查有关安全条件（如车门是否关闭、司机的操作手柄是否处于零位、ATO 系统是否处于正常工作状态），确认符合安全规定后，给 ATO 系统一个信号。在人工驾驶模式下，司机在得到显示后即可进行人工发车；在自动驾驶模式下，ATO 系统得到 ATP 系统的发车确认信息后，操作列车自动启动。

（3）列车倒退监控。根据不同的用户协议，可以实现各种列车的倒退控制。例如，当列车退行超过一定距离或者越过轨道电路分界点时，会立即启动紧急制动。

（4）停稳监督。监控列车停稳是在站内打开车门和站台门的安全前提。为了证实列车停稳，应考虑来自测速电机和雷达的信息，因为 ATP 车载计算机单元将使用这些速度信息。

学习单元三 列车自动驾驶系统

列车自动驾驶（ATO）系统主要用于实现地对车的控制，即利用地面信息实现对列车驱动、制动的控制，包括列车自动折返。ATO 系统根据控制中心指令自动完成对列车的启动、牵引、惰行和制动，送出车门和站台门同步开关信号，使列车按最佳工况正点、安全、平稳地运行。

ATO 系统车载设备根据列车运行计划，以及列车的运行速度、当前线路限速和目标速度等信息，实时计算列车到达目标速度值所需要的牵引力或制动力的大小，通过列车接口电路，由列车的牵引系统或制动系统完成对列车进行加速或减速作业。

ATO 系统为非故障–安全系统，其控制列车自动运行，主要目的是模拟最佳司机的驾驶，实现正常情况下高质量的自动驾驶，提高列车运营效率和舒适度，节省资源。

一、ATO 系统的设备组成

ATO 系统设备由车载设备和地面设备组成。

（一）车载设备

ATO 车载设备包括车载 ATO 模块、ATO 车载天线和人机界面。

1. 车载 ATO 模块

车载 ATO 模块是 ATO 系统的核心组成部分，它包括硬件和软件两部分。车载 ATO 模块从 ATP 子系统获得必要的信息，如列车运行速度和列车位置等，车载 ATO 模块软件对这些数据进行实时处理，计算出列车当前所需要的牵引力或制动力，向列车发出请求，列车牵引或制动系统受到请求指令后，对列车施加牵引或制动，对列车进行实时控制。

2. ATO 车载天线

ATO 系统给的车载模块与地面设备之间的信息交换是通过 ATO 车载天线来完成，以实现 ATO 系统和 ATS 系统之间的信息交换。

ATO 车载天线一般安装在列车第一编组的车体下，它接收来自 ATS 系统的信息，同时向 ATS 系统发送有关的列车状态信息。这些信息一般包括以下内容：

（1）从列车向地面发送的信息。ATO 系统车载模块通过车载天线向 ATS 系统发送的信息有：列车识别号信息（包括列车的车组号、车次号、目的地编码等内容）、列车运行方向、列车车门状态、车轮磨损指示、列车车轮打滑和空转、车载 ATO 模块状态和报警信息等。

（2）从地面向列车发送的信息。从地面向列车 ATO 车载设备发送的信息有：列车开关门命令、列车车次号确认、列车测试指令、门循环测试、主时钟参考信号、跳停/扣车指令和列车运行等级等。

3. 人机界面

列车驾驶员通过人机界面可以将列车运行的模式选择为"ATO"，启动列车在"ATO"模式下运行。

（二）地面设备

ATP 轨旁设备通常兼作 ATO 轨旁设备，用于接收与列车自动运行有关的信息。

ATO 还具有定位停车系统，为列车提供精确的位置信息。该系统包括车底部的标志线圈和定位天线，以及每个车站 ATC 设备室内的车站停车模块和沿每个站台设置的一组地面标志线圈。

ATO 地面设备由地面信息接收发送设备和轨道环线组成。这些地面设备接收来自 ATO 车载天线所发送的信息，并把 ATO 有关信息通过轨道环线发送到线路上，由列车 ATO 车载设备进行接收和处理。

地面信息接收发送设备的谐调控制部分安装在信号设备室内，轨道环线安装在线路上。

二、ATO 系统的主要功能

ATO 系统的功能分为基本控制和服务功能。

基本控制功能是自动驾驶、自动折返、车门打开，这三个控制功能之间独立地运行。服务功能包括列车位置、允许速度、巡航/惰性、PTI 支持功能等。

（一）ATO 系统的基本控制功能

1. 列车自动驾驶

（1）车站自动发车。当发车安全条件符合时（在 ATO 模式下，关闭了车门，这由 ATP

系统监视），ATO 系统给出启动显示，司机按下启动按钮，ATO 系统使列车从制动停车状态转为驱动状态，停车制动将被缓解，然后列车加速。ATO 通过预设的数据提供牵引控制，该牵引控制可使列车平稳加速。

（2）自动调整列车运行速度。ATO 车载控制器通过比较实际列车运行速度及 ATP 给出的最大允许速度及目标速度，并根据线路的情况，自动控制列车的牵引及制动，使列车在区间内的每个区段始终控制速度（ATP 计算出来的限制速度减去 5km/h）运行，并尽可能减少牵引、惰性和制动之间的转换。

（3）停车点的目标制动。车站停车点作为目标点，车站停车点由 ATP 轨旁单元和 ATS 系统控制。当停车特征被启动后，ATO 系统基于列车速度、预先决定的制动率和距离停车点的距离计算出一个制动曲线，采用最合适的减速度（制动率）使列车准确、平稳地停在规定的停车点。与列车定位系统相配合，可使停车位置的误差达到 0.5m 以下。

若列车超出停车点，ATP 准许后退一定距离。如果超过速度后退限度值，则向列车司机发出声音和视觉报警。

停站时间由 ATS 控制，并传送给 ATP。另外，基于车站和方向的停车时间也存储在 ATP 轨旁单元中，用作 ATS 故障下的后备程序。

（4）区间内临时停车。由 ATP 系统给出目标点位置（例如前方有车）及制动曲线，并将数据传送给 ATO 系统车载单元，ATO 系统得到目标速度为"0"的速度信息后自动启动列车制动器，使列车停稳在目标点前方 10m 左右。此时车门还是由 ATP 系统锁住的，一旦前方停车目标点取消，速度信息改为进行码后，ATO 系统使列车自动启动。

在危险情况下，例如按下紧急停车按钮，或是因为常用制动不充分而使列车超过紧急制动曲线，由 ATP 启动紧急制动，ATO 向司机发出视觉和音响报警。

（5）限速区间。临时性限速区间的数据由轨道电路报文传输给 ATP 车载设备，再由 ATP 车载设备将减速命令经 ATO 系统传达给动车驱动、制动控制设备。

2. 无人自动折返

无人自动折返是一种特殊情况下的驾驶模式，在这种驾驶模式下无需司机控制，而且列车上的全部控制台将被锁闭。

从接收到无人驾驶折返运行许可时，列车就自动进入 AR 模式。授权经驾驶室 MMI 显示给司机，司机必须确认这个显示，并得到授权，锁闭控制台。

只有按下站台的 AR 按钮后，才实施无人驾驶列车折返运行。ATC 轨旁设备提供所需的数据以驾驶列车进入折返轨，列车将自动回到出发站台。列车一到出发站台，ATC 车载设备就会退出 AR 模式。

无人自动折返功能的输入是具有速度/距离功能的列车的当前速度、位置和 ATP 速度曲线。

无人自动折返功能的输出是列车制动牵引控制系统的命令。

3. 自动控制车门开闭

由 ATP 系统监督开门条件，当 ATP 系统给出开门命令时，可以按事前的设定由 ATO 系统自动地打开车门，也可由司机手动打开正确一侧的车门。车门的关闭只能由司机完成。

当列车空车运行时，从 ATS 接收到的指定的目的地号阻止车门的打开。

车门打开功能的输入是来自 ATP 功能的车门释放、运行方向和打开车门的数据，以及来自 ATS 功能的确定的目的地号。

车门打开功能的输出将车门打开命令发送给负责控制车门的列车系统。

（二）ATO 系统服务功能

1. 列车位置

列车位置功能从 ATP 功能中接收到当前列车的位置和速度等详细信息，根据上一次计算后所运行的距离来调整列车的实际位置。此调整也考虑到在 ATP 功能计算列车位置时传送和接收的延迟时间，以及打滑和滑行。

另外，ATO 功能同测速单元的接口为控制提供更高的测量精确性。列车位置功能也接收到地面同步的详细信息，由此确定列车的实际位置和计算列车位置的误差。对列车位置调整，可在由 ATO 功能规定的直至接近实际停车点 10～15m 的任意位置开始。由于这种调整，停车精度由 ATO 控制在希望的范围内。

列车位置功能的输入来自 ATP 功能的当前速度和位置、轨道电路信息的变化，测速单元的读入、轨道中同步标记的检测、SYNCH 环线。

列车位置功能的输出用作校正列车位置信息。

2. 允许速度

允许速度功能为 ATO 速度控制器提供列车在轨道任意点的对应速度值。这个速度没有被优化，只是低于当前速度限制和制动曲线给的限制。允许列车速度调整是为了能源优化或由惰行/巡航功能完成的列车运行。

允许速度功能的输入来自 ATP 功能的轨道当前位置的速度限制，以及列车制动曲线。允许速度功能输出至 ATO 速度控制器。

3. 巡航/惰行功能

巡航/惰行功能的任务是按照时刻表自动实现列车区间运行的惰行控制，同时节省能源，保证最大能量效率。

ATO 巡航/惰行功能协同 ATS 中的列车自动调整（auto train regulation，ATR）功能，并通过确定列车运行时间和能源优化轨迹功能实现巡航/惰行功能。

4. PTI 支持功能

PTI 支持功能是通过多种渠道传输和接收各种数据，在特定的位置（通常设在列车进入正线的入口处）传给 ATS，向 ATS 报告列车的识别信息、目的地码和乘务组号，以及列车位置数据（例如当前轨道电路的识别和速度表的度数），以优化列车运行。

PTI 功能是由车载功能和轨旁设备实现的。由 ATC 车载设备提供的数据，通过 ATO 功能传输到 PTI 的轨旁设备，进而传给 ATS。

三、ATO 系统的工作原理

1. 列车自动驾驶

ATO 系统存储了大量轨道布局和坡度信息，能够优化列车控制命令，保证列车在 ATP 监督下按照最大允许速度运行。

ATO 系统实现列车自动驾驶，它需要 ATP 系统和 ATS 系统提供支持。ATP 系统向 ATO 系统提供列车的运行速度、线路允许速度、限速和目标速度，以及列车所处位置等基本信息；ATS 系统向 ATO 系统提供列车运行作业和计划。

ATO 系统的自动驾驶功能最终是通过 ATO 车载设备控制列车牵引和制动系统实现的。ATO 通过地面 ATP 设备传来的编码确定前方空闲轨道电路数目或前行列车位置，根据本次列车位置,列车在综合考虑安全因素的前提下可尽量全速行驶至本次列车的停车点。所需的 ATP 数据包括:从 ATP 轨旁单元接收到的全部 ATP 运行命令、测速单元提供的当前列车位置和实际速度信息、位置识别和定位系统的信息、列车长度、ATS 通过 ATP 轨旁单元发送的出站命令和到达下一车站的计划时间。

由 ATO 系统执行的自动驾驶过程是一个闭环反馈控制过程,其基本关系框图如图 4-11 所示。反馈回路从 ATP 数据和运营数据得出基准输入,测速单元通过 ATP 向 ATO 发送列车实际速度信息,ATO 向牵引和制动控制设备提供数据输出。到达计算速度时,系统根据速度曲线控制列车运行,接近制动启动点时,ATO 设备自动控制常用制动使列车运行跟随制动曲线。

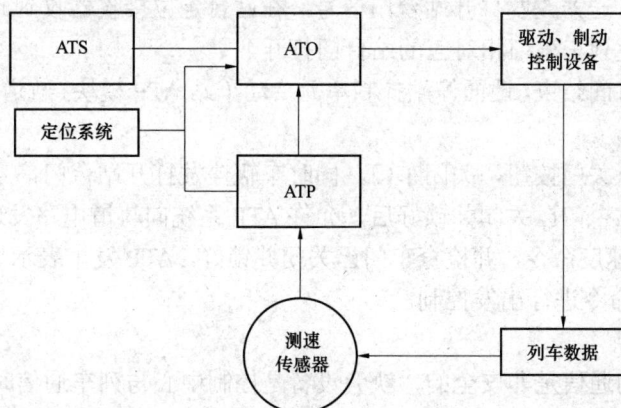

图 4-11 自动驾驶的闭环控制框图

2. 车站程序停车

正线上的车站都有预先确定的停站时间间隔。控制中心 ATS 监督列车时刻表,计算需要的停车时间以保证列车正点到达下一个车站。

控制中心通过集中站 ATS 缩短或延长停站时间,数据由集中站 ATS 通过 ATO 环线传送给 ATO 车载设备。如果控制中心离线,集中站 ATS 预置一个默认的停站时间。集中站 ATS 还可向列车发送跳停命令。

3. 车站定位停车

车站精确停车通过在车站区域内的轨道电路标识、分界过渡和 ATO 环线变换来进行。轨道电路标识被用来确定停车特征的合适起始点,为轨道电路分界过渡和轨旁 ATO 环线变换提供了距离分界。该距离分界用于到达所要求的位置精度。

停车特征启动后,ATO 基于列车速度、预先确定的制动率和距离停车点的距离计算制动特征。制动率调整值通过轨旁 ATO 获得,并且可以从 OCC 或 SCR(车站控制室)中进行选择。

列车停车后,ATO 会保持制动,避免列车运动。

4. 车门控制

ATO 只有在自动模式下才执行车门开启,在手动模式下由驾驶员进行车门操作。

列车的定位天线连接至车辆定位器和接收器,车站站台定位环线位于线路中央,连接站台定位发送器和接收器。列车停站过程如下:

(1)当列车停于定位停车的允许精度范围内,车辆定位接收器通过列车定位天线接收到站台定位发送器发送的列车停站信号，ATO 系统确认列车到达确定的定位区域后向 ATP 系统发出"列车到站"信号确保列车制动。

（2）ATP 系统检测到零速度，通过列车定位发送器向地面站台定位接收器发送 ATP 列车停车信号，站台接收器检测到此信号进行译码，使地面"列车停站"继电器开始工作。

（3）车站轨道电路 ATP 发送器发送允许开门（左车门或右车门）的信号。

（4）车辆收到允许开门信号，使相应门控继电器工作，并提供相应广播和允许开门的信号显示。

（5）此时驾驶员按压与此信号显示一致的门控按钮才能打开规定的车门。

（6）车辆定位发送器改发打开站台门信号，在站台定位接收器收到此信号后，打开站台门，继电器吸起，使列车车门相对应的站台门打开。

（7）列车停站时间结束，地面停站控制单元启动车站 ATP 模块，轨道电路停发开门信号，使门控继电器落下。

（8）驾驶员按压关门按钮，关闭车门，同时车辆停发打开站台门信号。

（9）车站检查站台门已关闭并锁好后，允许 ATP 系统向轨道电路发送运行速度命令。

（10）车辆收到速度命令，并检查车门已关闭并锁好，ATP 发车表示灯点亮，列车按照车载 ATP 收到的速度命令进行出发控制。

5. 地车数据交换

列车轨旁设备的通信是非安全的，轨旁设备是控制中心与列车通信时的数据交换接口。

列车发至轨旁的数据包括分配列车号、目的地、车门状态、车轮磨损表示、接近车站时制动所产生的过量车轮滑动、紧急情况或异常情况（如不正确的开门）。

轨旁发至列车的数据包括车辆车门开启命令、列车号的确认、列车长度、性能修改数据、出发测试命令、车门循环测试、主时钟参考信号、跳停指令、搁置指令和报警状态等。

四、列车驾驶模式

城市轨道交通列车的主要驾驶模式包括列车自动驾驶模式、受 ATP 监控的人工驾驶模式、受限制的人工驾驶模式、非限制人工驾驶模式和自动折返驾驶模式。

1. 列车自动驾驶模式（ATO 模式或 AM 模式）

ATO 模式即 ATO 自动运行模式。此模式是正线上列车运行的正常模式，即用于正线上列车的正常运行，是最优先级的驾驶模式。在这种模式下，列车在车站之间的运行是自动的，列车自动启动、加速、维持惰行、减速、停车，列车驾驶员负责监督 ATP/ATO 指示和列车状况以及所要通过的轨道、道岔、信号的状态，必要时加以干预。

在 ATO 模式下，ATO 根据 ATP 编码和列车位置生成运行列车的行驶曲线、完全自动地驾驶列车；ATO 还能根据到停车点的距离计算出列车的到站停车曲线；ATO 速度曲线可以由 ATS 的调整命令修改；ATP 系统控制列车的紧急制动。

2. 受 ATP 监控的人工驾驶模式（SM 模式）

SM 模式即 ATP 监督下的人工驾驶模式。它是一种受保护的人工驾驶模式，是次优先级的驾驶模式。这种模式下，ATP 提供推荐速度，列车的运行由列车驾驶员通过主控制器控制，受 ATP 的监控和保护。列车驾驶员必须根据显示屏显示的推荐速度驾驶列车，当实际速度在推荐速度−1km/h 到推荐速度+4km/h 范围内时（以某种 ATC 为例，不同 ATC 系统会有所不同），会有声音报警；当实际速度大于推荐速度 4km/h 时，ATP 产生紧急制动。列车驾驶员要负责监督列车状况和所要通过的轨道、道岔、信号的状态。列车驾驶员以 SM 驾驶时，要保持按下警惕按钮，否则会产生紧急制动。列车驾驶员以 SM 驾驶列车进站，停在停车窗内，ATP 给出门释放命令后，列车驾驶员手动开门。SM 模式正常情况下培训时采用，或当 ATO 设备故障但车载和轨旁的 ATP 设备良好时采用。

3. 受限制的人工驾驶模式（RM 模式）

RM 模式是较低级的驾驶模式。在该模式下，列车由列车驾驶员驾驶，列车驾驶员对列车运行安全负责，列车驾驶员通过主控制器控制列车运行，运行中负责监督 ATP/ATO 指示显示和列车状况以及所要通过的轨道、道岔、信号的状态，速度不能大于 25km/h，车载 ATP 仅监督允许的最大速度值，只提供 25km/h 的超速防护。

该运行模式在下列情况下使用：① 列车在车辆段范围内（非 ATC 控制区域）运行时；② 正线运行中联锁设备或轨道电路、ATP 轨旁设备、ATP 列车天线、地对车通信发生故障时；③ 列车紧急制动以后。

4. 非限制人工驾驶模式（URM 模式、关断模式）

URM 模式是故障级驾驶模式。在该模式下，列车的运行完全由列车驾驶员负责，没有 ATP 的监控。国内部分地铁车辆采用 URM 模式时，列车最大前进速度可达 80km/h，后退最大速度可达 10km/h。URM 模式用于车载 ATP 设备故障以及车载设备测试情况下完全关断时的列车驾驶，列车是由司机根据轨旁信号和调度员的口头指令驾驶的，没有速度监督。ATP 的紧急制动输出被车辆控制系统所切断，司机必须保证列车运行不受超过线路速度限制，并监督列车所要通过的轨道、道岔和信号的状态，必要时采取措施，对列车进行制动。

5. 自动折返驾驶模式（AR 模式）

自动折返驾驶模式是在具备自动折返的折返站和具有换向功能的特殊轨道区段使用的自动控制列车折返的驾驶模式。该模式下，司机可以不在列车上及不加干预进行列车折返。

若采用无人自动折返模式，在司机下车后按压站台上的无人折返按钮，列车在无司机的情况下，自动完成启动列车驶入折返轨，改变车头和轨道电路发送方向，并在折返轨至发车站台的进路排列完成后，再自动启动列车驶入发车站台，并精确的停在发车站台。

除 URM 模式外，其他所有模式都有一个 5m 的退车限制，如果超过这个限制，ATP 将实施紧急制动。

五、ATO 与 ATP 的关系

在距离码 ATP 系统的基础上安装了 ATO 系统，列车就可采用手动或自动方式进行驾驶。在选择自动驾驶方式时，ATO 系统代替司机操纵，诸如列车启动加速、匀速惰行、制动等基本驾驶功能自动进行。然而，不论是由司机手动驾驶还是由 ATO 系统自动驾驶，ATP 系统始终是执行其速度监督和超速防护功能。可以这样认为：手动驾驶=司机人工驾驶+ATP 系统；自动驾驶=ATO 系统自动驾驶+ATP 系统。

图 4-12 所示为三种制动曲线。

列车紧急制动曲线由 ATP 系统计算及监督。列车速度一旦触及该制动曲线，立即启动紧急制动，以保证列车停在停车点。

列车紧急制动曲线对应于列车的最大减速度，一旦启动紧急制动，列车务必停稳后经过一段时间才能重新启动。因此，这是一种非正常运行状态，应该尽量避免其发生。

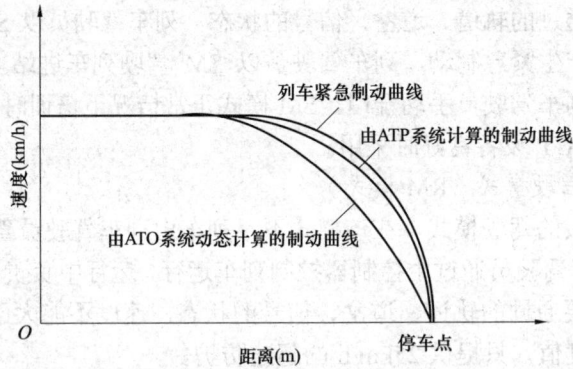

图4-12　三种制动曲线

由 ATP 系统计算的制动曲线，在驾驶室内显示出最大允许速度，它略低于紧急制动曲线（之间的差值通常为3~5km/h）。当列车速度达到该曲线值时，应给出告警，但不启用紧急制动。

由 ATP 系统计算的制动曲线对应的列车减速度小于列车紧急制动曲线对应的列车减速度，一般取与最大常用制动对应的减速度。

由 ATO 系统动态计算的制动曲线，也即正常运行情况下的停车制动曲线。在设计与此曲线对应的减速度时，通常以实现平稳减速和停车为目标。

从以上三条制动曲线可以明显地看出：ATP 系统主要负责"超速防护"，起保证安全的作用；ATO 系统主要负责正常情况下列车高质量地运行。

因此，ATP 是 ATO 的基础，ATO 不能脱离 ATP 单独工作，必须从 ATP 系统获得基础信息。而且，只有在 ATP 的基础上才能实现 ATO，列车安全运行才有保证。ATO 是 ATP 的发展和技术延伸，ATO 在 ATP 的基础上实现自动驾驶，而不仅仅是停留在超速防护的水准上。

学习单元四　列车自动监控系统

列车自动监控（ATS）系统在 ATP 系统和 ATO 系统的支持下，根据运行时刻表完成对全线列车运行的自动监控，可自动或由人工监督和控制正线（车辆的、停车场、试车线除外）列车进路，并向行车调度员和外部系统提供信息。

ATS 系统的功能由位于控制中心内的设备实现。其主要功能是实现对列车运行及所控制的道岔、信号机等设备运行状态的监督和控制，为行车调度人员显示全线列车的运行状态，监督和记录运行图的执行情况，在列车因故偏离运行图时及时作出调整，辅助行车调度人员完成对全线列车运行的管理。

ATS 系统能与 ATP 系统、计算机联锁设备或继电联锁设备配套使用，并具有与时钟系统、旅客信息系统和综合监控系统的接口。

一、ATS 系统的组成

ATS 系统主要由控制中心设备、车站设备、车辆段设备、列车识别系统及列车发车指示器等组成。

（一）ATS 控制中心设备

ATS 控制中心设备是 ATC 的核心，用于状态表示、运行控制、运行调整、车次追踪、时刻表编制及运行图绘制、运行报告生成、调度员培训及实现与其他系统的接口。

ATS 控制中心设备主要包括：

1. 中心计算机系统

中心计算机系统主要包括控制主机、COM 通信服务器、系统管理服务器（ADM 服务器）、时刻表服务器（TTE 服务器）、局域网及各自的外部设备。为保证系统的可靠性，主要硬件设备均为主/备双套热备方式，可自动人工切换。系统能满足自动控制、调度员人工控制及车站控制的要求。

2. 综合显示屏

综合显示屏用来监视正线列车运行情况和监视系统设备状态，它由显示设备和相应的驱动设备组成。

3. 调度员工作站

调度员工作站用于行车调度指挥，是实际操作的平台。调度员在控制中心监视和控制联锁设备和列车运行状况，工作站显示计划运行图和实际运行图。一般设两个调度员工作站，分别监控列车运行状况和行车设备运行状况。

4. 运行图工作站

运行图工作站用于列车运行计划的编制和修改，通过人机对话可实现对运行时刻表的编辑、修改及管理。

5. 培训/模拟工作站

培训/模拟工作站配有各种系统的编辑、装配、连接和系统构成工具及列车运行仿真的软件。它可与调度员工作站显示相同的内容，有相同的控制功能，能仿真列车在线运行及各种异常情况，而不参与实际的列车控制。

6. 打印机服务器、绘图仪和打印机

打印服务器缓冲和协调所有操作员和实时时间激活的打印任务。彩色绘图仪和彩色激光打印机用于输出运行图及各种报表。

7. 维修工作站

维修工作站主要用于 ATS 系统的维护、ATC 系统故障报警处理和车站信号设备的监测。

8. 局域网

局域网将本地和远程工作站、服务器的 PLC 连接在一起。以太网允许各成员间进行高速数据交换。

9. 不间断电源（UPS）及蓄电池

控制中心配备在线式不间断电源及可提供 30min 后备电源的蓄电池。

（二）车站设备

ATS 车站设备构成分为集中联锁站和非集中联锁站两种类型。

1. 集中联锁站设备

集中联锁站设有一台 ATS 分机，是 ATS 与 ATP 地面设备和 ATO 地面设备的接口，用于连接联锁设备和其他外围系统，采集车站设备的信息，传送控制命令，使车站联锁设备能接收 ATS 系统给的控制指令，以实现车站进路的自动控制。为从联锁设备取得所需数据，配备了采用可编程控制器的远程终端单元。由于采用模块化设计，因而扩展十分容易。它还控制站台上乘客信息系统（passenger information system，PIS）的列车目的显示器、列车到发时间显示器和发车计时器。

集中联锁站 ATS 设备的功能包括：接收、存储其管辖范围内当日的列车计划时刻表；根据计划时刻表及列车运行情况，自动控制及办理管辖范围内的列车进路，包括进、出正线，终端站折返进路等；特殊情况下，可以按控制中心设定的运行间隔控制列车运行；依据计划时刻表自动控制列车到站及出发时刻；收集管辖范围内的所有车站的列车运行信息、设备工作状态，并将这些信息传送至控制中心 ATS；实现本管辖范围内的列车车次追踪；控制无岔车站的 RTU 设备，并向相邻的 ATS 设备传送有关信息；控制 ATO 地面设备，向列车传送运行控制信息。

2. 非集中联锁站设备

非联锁集中车站不设 ATS 分机。非联锁集中站的 PTI、PIS 和 DTI 均通过联锁集中站的 ATS 分机与 ATS 系统联系。有岔非集中联锁车站的道岔和信号机由集中联锁站的计算机控制，通过集中联锁车站的 ATS 分机接收 ATS 系统的控制命令。

（三）车辆段设备

1. ATS 分机

车辆段设一台 ATS 分机，用于采集车辆段内存车库线的列车占用及进/出车辆段的列车信号机的状态信息，并在控制中心显示屏上显示以上信息，以便控制中心及车辆段值班员及车辆管理人员了解段内停车库线列车的车次及车组运用情况，正确控制列车出段。

2. 车辆段终端

车辆段派班室和信号楼控制室各设一台终端，与车辆段 ATS 分机相连，根据来自控制中心的实际时刻表建立车辆段的作业计划。

车辆段联锁设备，通过 ATS 分机与控制中心交换信息，实现段内运行列车的追踪监视，车辆段与控制中心间提供有效的传输通道，距离较长时用调制解调器。

（四）列车识别系统

列车识别系统是 ATS 车次识别及车辆管理的辅助设备，其由地面查询器环路和车载应答器组成。地面查询器环路设于车站。列车识别系统用于校核列车车次号。当列车经过地面查询器时，地面查询器可采集到车载应答器中设定的列车车次号，并经车站 ATS 设备送至控制中心，校核是否与中心计算机列车计划中的车次号一致，若不相同，则报警进行修正。

（五）列车发车计时器

列车发车计时器设于各站，为列车运行提供车站发车时机、列车到站晚点情况的时间指示，提示列车按计划时刻表运行。正常情况下，在列车整列进入站台后，按系统给定停站时间倒计时显示距计划时刻表的发车时间，为零时指示列车发车；若列车晚点发车，列车发车计时器则增加停站时间的计时。

二、ATS 系统的功能

1. 列车监督和跟踪

列车监督和跟踪功能包括列车监视、列车初始化、列车号移动、列出运行识别和集中显示等。

（1）列车监视。用计算机来再现列车的运行。列车运行由轨道空闲和占用信号来驱动，列车由车次号来识别。ATS 给 MMI、旅客信息显示系统、模拟线路表示盘提供列车位置和车次号。

（2）列车初始化。运营前对车辆进行身份确认和登记，将数据发往 OCC，OCC 将运行时刻表中下一列车次号赋予该车。

（3）列车号移动。ATS 采集轨道显示、道岔、列车运行数据，推算列车运行状态，列车识别号跟随列车移动而移动，包括车次号输入、跟踪、记录和删除。当列车由车辆段或其他地点进入正线运行时，ATS 系统将根据计划时刻表自动给计划加入车次号。列车车次号输入用于修改和确认列车车次号。车次号从列车在车辆段开始至全部正线连续追踪，在中心表示盘及显示器上的车次窗内随着列车运行的位置动态显示。调度员可人工修改，并能由车次查出对应组号。车次号删除是从 ATS 系统中清除车次号记录，在被监视到离去本区段、被覆盖时删除，也可人工删除。

（4）列车运行识别。列车运行由轨道占用信号从"空闲"到"占用"的翻转来识别。列车运行被检测到，就在计算机内再现。

（5）集中显示。控制中心表示分为大屏表示盘和显示器。在站场布置图上显示正线全线列车运行及信号设备的工作状况，如列车位置及车次号、信号显示、道岔位置、轨道电路状态、进路状态及开通方向、车站控制状态（站控或遥控）、行车闭塞方式（自动闭塞或站间闭塞）、站台扣车状态、信号设备报警等，以及根据调度员的需要在显示器上显示车辆段内列车运用状况及各种报告。

2. 时刻表处理

时刻表系统向 ATS 和外部系统提供时刻表数据，为停站时间时刻表在线装载设置界面，为离线时刻表的离线修改设置界面，为使用中的时刻表增加和删除列车行程设置界面，按自动列车跟踪请求安排列车识别号。

系统提供时刻表编辑数据库，调度员人工设置数据产生计划时刻表，计划时刻表从控制中心传到 ATS 分机，控制中心 ATS 根据列车的实际运行情况绘制列车实际运行图。系统随时对时刻表的状态进行比较，在发生偏离时通过适当的显示通知调度员。

3. 自动排列进路

控制中心能对列车进路、信号机、道岔实现集中控制，可根据当日列车运行计划时刻表自动控制列车运行，包括自动办理正线各种进路并控制办理的时机，自动控制列车驶入、离开正线的时机，自动控制车站列车停站时间及发车时机。必要时，通过办理控制权转移手续，可将控制权转移至车站。

调度员必要时可人工控制，包括人工建立及取消正线上各种进路等。调度员的人工控制命令在执行前均由中心计算机检查其合理性，并给出提示。

自动排列进路的功能是形成控制道岔位置的命令和在适当的时间向信号系统发送这些命令，将列车车次号和位置信息、道岔位置和已选信号系统的信息提供给自动建立进路系统，而命令的输出由接近列车的监测和进路计划来控制。

4. 列车运行调整

当列车运行偏离运行图（计划时刻表）时，需要进行列车运行的调整。系统不断地对计划时刻表与实际时刻表进行比较，并通过自动调整列车的停站时间，使列车恢复按计划时刻表运行，在此基础上自动产生列车的出发时间。在装备有 ATO 的线路上能通过对列车运行等级的设置实现对列车运行的自动调整。偏离误差较大时，可由调度员人工介入。

　　自动调整时，误差大时要用弹性调整策略。人工介入时，若偏差较大，调度人员可关闭列车自动调整功能，人工设置停站时分和运行等级。列车运行调整要做到所有列车的总延迟最短，列车运行调整时间尽量短，列车运行调整范围尽量小，使整个系统尽快恢复正常运营。列车运行调整的基本方法是：改变车站停车时间、改变站间运行时间、越站行驶、改变进路设置、修改计划时间表等。

　　5. 培训模拟系统

　　培训模拟系统能完整测试 ATC 系统全线列车运行调整和列车跟踪功能的有效性。系统具有模拟时刻表、模拟列车运行的调度等功能，可记录、演示，具备学员进行实际操作的培训功能。

　　培训模拟系统是通过仿真手段，实现离线模拟列车的在线运行，主要用于系统的调试、演示及人员培训，是一种必不可少的运行模式。它与在线控制模式几乎完全相同，唯一的差别是列车定位信息不是实际获取，而是随车次号的设置而出现的。仿真模拟运行能够模拟在线控制中的所有功能，但它与现场之间没有任何表示信息和控制命令的信息交换。

三、ATS 系统的工作原理

（一）自动列车跟踪原理

　　列车跟踪（或称追踪）系统是监视受控区域内列车的移动的。不论是自动方式还是人工方式，每列列车都必须与一个列车车次号相关联。当列车由车辆段进入正线运行时，ATS 系统根据计划时刻表（列车运行图）自动给该列车加入车次识别号（也称列车识别号）。根据对来自联锁设备的信息推断，随着列车的前进，列车车次号在列车追踪系统中从一个轨道区段单元向下一个轨道区段单元移动。随着列车的移动，列车识别号将在调度员工作站上的车次号窗口内显示出来，车次号按先到先服务的原则顺序显示，实现自动列车跟踪。

　　1. 列车识别号的报告

　　列车识别号包括目的地号、序列号和服务号。目的地号规定列车行程的终到地点；序列号为按每次行程自动累增号；服务号为乘务组号或车组号，乘务组号和车组号将显示在特定的对话框中。

　　如果某一列车出现在列车追踪系统所监视区域，该列车识别号必须报告给列车追踪系统。报告方法有：手动输入、读点（PTI）读入、从列车时刻表中导出和在步进检验中产生等。

　　列车识别号由时刻表自动报告，是由列车时刻表系统建议列车的识别号，将车次号输入到相应进入的区段，并按它们的出现顺序自动调用。

　　2. 列车识别号跟踪

　　自动列车跟踪要完成列车号定位、列车号删除、车次号处理。

　　（1）列车号定位。列车号向轨道区段的分配由下列任一情况启动：在列车离开车辆段，有一个向正线方向的列车移动被识别时，列车号从时刻表数据库取出；有来自 PTI 的有效列车数据输入时，有来自 OCC 的 MMI 的一个列车号插入或修改的输入，或在没有列车号能被检测到的位置识别到另一个列车移动时，都将会依照时刻表产生一个列车号。

　　（2）列车号删除。当步进超出自动列车跟踪功能的监控范围，或从 OCC 的 MMI 功能输入一个人工删除命令时，列车号即被删除。

　　（3）车次号处理。车次号处理包括从 OCC 的 MMI 功能输入一个新的列车号，输入列车识别号，更改列车识别号，删除列车识别号，人工步进列车识别号以及查询列车识别号。

（二）自动排列进路的原理

自动排列进路是通过列车进路系统，将进路排列指令及时地输出到联锁设备中去，实现进路的自动排列。

1. 列车进路系统运行触发点的选择

列车进路系统只是在列车到达某一特定地点时才被启动，该特定地点称为运行触发点。运行触发点的位置必须进行配置。运行触发点的选择应能使列车以最高线路允许速度运行，但运行触发点又不能发生得太早，否则其他列车可能会遇到不必要的妨碍。为此，可以确定一个延长时间来决定输出列车进路指令的时间。该时间称为"接通时间"，它由最长指令输出时间、联锁最长设定时间、列车到达接近信号机之前司机看到并作出反应的时间和预留的时间等决定。

在驶进列车进路始端时，可以确定多个运行触发点，这样就可以保证列车进路系统的可靠工作，即使在出现问题而未发送出列车位置的情况下，也能保证其可靠性。对于每一条进路，应在其始端的前方配置一个附加的、称为"重新建立"的运行触发点。

2. 进路的确定

当到达触发点的列车请求进路时，已配置的数据就确定了进路。为此，需要为每个带有效目的地码的触发点配置一条进路。

对于每一条进路，还可以配置出替代进路。替代进路是必要的，如果该进路已被其他列车占用，那么就可以把替代进路按优先顺序存储到运行触发点处。进路可由两种方法予以确定：第一种，进路由时刻表来确定。其前提条件是必须有一个时刻表系统，能提供当天适应于每一列列车的时刻表。列车进路系统利用这些信息确定列车的进路命令，相关的替代进路也被确定。第二种，从地点相关的控制数据中来确定进路。为此，有必要在车次号中包含目的地码，然后相应的进路就可以通过目的地码的方式指派到每一个运行触发点。

3. 进路的可行性检查

在进路设定指令输出到联锁设备之前，需进行若干可行性检查，该检查将决定执行或拒绝命令。首先要进行"进路始端检查"，以检查有没有排列敌对进路；然后进行"触发区段检查"，检查有没有其他列车处于该列车和进路入口之间，确认该列车是否到达进路的始端。接着要进行"进路可用性检查"，目的是防止将不能执行的命令发送到联锁设备。这种检查要经过若干步骤来实施：第一步，检查自始端开始的进路是否已排好；第二步，检查进路的自动办理是否可能；第三步，检查是否有短期障碍（如轨道被占用等）。如果所有检查都能成功完成，则向联锁设备输出一个进路命令。

在规定的时间间隔之后进行"办理进路检查"，以查明联锁设备是否允许执行选择进路的命令，是否已办理好进路并与输出命令相符。

（三）时刻表系统工作原理

时刻表系统要完成的任务包括：时刻表数据管理；向其他 ATS 功能模块提供时刻表数据；向外部系统提供时刻表数据；为停站时间时刻表的在线装载设置界面；为时刻表的离线修改设置界面；为使用中的时刻表增加或删除一个列车行程设置界面；按自动列车追踪请求安排列车识别号。ATS 设备包括时刻表数据库，该时刻表数据库里存储有 ATS 功能要求的所有时刻表信息。时刻表数据库里的信息是由时刻表计算机提供的。

1. 时刻表编辑

时刻表的编制和修改是在离线模式下用给定的数据在时刻表编辑器中编辑。基本数据代表一列列车在某段线路上的运行。基本数据包括站间旅行时间、车站与折返线之间的旅行时间、在折返线上的停留时间。

时刻表包括到站和离站时间。为了编制时刻表，调度员必须通过时刻表编辑界面输入以下数据：运行始发时间、运行始发地点、运行终到站、每一运行间隔阶段的开始时间和终止时间、每一运行间隔阶段（是一个时间段，在当日对所有列车有效）的运行间隔。

2. 时刻表系统处理程序

手动选择当天运行的时刻表，这样的时刻表当天运行有效。

时刻表查询功能通过向时刻表系统查询，得到列车的计划到达或出发时间及到达下一站的时间。列车自动调整从时刻表系统得到的用于列车调整的时刻表数据。

3. 时刻表比较

时刻表比较器比较时刻表上预定的到达或出发时间和当前列车的到达和出发时间，为列车运行图表示器和自动列车跟踪提供列车与当前时刻表的偏差，启动列车自动调整。若时刻表偏差超过一定规定值，时刻表偏差通过 MMI 显示，时刻表比较器进而给列车自动调整指令以调整列车的运行，其目标是补偿列车的实际偏差。此时，在乘客信息显示盘的列车到达时间将会更新。

（四）列车自动调整原理

由于许多随机因素的干扰，列车运行难免偏离基本运行图，尤其是在列车运行密度高的城市。一列列车晚点往往会波及许多其他列车。当出现车辆故障或其他情况时，列车运行紊乱程度会更加严重。因此需要从整体上大范围地调整已紊乱的运行秩序，尽快恢复运行。采用人工调整很难尽善尽美，而采用自动调整的方法，则可以充分发挥计算机的优势，能比较及时、全面地选出优化的调整方案，使列车运行调整措施更加智能化，避免人工调整的随意性。同时，调度员也可以积极发挥主观能动性，尽一切可能主动干预列车运行调整。

1. 列车运行调整所需采集的数据

列车运行调整，首先必须实现对列车运行情况以及轨道、道岔、信号机等设备状况信息的采集的集中监督。所需采集的基本数据包括车站的顺序和种类、站间旅行时间、各站的停站时间、车站与折返线之间的旅行时间、在折返线上的停留时间和计划时刻表数据等，实时数据包括调度员下达的控制指令、在线运行列车的实时位置和速度、在线运行列车的限制速度和安全距离等。

2. 列车运行调整的目标

主要包括：减少列车实际运行图与计划运行图的偏差；使所有列车的总延迟时间最短；减少旅客平均等待时间；列车运行调整的时间尽量短；实施运行调整的范围尽量小；使整个系统尽快恢复正常运营。

3. 列车运行调整的系统模式

列车运行调整的系统模式可分为人工调整和自动调整两种类型。人工调整方式下，除具有自动排列进路、自动时刻表和车次号管理功能外，还具有自动调度功能，即能根据时刻表和调度模式，按时自动调度列车从端站出发，但运行调整仍需人工进行。自动调整除具有人工调整模式的全部功能外，还具有自动调整功能，能根据计划时刻表自动调整列车停站时间和运行等级，使列车尽量恢复正点运行。

4. 列车运行调整的基本方法

对列车运行进行调整，实质上是对列车运行图的重新规划。它是在 ATS 系统对列车运行和道岔、信号设备实时控制的基础上实现的。当列车偏离计划运行图的程度不大时，利用运行图自身的冗余时间，对个别列车进行调整即可恢复按图运行；当列车运行紊乱程度较严重时，则需要大幅度调整列车运行。

列车运行调整的基本方法如下：

（1）改变车站停车时间。通过车站 ATS 适时发送命令，控制车站内列车的停车时间。若列车晚点，则是列车提前出发（但必须受车站最小停站时间的约束）；若列车早点，则可延长停站时间。这种方法可以在一定范围内调整列车正点运行。

（2）改变站间运行时间。根据列车的速度和位置，可以预测列车到达下一站的到站时间。如果预测的到站时间晚于计划到站时间，可以向列车的 ATO 设备发送命令，提高 ATO 运行等级，缩短站间运行时间，从而及时消除可能出现的晚点。

（3）越站行驶。若果列车晚点太多，需要快速赶点，可要求列车直接通过下一个车站或多个车站，以尽快恢复到计划时刻表上。

（4）改变进路设置。在有道岔的车站，可通过改变进路的设置来改变列车运行的先后顺序，从而达到调整的目的。

（5）修改计划时刻表。当列车晚点时间较长，或者涉及晚点的列车较多时，可以考虑直接修改计划时刻表，尽可能减少对整个系统的影响，保证系统的有序运行。修改计划时刻表通常包括加车、减车和时刻表整体偏移等。

四、ATS 系统的控制模式及转换

（一）ATS 系统的控制模式

ATS 系统的控制模式包括控制中心自动控制模式、控制中心自动控制时的人工介入控制或利用 CTC 系统的人工控制模式、车站自动控制模式和车站人工控制模式。每种模式均说明了操作对给定车站和归属控制地段中的列车运行所采取的控制等级。然而，一个系统在同一时间只能处于一种模式。

以上控制等级应遵循的原则是：车站人工控制优先于控制中心人工控制、控制中心人工控制优先于控制中心的自动控制或车站自动控制。

1. 控制中心自动控制模式（CA）

在控制中心自动控制模式下，列车进路命令由 ATS 进路自动设定系统发出，其信息来源是时刻表及列车运行自动调整系统。控制中心调度员可以对列车运行自动调整系统进行人工干预，使列车运行按调度员意图进行。

2. 控制中心自动控制时的人工介入控制或利用 CTC 系统的人工控制模式（CM）

在控制中心自动控制时，控制中心调度员也可关闭某个联锁区或某个联锁区内部分信号机或某一指定列车的自动进路设定，直接在控制中心的工作站上对列车进路进行控制，在关闭某联锁区自动进路设定时，控制中心调度员可发出命令，利用联锁设备自动进路控制功能，随着前行列车的运行，自动排列一条后续列车的固定进路，在自动进路功能出现故障时的情况下，调度员可以人工设置进路。

在 CM 模式中，车站的人工控制转到 ATS 系统。一旦车站工作于该模式，则由 ATS 系统启动控制而不由车站控制计算机启动控制。然而，车站控制计算机继续接收表示信息，更新显示和采集数据。

3. 车站自动控制模式

在控制中心设备故障或通信线路故障时，控制中心将无法对联锁车站的远程控制终端进行控制，此时将进入列车自动监控后备模式，由列车上的车次号发送系统发出的带列车去向的车次信息，通过远程控制终端自动产生进路命令，由联锁设备的自动功能来自动设定进路，即随着列车运行自动排列一条固定进路。

4. 车站人工控制模式

当 ATS 因故不能设置进路（不论人工方式还是自动进路方式），或由于某种运营上的需要而不能由控制中心控制时，可改为现地操纵模式，在现地操纵台上人工排列进路。

车站自动控制和车站人工控制可合称为车站控制（LC）。当车站工作于 LC 模式时，不能由 ATS 系统启动控制。然而，ATS 系统将继续收到表示信息，更新显示和采集数据。对车站控制计算机而言，这是唯一可用的控制模式。

（二）控制模式间的转换

1. 转换至车站操作

只有当控制中心 ATS 已发出相应的命令，才能转换到车站操作模式。因此，所有转换操作只能由车站操作员才能有效执行。

当转换模式时，不用考虑特别检查联锁条件，自动运行功能不受影响。

即使转换至车站操作，联锁显示还应该传输至控制中心 ATS，仅由车站操作的打印机执行对显示和命令的记录。

2. 强制转换至车站操作

在没有收到控制中心 ATS 发出的命令时，也可以转换至车站操作。通过一个已经登记的转换操作可以转换至车站操作，并且联锁系统的所有转换操作权仅能由车站操作员来执行。

3. 转换至控制中心 ATS 操作

只有当车站操作已经发出释放的命令，才能转换到控制中心 ATS 操作，然后控制中心 ATS 确认它。因此，所有转换操作只能由控制中心操作员才能有效实施。在这种情况下，只有正常的转换操作才能被接受，随着转换至控制中心 ATS 操作，控制中心 ATS 可以执行所有允许的操作。但是，当车站操作故障时，在没有车站操作的释放命令情况下，也可以转换至控制中心 ATS 操作。

五、ATS 系统的基本操作

ATS 操作终端包括控制中心 ATS 工作站（调度工作站）、ATS 现地工作站（车站 ATS/LOW 工作站）、ATS 编图系统终端、ATS 系统派班终端。此部分仅对控制中心 ATS 和车站 ATS 现地工作站的操作进行介绍和说明。

控制中心调度工作站用于监视、控制线路和列车运行。车站工作站集成了联锁区 ATS 车站工作站和本地操作员工作站（LOW）的功能，ATS 与 LOW 使用不同的设备接口。ATS 车站工作站的运行与控制中心 ATS 调度工作站的运行相似，一般情况下，ATS 车站工作站用来监视本联锁区内列车运行状况，不需要对本联锁区域进行控制；在降级运营模式下，车站工作站使用现地操作员工作站（LOW）的功能，实现本地列车监控能力。

因此，在正常操作情况下，ATS 的功能在 OCC 的中央 ATS 系统中实施。然而，在紧急情况和特殊情况下，车站可取得 OCC 对该区域实施的控制权，并与轨旁设备执行 ATS 功能。控制中心 ATS 终端与车站 ATS 显示与操作基本一致，但在操作权限有所不同，见表 4-1。

表 4-1　　　　　　　　　　　　中央 ATS 与本地 ATS 操作权限对比

序号	操作对象	操作名称	现地工作站的操作权限（★表示有权限）		OCC 调度工作站操作权限（☆表示有权限）	
			中控	站控	中控	站控
1	信号机	进路选排		★	☆	
2		进路取消		★	☆	
3		进路引导		★	☆	
4		信号重开		★	☆	
5		信号关灯		★	☆	
6		信号封锁		★	☆	
7		信号解封		★	☆	
8		进路交 ATS 自动控			☆	
9		进路交人工控			☆	
10		查询进路模式			☆	☆
11		设置联锁自动进路		★		
12		取消联锁自动进路		★		
13		设置联锁自动触发		★		
14		取消联锁自动触发		★		
15	道岔	道岔转动		★	☆	
16		道岔单锁		★	☆	
17		道岔强扳				
18		道岔单解		★	☆	
19		道岔封锁		★	☆	
20		道岔解封		★	☆	
21	道岔区段	故障解锁		★	☆	
22		计轴预复位				
23		区段切除			☆	☆
24		区段激活			☆	☆
25		设置限速		★		
26		取消限速		★	☆	
27	无岔区段	区段封锁		★	☆	
28		区段解封		★	☆	
29		计轴预复位				
30		故障解锁		★	☆	
31		区段切除			☆	☆
32		区段激活			☆	☆
33		设置限速		★	☆	
34		取消限速		★	☆	

序号	操作对象	操作名称	现地工作站的操作权限（★表示有权限）		OCC 调度工作站操作权限（☆表示有权限）	
			中控	站控	中控	站控
35	站台	设置扣车		★	☆	☆
36		取消扣车		★	☆	☆
37		强制取消扣车		★		
38		全线取消扣车			☆	☆
39		设置跳停			☆	☆
40		取消跳停			☆	☆
41		设置停站时间			☆	☆
42		设置运行等级			☆	☆
43		设置提前发车			☆	☆
44		设置折返策略				☆
45		查询站台状态	★	★	☆	☆
46	计划车操作菜单	添加计划车			☆	☆
47		删除计划车			☆	☆
48		平移计划车			☆	☆
49	车次窗	添加列车识别号			☆	☆
50		删除列车识别号			☆	☆
51		修改列车识别号			☆	☆
52		修改车组号			☆	☆
53		移动列车识别号			☆	☆
54		交换列车识别号			☆	☆
55		标记 ATP 切除			☆	☆
56		标记 ATP 恢复			☆	☆
57	一级联锁集中站站名	上电解锁		★		
58		全站设置联锁自动触发（设置全触发）		★		
59		全站取消联锁自动触发（取消全触发）		★		
60		全站进路交 ATS 自动控			☆	
61		全站进路交人工控			☆	
62	控制权转换菜单	控制权转换		★		

（一）ATS 现地工作站操作

多数系统中车站 ATS 与 LOW 合用工作站，不需切换。个别线路需要在 ATS 和 LOW

（LCW）之间转换时，需要在 IBP 盘上切换，如图 4-13 所示。ATS 现地工作站与正线联锁站 LOW（LCW）的操作界面和方法相同，具体操作详见模块三的学习单元三"正线联锁设备"中 LOW 的基本操作。

（二）控制中心 ATS 操作

控制中心 ATS 设备操作与 ATS 现地工作站操作权限有所不同，但操作及显示基本一致。LOW 的操作中已介绍过的操作不再重复，这里仅介绍不同的显示及操作。

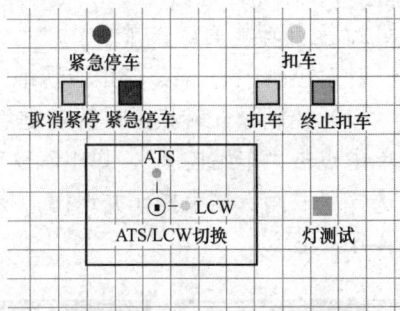

图 4-13 车站 IBP 盘上 ATS/LOW 切换开关

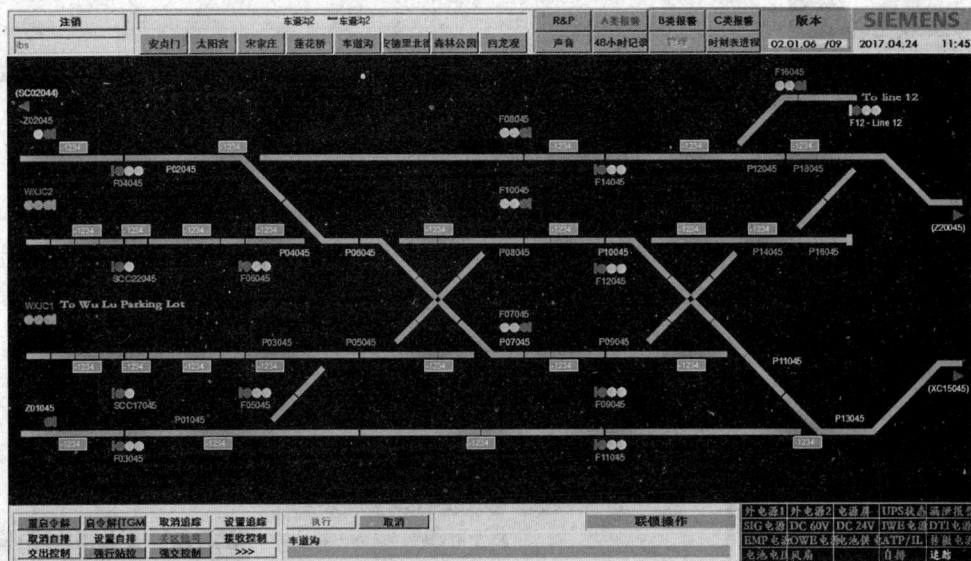

图 4-14 ATS 显示界面

1. 控制模式状态显示

ATS 系统的控制模式有中控和站控两种控制模式，且某一时刻只能为其中的一种模式。站控且允许转到中控时，显示如图 4-15（a）所示；站控且不允许转到中控时，显示如图 4-15（b）所示。

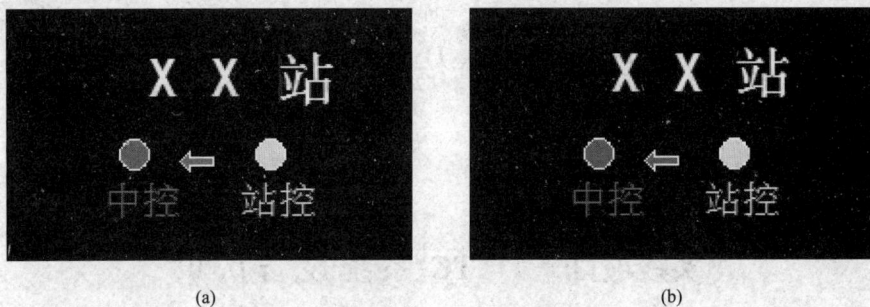

(a)   (b)

图 4-15 控制状态模式

（a）站控且允许转中控（箭头显示为绿色）；（b）站控且不允许转中控（箭头显示为灰色）

2. 差异功能的操作介绍

针对控制中心 ATS 与正线现地工作站操作权限的不同，举例补充说明。

（1）控制模式转换。鼠标左键点击顶部菜单栏"控制权转换"，见图 4-16（a）；在下拉菜单中点击"车站控制"，弹出确认对话框，见图 4-16（b）；选择"设置"进行控制权转换，或选择"取消"结束操作并退出，操作完成后，系统弹出分机回执，提示操作是否成功，见图 4-16（c）。

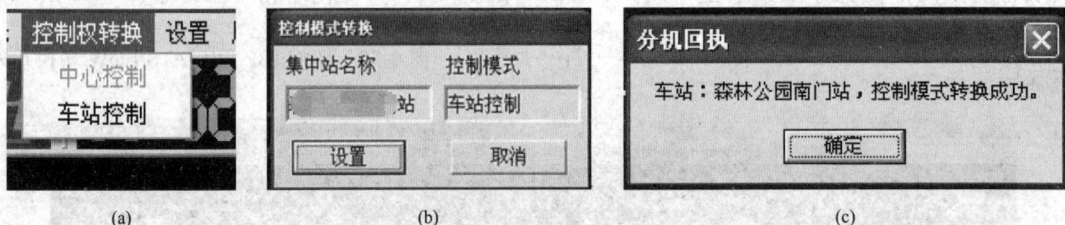

图 4-16　控制权转换操作示意图

（2）进路交人工/自动控。鼠标右键点击进路始端信号机，在出现的菜单中选择"进路交人工控（进路交 ATS 自动控）"，如图 4-17（a）所示；弹出的确认对话框将自动加载车站名称和该通过进路始端信号机的名称，如图 4-17（b）所示，选择"确认"，在弹出的命令确认下达对话框中，再次点击"确认"，执行命令，或选择"取消"结束操作并退出。设置成功后，信号机后方会显示黄色三角（黄色三角消失），表示成功设置了"进路交人工控（进路交 ATS自动控）"，如图 4-17（c）所示。

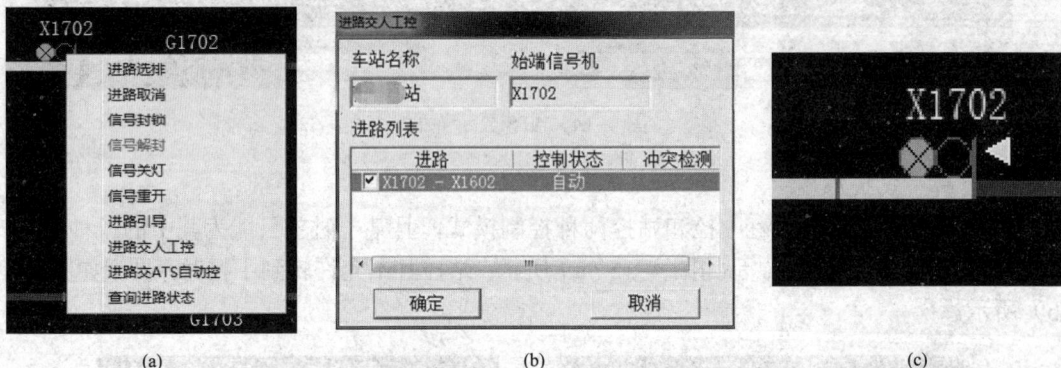

图 4-17　"进路交人工控"操作示意图

模块实践项目

实践项目一　ATC 系统设备认识

一、实训目标

1. 理解 ATC 系统的作用；

2. 了解 ATC 系统设备的分布;

3. 认识 OCC 中的 ATC 设备,熟知中央 ATS 界面显示意义;

4. 认识车站及轨旁的 ATC 设备,能区分集中站与非集中站设备的差异;

5. 认识 ATC 系统的车载设备及显示意义。

二、实训条件要求

1. ATC 系统的视频资料、图片或多媒体教学课件等(有条件可现场参观);

2. 模拟驾驶系统或司机控制室的视频资料。

三、实训内容

1. 认识控制中心的 ATC 设备,观察综合显示屏的显示内容,尤其是对列车追踪的显示方法,比较与调度员工作站显示内容的异同;

2. 认识行车调度员工作站的设备;

3. 认识车站 ATS 工作站的设备、站台层紧急停车按钮的设置、轨旁计轴设备和应答器的布置,比较分析集中站与非集中站设备的差异;

4. 认识车载信号设备,观察司机室的人机界面显示内容及其含义。

四、教学实施建议

1. 有条件的可赴地铁 OCC、车控室、轨行区参观认识:认识 OCC 中行车调度员工作站及 CRT 的显示;认识车站 ATS 工作站的设备及界面显示,认识站台紧急停车按钮及轨行区设备等,比较集中站与非集中站设备的差异;认识车载 ATC 设备。

2. 可通过实训场模拟场景认识 ATC 系统的设备。

注意:正线线路层的 ATC 设备在正常运营期间是无法现场参观的,在以视频或图片认识设备时,将采用不同信号制式线路的信号设备要分开观看,以免造成不同线路间的设备混淆。

实践项目二 ATS 系统基本操作

一、实训目标

1. 认识 ATS 系统各项设备;

2. 能区分 ATS 界面上各元件图形及其颜色的显示含义;

3. 熟知中央 ATS 及车站 ATS 工作站可进行的操作;

4. 会 ATS 的基本操作。

二、实训条件要求

具备地铁 ATS 仿真教学系统(学员机若干)。

三、实训内容

1. ATS 系统的访问控制练习,如系统登录、登录转移;

2. ATS 系统控制权转换操作练习,如中控转站控、站控转中控;

3. 查看站台、列车参数;

4. 对道岔、信号、轨道区段操作练习——办理进路、道岔转动、道岔单锁/单解、道岔封锁、封锁区段、设置/取消限速等;

5. 对站台、列车操作练习——设置/取消扣车,设置/取消跳停、设置停站时间、设置运行等级、查询站台状态、添加/删除计划车等;

6. 对联锁站站名操作——设置/取消联锁自动触发、全站进路交 ATS 自动/人工控制等。

四、教学实施建议

1. 启动 ATS 模拟仿真系统，进行用户登录；

2. 结合所学理论知识及系统操作说明书，熟悉 ATS 界面各元件的显示颜色、状态及含义；

3. 在实训室设备上练习 ATS 的基本操作，建议以任务单的形式展开，教师以已有教学设备型号为准设计样表，要求标准化作业。

复习思考题

1. 什么是列车自动控制系统？

2. 列车自动控制系统由哪些子系统构成？

3. 按照闭塞制式的不同，ATC 系统可分为哪些类型？

4. ATP 系统的主要功能有哪些？

5. 简述 ATP 系统的工作原理。

6. ATO 系统的主要功能有哪些？

7. 列车驾驶模式有哪些？如何运用？

8. ATS 系统主要有哪些设备组成？

9. ATS 系统的主要功能有哪些？

10. 简述 ATS 系统的控制模式。

模块五

城市轨道交通通信系统

知识要点

1. 了解城市轨道交通通信系统的作用；
2. 掌握城市轨道交通通信系统的构成；
3. 了解公务电话系统的功能；
4. 掌握调度电话系统的结构和功能；
5. 掌握无线调度系统的组成及功能；
6. 掌握城市轨道交通广播系统的组成及功能；
7. 理解时钟系统的功能及结构；
8. 了解视频监控系统的功能；
9. 掌握乘客信息系统（PIS）的功能及信息显示优先级。

技能要点

1. 熟知地铁通信系统分布在控制中心、车站、车辆段的设备；
2. 会调度电话系统终端设备的操作；
3. 会无线调度系统终端设备的操作；
4. 会广播系统终端设备的操作。

建议学时

建议 10 学时。

模块理论知识

学习单元一　城市轨道交通通信系统概述

城市轨道交通通信系统是指挥列车运行、公务联络和传递各种信息的重要手段，是保证列车安全、快速、高效运行不可缺少的综合系统，也是提高运营效率、提升运营服务质量的重要设施。在科学技术迅速发展的时代，具有现代化特征的专业通信网，是城市轨道交通的重要标志之一。

一、城市轨道交通通信系统的作用

城市轨道交通通信系统是为地铁运营管理服务的，为了满足地铁运营管理的需要，通信系统应能迅速、准确、可靠地传送各种运营管理信息，包括语音、数据及图像等。因此，城市轨道交通通信系统是一个可靠、易扩充、组网灵活，并能传递语言、文字、数据、图像等各种信息的综合业务数字通信网。

首先，通信系统在正常情况下应保证列车安全高效运营、为乘客提供高质量的出行服务。城市轨道交通通信系统与信号系统共同完成行车调度指挥，并为城市轨道交通的其他各子系统提供信息传输的通道和时标（标准时间）信号；此外，通信系统是城市轨道交通内部公务联络的主要通道，使构成城市轨道交通内部的各个子系统能够紧密联系，以提高整个系统的运行效率；当然，通信系统也是城市轨道交通内外联系的通道。

其次，异常情况下通信系统能迅速转变为供防灾救援和事故处理的指挥通信系统。在发生灾害、事故或恐怖活动的情况下，城市轨道交通系统越需要可靠的通信联系，但若在常规通信系统之外再设置一套防灾救护通信系统，势必要增加投资，而且长期不使用的设备亦难保证良好的运行状态。所以，在正常情况下，通信系统能为运营管理、指挥、监控等提供通信联络的手段，为乘客提供周密的服务；在突发灾害、事故或恐怖活动的情况下，能够集中通信资源、保证有足够的容量，以满足应急处理、抢险救灾的特殊通信需求。

二、城市轨道交通通信系统的组成

城市轨道交通通信系统应是一个集交换和传输为一体的综合业务网络，是一个能够承载音频、视频、数据等各种信息的综合业务数字通信网。它主要由专用通信系统、民用通信系统和公安通信系统三大部分组成，如图 5-1 所示。通常所说的城市轨道交通通信系统主要指专用通信系统（本章主要介绍专用通信系统），它由传输系统、电源系统、无线通信系统、公务电话系统、专用电话系统、广播系统、时钟系统、视频监控系统、集中告警系统、乘客信息系统等子系统组成。

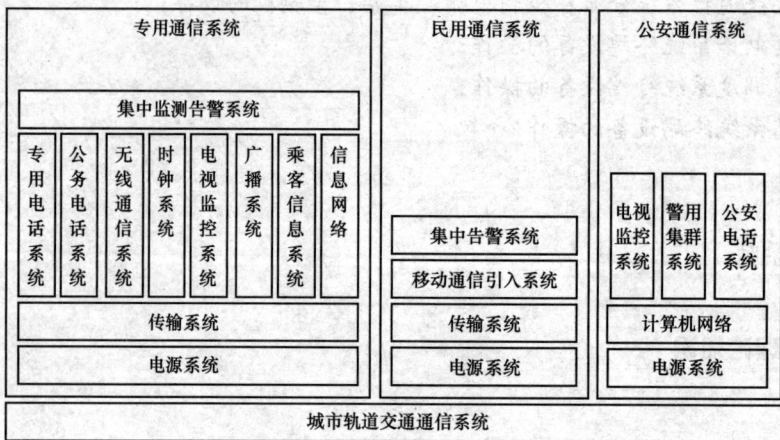

图 5-1　城市轨道交通通信系统结构图

三、城市轨道交通对通信系统的要求

城市轨道交通对通信系统的要求是能迅速、准确、可靠地传递和交换各种信息。

（1）对于行车组织，通信系统应能保证将各站的客流情况、工作状况、线路上各列车运行状况等信息准确、迅速地传输到控制中心；同时，将控制中心发布的调度指挥命令与控制信号及时、可靠地传送至各个车站及行进中的列车上。

（2）对于城市轨道交通系统组织管理，通信系统应能保证各部门之间、上下级之间保持畅通、有效、可靠的信息交流与联系。

（3）通信系统应能保证本系统与外部系统之间便捷、畅通的联系。

（4）通信系统的主要设备和模块应具有自检功能，并采取适当的冗余配置，故障时能自动切换和报警，控制中心可检测和采集各车站设备的运行和检测结果。

四、城市轨道交通通信传输系统

传输系统是通信系统最重要的子系统。传输网是城市轨道交通通信网的基础，是连接行车调度指挥中心和车站、车站和车站之间信息传输的主要手段，是组建轨道交通通信网的基础和骨干。作为通信系统主体的传输系统必须具备传输各种信息的能力，这些信息包括普通话音、宽带广播、数据及图像信息等。轨道交通对传输网络系统承载的业务除了通信本身子系统所需的各种信息外，还为列车自动监控 ATS、综合监控 ISCS、自动售检票 AFC、防灾报警 FAS 等系统提供可靠的、冗余的、可重构的、灵活的信息传输及交换信道。

城市轨道交通传输系统按传输组网技术主要分为开放传输网络（OTN）、ATM、千兆以太网、同步数字体系（synchronous digital hierarchy，SDH）及基于 SDH 的多业务传送平台（MSTP）、弹性分组环（RPR）、ASON（智能光网络）等。目前，地铁传输系统以基于 SDH 的 MSTP 和 OTN 为主要应用技术。

表 5-1　　　　　　　　部分国内地铁线路传输系统一览

线 路 名 称	传输制式	供货厂家
北京地铁 13 号线	SDH	马可尼
北京地铁八通线	SDH+ATM	贝尔阿朗
北京地铁 5 号线	OTN	西门子
天津地铁 1 号线	SDH+ATM	贝尔阿朗
上海地铁 1 号线	MSTP	朗讯
上海地铁 2 号线	OTN	西门子
上海地铁 9 号线	MSTP	贝尔阿朗
上海地铁 3 号线	SDH+ATM	贝尔阿朗
上海地铁 4 号线	MSTP	朗讯
广州地铁 1 号线	OTN	西门子
广州地铁 2 号线	OTN	西门子
广州地铁 3 号线	MSTP	贝尔阿朗
广州地铁 4 号线	OTN	西门子
南京地铁 1 号线	OTN	西门子
西安地铁 1 号线	MSTP	华为
西安地铁 2 号线	MSTP	华为
杭州地铁 1 号线	MSTP	中兴
深圳地铁 5 号线	MSTP	中兴
上海地铁 10 号线	MSTP（RPR）	华为
首都机场线	MSTP	爱立信

城市轨道交通传输网要求具有高可靠性和丰富的业务接口，在专用传输网中具体传送的信息有：调度电话、广播、公务电话、集群无线基站的2Mbit/s的数字链路；RS-232、RS-485接口点对点低速电路数据业务；10/100/1000Mbit/s的以太网业务；ATM业务。

传输系统按传输媒介分为光纤数字通信系统、微波数字通信系统、卫星数字通信系统。

为满足城市轨道交通通信各子系统和信号、电力监控、防灾、环境与设备监控系统和自动售检票等系统各种信息传输的需要，应建立以光纤通信为主的传输系统网络，传输系统宜采用同步数字系列传输设备或其他宽带光数字传输系统，同时又能满足各系统接口的需求。

传输系统容量应根据城市轨道交通各业务部门对通道的需求确定，并应留有余量。为保证各种行车安全信息及控制信息不间断地可靠传送，传输系统宜根据需要尽量利用不同径路的两条光缆组成自愈保护环。

五、城市轨道交通电源系统

地铁电源系统将承担全线范围内所有控制中心、车站、车辆段通信设备的供电，要求供电系统有较高的可靠性，须有连续不断的、高效、安全、可靠的电力供应以保证负载运行。为了保证地铁专用通信设备在主电源故障（包括电源波动等）的情况下，通信、信号系统仍能可靠地工作一段时间，等待主电源恢复正常，专用通信设备设置专用后备电源设备。

电源系统的主要功能有：

（1）不间断供电功能。专用通信电源对传输系统、公务电话系统、专用及调度电话系统、无线通信系统、视频监控系统、乘客显示系统、有线广播系统、时钟分配系统、集中告警系统、计算机网络系统、乘客信息系统（PIS）的设备进行不间断地供电。当市电故障后，专用通信电源设备能够连续工作一段时间。在此期间，专用通信电源设备为传输系统、公务和专用电话系统、无线通信系统、控制中心时钟系统设备、集中告警系统提供4h的电源供应，为其他通信设备（广播、视频监控、PIS、车站时钟等）提供1h的电源供应。

（2）短路保护功能。专用通信电源设备具有输出短路保护，能连续不断地为通信设备提供交流220V电源供应。

（3）故障自动上报功能。专用通信电源设备具有故障自动上报功能，当故障发生时，网管中心具有声光告警信号。专用通信电源设备重要组件的告警，在显示屏上具有准确的提示，方便维护人员迅速判定故障并进行处理。

通信电源系统由不间断电源设备、交流电源屏及蓄电池组等构成，通过不间断电源、蓄电池及分时下电组件实现对各专业负载的不间断供电保障。

学习单元二 公务电话系统

一、公务电话系统的功能

城市轨道交通的公务电话相当于企业总机，采用通用的程控数字用户交换机组网，并通过中继线路接入当地市话网，主要用于地铁内部各部门之间的电话联系，为工程、运营、管理、维修等部门的工作人员提供服务。地铁公务电话系统能与公用电话网连接，实现地铁用户与公网用户间的通信，可向地铁用户提供语音、数据、传真等通信服务业务。

1. 语音业务

完成城市轨道交通内部用户之间的呼叫接续。

完成城市轨道交通用户与本地、国内、国外固定与移动用户的呼叫接续。

用户可以直拨"119""110""120"等市话特种业务。

2. 非语音业务

能够接入模拟和数字式电话，还可以通过模拟用户线支持传真机、调制解调器等通信；具有自动判别用户传真、数据等非话业务的功能，并能保证此类业务接续的连续性而不被其他呼叫插入或中断；能够提供综合业务数字网（ISDN）业务，支持所有 ISDN 功能终端，包括数字话机、可视电话、数据网络适配器。

3. 服务等级

用户分机可以划分不同服务等级的组。根据不同的服务等级限制用户分机拨打外线，限制拨打国内/国际长途电话，或限制使用程控新业务功能等。

4. 网管功能

能够实现对地铁车辆段、停车场和各车站所有交换机设备进行集中、统一网管，故障监控及控制。

二、公务电话系统的组成

公务电话系统一般在控制中心、车辆段、停车场设置一套数字程控交换机，通过传输网络，以星形方式向各邻近的车站辐射；在各车站设置小容量交换机/远端模块，每个站点设数字或模拟电话机，轨行区间设置轨旁电话。

公务电话系统的一种组成方式为控制中心采用具有远端模块的数字程控交换机，各车站分别设置一个远端模块。交换机和远端模块之间采用数字中继接口通过光纤传输系统连接。SDH 分插设备用来从光路上分出或插入话路。各车站电话用户之间的通话连接由中心局交换机负责。与市话网的连接采用自动出、人工入的方式，少数用户可采用直接拨入（DID）方式。

公务电话系统的另一种组成方式为除控制中心采用一个交换机之外，各个车站也分别单独设置一个交换机。各交换机之间都通过数字中继接口和光缆互相连接。各车站电话用户之间的通话连接，根据网内各交换机的设置和电路配置情况的不同，可由两个车站交换机直接接续或经中心交换机转接（见图 5-2）。

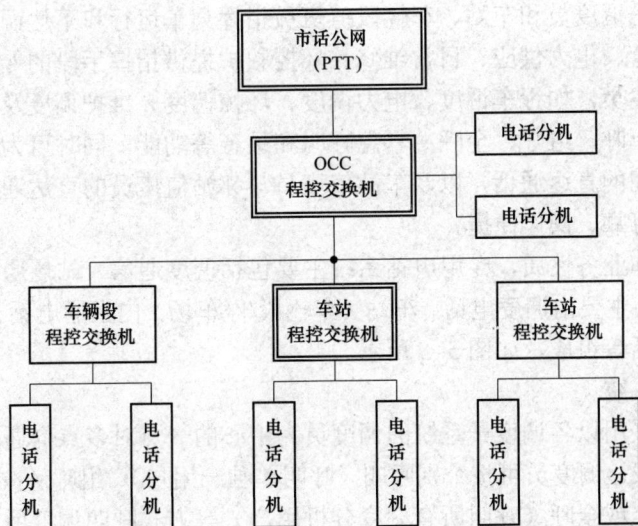

图 5-2　采用环形网络结构的公务电话系统组成

1. 公务交换机

公务交换机是全功能数字交换平台，提供一整套 PBX 功能，如前转、呼叫等待、回叫、转移等，如图 5-3 所示。它包括中央处理器 CPU、时隙交换单元，电源等都为冗余热备份。当主用系统出现故障时，系统会自动切换到备份系统，正在进行的通话等操作不会中断或受到影响，另外用户、中继及服务端口如需要也可进行冗余配置，对设备运行的可靠性有绝对的保障。

图 5-3　公务交换机

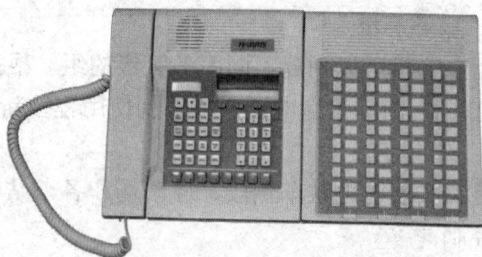

图 5-4　数字话机

2. 数字话机

数字话机使用专用的数字接口，通过普通电话线连接到公务交换机，是一种具备全功能的数字终端（见图 5-4），包括液晶屏的数字显示、多线能力、扬声器、信息提示、快速拨号、功能调用键和操作及编程的提示。它还可以同时支持多个来电排队的显示，操作者可以选择应答其中的任何一个或多个呼叫。数字话机配置一个按键扩展模块（BEM）。BEM 上的所有按键都可以预先编程，按配置好的清单显示用户，直接点击按键即可以实现对外呼叫。

学习单元三　专用电话系统

一、专用电话系统概述

专用电话系统是调度员和车站、车辆段值班员指挥列车运行和下达调度命令的重要通信工具，是为列车运营、电力供应、日常维修、环控救护提供指挥手段的专用通信系统。该系统可为控制中心调度员，如行车调度、电力调度、环控调度、维护调度及总调等提供专用直达通信，并且具有单呼、组呼、全呼、紧急呼叫和录音等功能，同时可为站内各有关部门提供与车站值班员之间的直达通话，以及车站值班员与邻站值班员的直达通话。因此，要求该系统设备高度安全可靠、操作便捷。

根据运营需要和业务性质，专用电话系统主要包括调度通信、站场通信、站间通信和区间通信，其终端设备主要由调度电话、车站（车辆段/停车场）内直通电话、站间直通（行车）电话、区间轨旁电话等组成，如图 5-5 所示。

二、调度电话系统

调度电话系统采用以各调度子系统的调度员为中心的一点对多点的通信方式，一般由调度台与调度分机构成。调度员可按个别呼叫（呼叫单独一用户）、组呼（按分组方式，呼叫某一组调度分机用户）或全呼（呼叫所有调度分机用户）等方式呼叫调度所辖区范围内相关的所属用户并通话，同时接收所属用户的呼叫通话。调度台与调度台之间可进行通话。

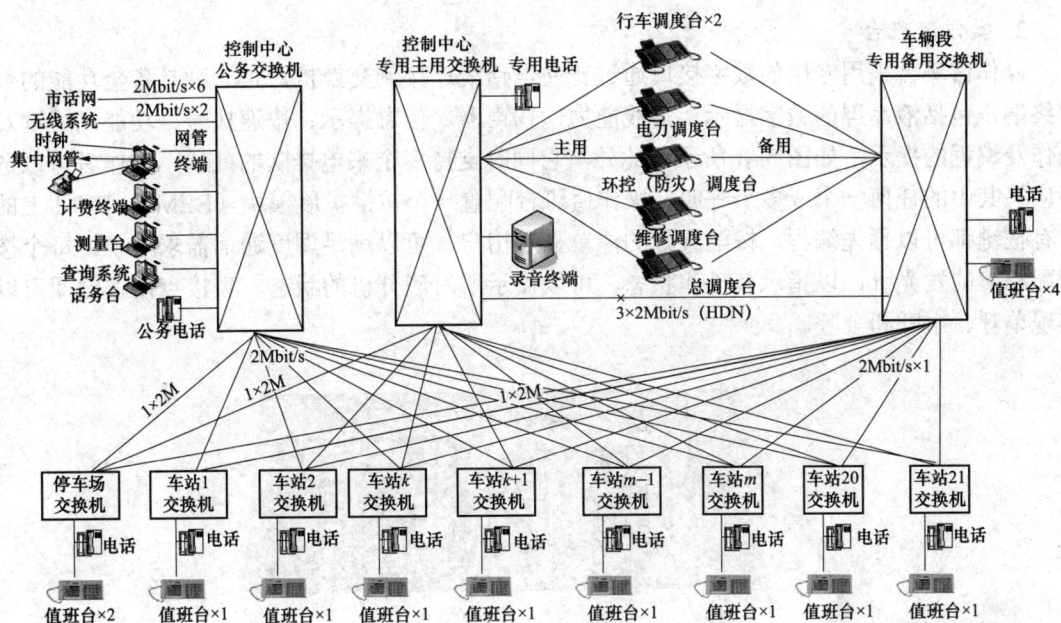

图 5-5　某地铁 2 号线专用电话系统构成示意图

（一）调度电话系统的构成

1. 调度台

调度台是专用电话系统的核心部分，如图 5-6、图 5-7 所示。调度员能通过调度台以选呼、组呼、全呼、强拆、强插、会议等各种方式呼叫车站、车辆段值班台和调度分机。调度员与各站（段）相关值班员之间可以完成直接通话，调度员直接按所对应站（段）相关值班员的热键即可完成呼叫，对方摘机即可。各调度员之间的通话，调度员直接按对应其他调度台的热键即可完成呼叫，对方摘机即可。

图 5-6　调度台

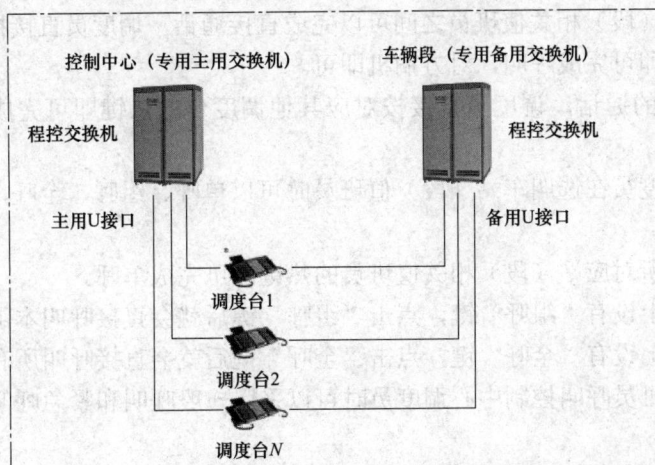

图 5-7　调度台系统构成示意图

2. 操作值班台

操作值班台采用专用的数字接口通过普通电话线连接到交换机，是一种具备全功能的数字终端，包括液晶屏的数字显示、多线能力、扬声器、信息提示、快速拨号、功能调用键及操作及编程的提示，如图5-8所示。此外，它同时支持多个来电排队的显示，操作者可以选择应答其中的任何一个或多个呼叫。操作值班台配置一个按键扩展模块（BEM），BEM上的所有按键都可以预先编程，按配置好的清单显示用户，可以满足调度通信需求环境。每个按键配相应的发光管，以指示其工作状态，可以显示所对应分机的状态。直接点击按键即可以实现单呼、组呼和全呼。

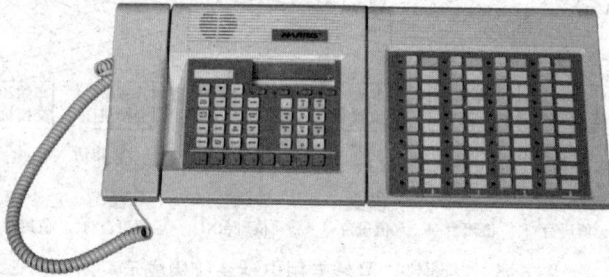

图 5-8　值班操作台

车站、车辆段值班员操作台具有与站内、段内直通用户通话，与相邻车站值班员（设直通键）通话的功能，并能作为行车调度分机的备用使用。

车站、车辆段值班员操作台采用按键式，值班员操作台具有单呼、组呼、全呼通话功能。组呼键可灵活设置，可以固定设置好，也可以通过点击各个热键召开组呼会议，能一键到位，操作简单、使用方便。

（二）调度电话功能及原理

1. 通话功能

调度员能通过调度台进行选呼、组呼、全呼、强拆、强插、会议等各种方式呼叫车站、车辆段值班台、调度分机。

调度员与各站（段）相关值班员之间可以完成直接通话，调度员直接按所对应站（段）相关值班员的热键即可完成呼叫，对方摘机即可。

各调度员之间的通话，调度员直接按对应其他调度台的热键即可完成呼叫，对方摘机即可。

选呼功能：调度员在选叫车站（段）值班员时可以单呼、组呼、全呼，并且能显示呼叫状态。

单呼：直接按所对应站（段）相关值班员的热键即可完成单呼。

组呼：在热键上设有"组呼"键，点击"组呼"键后就会直接呼叫本组内的所有成员。

全呼：在热键上设有"全呼"键，点击"全呼"键后就会直接呼叫所有成员。

车站（段）值班员呼叫控制中心调度员时可以采用一般呼叫和紧急呼叫。

2. 热线功能

调度分机呼叫调度台，按热线功能连接，采用摘机即通或一键即通方式。

（1）摘机即通：调度分机摘机即直接呼叫调度操作台。

（2）一键即通：调度分机摘机按呼叫键就可以直接呼叫调度操作台，同时还可以设置紧急呼叫键紧急呼叫调度操作台。

一般呼叫时，控制中心操作调度台能按顺序在相应的用户键上有指示灯显示，并有振铃。

紧急呼叫时，控制中心调度操作台上有不同于一般呼叫时指示灯的醒目显示，并具有与一般呼叫不同的振铃。

车站（段）值班操作台具有热键，其中一个键可以设置为一般呼叫控制中心调度员，另一个键为紧急呼叫控制中心调度员，两种呼叫在控制中心调度台上具有不同的声光指示，调度员可以马上分辨出一般呼叫和紧急呼叫。

当某一分机摘机呼叫调度台时，在调度台上有按键显示灯亮并同时伴有振铃。在此期间其他分机呼叫该调度台时，在调度台上也会有按键显示灯指示并听到振铃。此分机能听到回铃音，调度操作台根据具体情况接听，并且具有回叫功能。

同一个调度电话系统内各调度分机间不允许通话，也不允许和其他调度电话系统的调度操作台所辖调度分机联系。

3. 会议功能

调度交换机可以同时召开 99 个会议（每组会议成员最多可达 64 方）。

调度台可同时召开 2 个会议（2 个 64 方）。会议进行中，中心调度员可随时增加和删除会议成员，并控制成员的发言权。

（1）增加会议成员：直接点击所需增加成员所对应的按键即可增加会议成员。

（2）删除会议成员：调度台上具有"踢除"键，先点击"踢除"键后在点击所需删除成员所对应的按键即可删除会议成员。

（3）指定成员发言：会议成员拨"*"键可以申请发言，调度员点击发言成员对应的热键即可指定发言。

4. 录音功能

专用交换系统能够对调度电话系统、公务电话系统、广播系统和无线系统的各种音频通道录音。

5. 扩展功能

专用交换机具有扩展或在线增加新业务功能，而且在扩展或在线增加新业务均不需要更改现有系统结构的功能。

例如，某地铁配置的主用 20–20® IXP2000 C 1024 数字程控调度交换机本期容量为 1024 端口。20–20®程控交换机采用先进的通用端口设计，用户、中继可以混合占用任意机柜的端口，无须区分用户及中继机框；在 1024 端口内，只需增加各种用户板即可实现容量的扩充，只需增加 1 个机柜就可以扩充到 2048 端口。在系统升级时，由于采用 1、2 层分层冗余结构，只需一层一层升级就可以达到不中断现有系统实现升级的目的。

6. 抗干扰性能

专用交换机采用数字信号处理（digital signal processing，DSP）技术实现全双工通信并有效进行回波抑制，适用于大噪声环境。

（三）调度电话的操作

下面以某地铁 2 号线专用电话系统调度台为例，介绍调度台的操作。

1. 智能按键调度台组成及显示面板

智能按键调度台由液晶显示屏、按键区、左功能键区、右功能键区、左手柄和右手柄等组成，如图 5-9 所示。

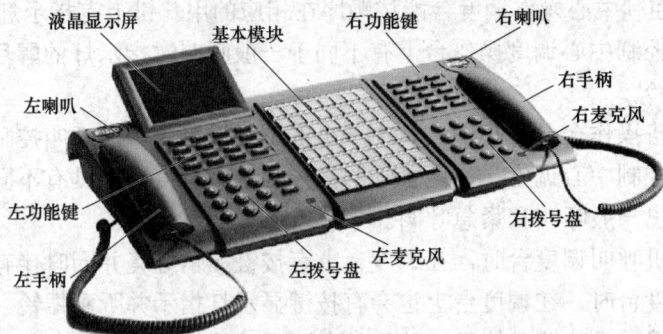

图 5-9 智能按键调度台的组成

智能按键调度台采用大规模集成电路和高性能嵌入处理器设计，采用模块化结构，其中主模块上共有 64 个热键，可扩充模块最多可配置 5 个，最多可达 384 个热键。

液晶显示屏有单色屏幕和彩色屏幕两种，用来显示工作模式、时间信息、呼叫信息、状态信息、DEBUG 信息、新来电、手柄状态、调度台缺席情况和查询信息等，如图 5-10 所示。

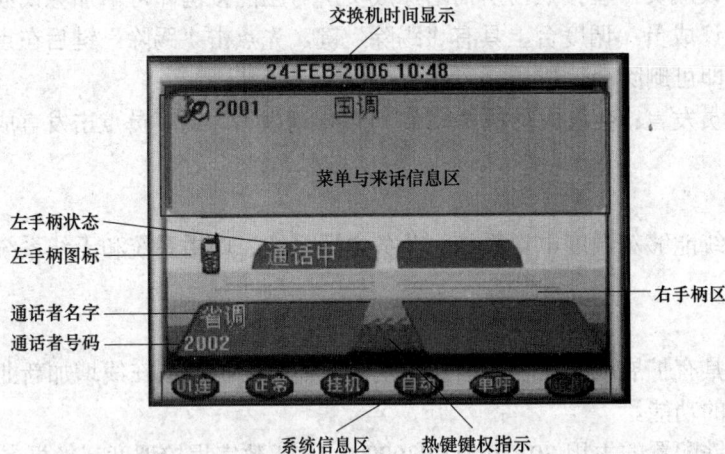

图 5-10 调度台显示面板

左功能键包括会议、点名、并机、保持、转移、踢除、强插、强拆、静音、菜单、查阅、键权、闭铃、轮呼、选接、重拨、免提、取消、音量调节等功能键和拨号盘。右功能键包括会议、点名、并机、保持、转移、踢除、强插、强拆、静音、键权、重拨、免提、取消、音量调节等功能键和拨号盘。

2. 调度台的基本操作

（1）呼出。调度台的呼出有两种方式：摘机拨号和无摘机拨号，通过拨动开关来选择。两种工作方式的区别仅在于：摘机拨号需要先摘机再拨号，无摘机拨号则可以在不摘机的情况下拨号，话音自动接通免提。

按热键，呼叫该热键代表的调度分机。

按拨号盘，拨打任意号码。外接话机的拨号盘不支持无摘机拨号。

按"重拨"键，重新呼叫上一次呼叫的号码。

（2）来话显示方式：调度台为来话设置了多种声光显示。

调度台空闲时，调度台和外接话机都会振铃。调度台忙（有摘机）时，振一声铃。如果调度员不想在通话状态振铃，可以在通话时按下"闭铃"键。液晶显示屏显示来话信息（号码和名字）。

热键通过指示灯显示来话。如果来话号码设置在热键上，热键在当前页时，该热键的红灯开始闪烁以表示来话；如果来话号码没有设置在热键上，将显示在最后一个空闲键上。

来话分普通来话和紧急来话两种，通过不同指示灯的闪烁来区别。

交换机为调度台配置两个号码，一个用于普通呼叫，另一个用于紧急呼叫。

（3）应答来话：调度台有两种应答来话的方式，即自动应答和手动应答。

自动应答又分两种：摘机（包括手柄、免提和外接话机），自动应答振铃时间最长的呼叫；不摘机，按正处于振铃状态的热键，则应答该键上的来话，话音接通到免提。

手动应答只有一种——摘机，按正处于振铃状态的热键，应答该键上的来话。

当调度台上有多个来话时，优先应答手柄呼叫，其次应答紧急呼叫，最后应答普通呼叫。

（4）保持。调度台与调度分机通话时，按"保持"键，可以将通话保持，调度台听拨号音，可以进行其他操作，如拨打其他调度分机或应答来话等。

要返回原先的呼叫，再按"保持"键。按"保持"键可以反复切换当前通话和被保持通话。

（5）转移。调度台保持一方，然后拨打另一方，听回铃，或接通后，按"转移"键或挂机，就将被保持的一方转移到另一方。

（6）重拨。按"重拨"键，可以重新呼叫调度台最后一次拨打的号码。最后一次拨打的号码，包括热键呼出，拨号盘呼出和外接话机呼出。

（7）三方会议：

调度台与一方通话时，按"保持"键，保持当前通话，拨通另一方，再按会议键，进入三方通话状态。会议成员可以包括内部分机和外部分机。

调度台与一方通话时，按空闲热键，呼出热键上第一个号码（此时不影响当前通话），该号码接通后，形成三方会议。

调度台与一方通话时，按当前正在振铃的热键，形成三方会议。

三方会议为全双工会议，不能进行单双工切换和发言申请，不进行自动追呼，调度台左右手柄可同时分别召开三方会议。

（8）增加成员。调度台手柄在灵活会议中，按空闲热键，呼出热键上第一个号码，该号码接通后进入会议。调度台手柄在灵活会议中，按当前正在振铃的热键，将该用户加入会议。

（9）监听。调度台具有监听功能。调度台上如果有一个热键处于"与它台通话"状态，此时摘机听拨号音，然后按此热键，则可以插入正在通话的呼叫中，形成会议。

监听的另一种实现方法为：在热键上设置手柄的号码，须监听时，只要按要监听的手柄的热键即可插入正在通话的呼叫中，形成会议。

（10）选接。选接键的设置为调度员提供一种方便的改变接听方式的手段，如先前的应答方式为自动应答，按选接键后，应答方式变为手动方式（即选接方式），再按选接键，则应答方式恢复到自动应答。

三、其他终端电话

除了调度电话子系统外，专用电话终端还包括站（场）内直通电话、车站紧急电话、站间直通电话及轨旁电话、区间通话柱等，如图5-11所示。

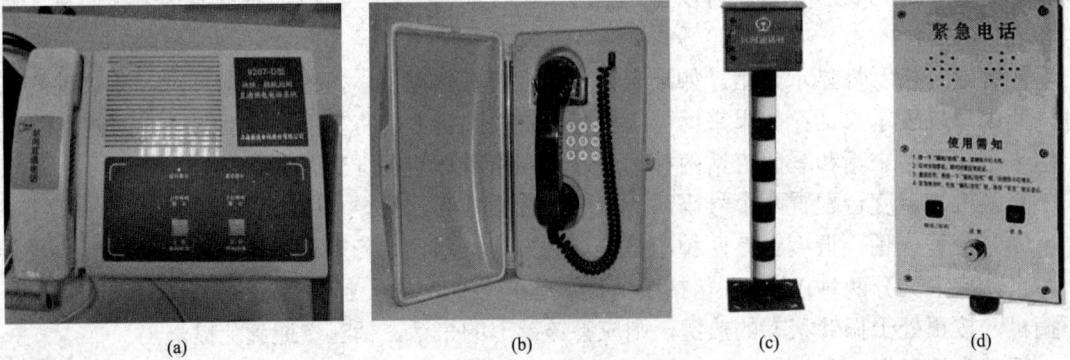

图5-11　其他终端电话

（a）站间直通电话；（b）轨旁电话；（c）区间通话柱；（d）车站紧急电话

站（场）内直通电话主要为车站紧急电话，用于在紧急情况下取得与车控室联系。

站间行车电话是供相邻两站（包括上行和下行）值班员办理行车有关业务使用的。该电话具备直线电话功能，即任一方摘机单键操作，就可与对方相邻车站值班员接通。

为方便城市轨道交通系统运营和维护，以及满足应急的需要，以便列车司机和维修人员等在紧急情况下及时地建立和车站以及有关部门的联系，通常在轨道沿线每隔一定距离设置轨旁电话或区间通话柱，通过专用的电缆直接接到临近的一个车站的交换设备。

车站紧急电话、站间直通电话、轨旁电话、区间通话柱都具有一键直通功能，除紧急电话外，其他终端还具有拨号呼叫功能。

学习单元四　无 线 通 信 系 统

一、城市轨道交通无线通信系统

地铁无线通信系统是为了保证地铁能够安全、高密度、高效运营而建设的一个安全、可靠、有效的通信系统，可为地铁固定用户和移动用户之间的语音和数据信息交换提供可靠的通信手段。它对行车安全、提高运输效率和管理水平、改善服务质量提供了重要保证；同时，在地铁运营出现异常情况和有线通信出现故障时，亦能迅速提供防灾救援和事故处理等指挥所需要的通信手段。

地铁无线通信是地铁内部固定人员（如中心调度员、车站值班员等）与流动人员（如司机、运营人员、流动工作人员等）之间进行高效通信联络的唯一手段。为满足地铁专用无线通信的需求，在应用上应能满足地铁无线各子系统，如行车调度、环控防灾调度、维修调度、车辆段（停车场）值班员等通信的相互独立性，使其在各自的通话组内的通信操作互不妨碍，同时又可以独立为列车状态信息和车载信息显示系统提供传输通道，并可为以下通话组对象提供调度服务：控制中心行车调度员、沿线各站的车站值班员和外勤工作人员、运行线路上的列车司机；控制中心环控调度员、外勤环控人员、控制中心维修调度员、外勤维修人员；车辆段（停车场）值班员、列检值班员、车辆段（停车场）内列车司机、列检及车辆段（停车场）外勤工作人员等。

二、无线集群通信的特点

专网无线通信（PMR）体制经历了专用信道、模拟集群、数字集群三个主要发展阶段，随着技术的发展，系统的功能越来越强，频谱利用率越来越高，话音质量、保密性和抗干扰性也越来越好，设备的集成度和扩容能力也得到进一步的提高。而 TETRA 数字集群通信凭借技术先进、可靠、成熟，获得全球用户的高度认可，是城市轨道交通应用最广泛的集群通信系统。集群和宽带接入的共网化、宽带化成为市场需求的主流。但因网络带宽的瓶颈问题，这些需求很大程度上是传统的窄带专网系统无法满足的，而以大带宽、高速率、全 IP 为突出特点的 LTE 宽带集群则非常符合市场需求，正加速进入人们的视野。

集群系统主要以无线用户为主，即以调度台与移动台之间及移动台相互之间的通话为主。集群系统与蜂窝式在技术上有很多相似之处，但在主要用途、网络组成和工作方式上有很多差异：

（1）集群通信系统属于专用移动通信网，适用于在各个行业中间进行调度和指挥，对网中的不同用户常常赋予不同的优先等级；蜂窝通信系统属于公众移动通信网，适用于各阶层和各行业中个人之间通信，一般不分优先等级。

（2）集群通信系统能够根据调度业务的特征，通常具有一定的限时功能；蜂窝系统则不。

（3）集群通信系统的主要服务业务是无线用户和无线用户之间的通信；蜂窝系统却有大量的无线用户和有线用户之间的通话业务，而集群系统的这种业务一般只允许占总话务量的5%～10%。

（4）集群通信系统一般采用半双工工作方式。因而一对移动用户间通信只需占用一对频道；蜂窝系统采用全双工方式，一对移动用户之间通信必须占用两对频道。

（5）在蜂窝通信中，主要采用频道再用技术来提高频率利用率；在集群系统中，主要是以改进频道共用技术来提高系统的频率利用率。

（6）集群通信系统正在向多个区域构成的大区覆盖通信网发展，蜂窝通信系统正在向微小区和微微区的通信网发展。

三、地铁无线调度系统

地铁中无线集群调度系统主要解决固定人员（调度员、值班员）与流动人员（驾驶员、站务、维修人员与列检人员等）及其相互之间的通话及数据传输问题。

（一）无线调度系统的组成

系统采用单中心控制交换机+多基站小区制组网方案，在运营中心设置集群交换机，在地铁沿线各车站、车辆段和停车场所在地设置集群基站，各基站通过有线传输通道与控制中心集群交换机相连，如图 5-12 所示；系统设置行车调度、防灾调度、维修调度、车辆段值班调度、停车场值班调度等调度台；运营中心同时设置集群网络设备及网络管理设备，实现地铁全线的统一无线调度通信和网络管理，如图 5-13 所示。

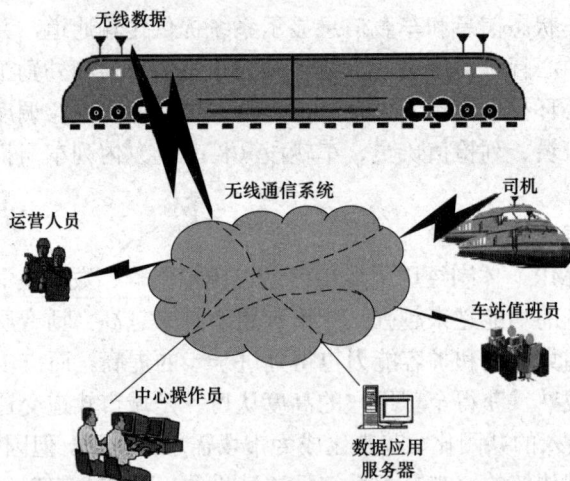

图 5-12　地铁无线通信网

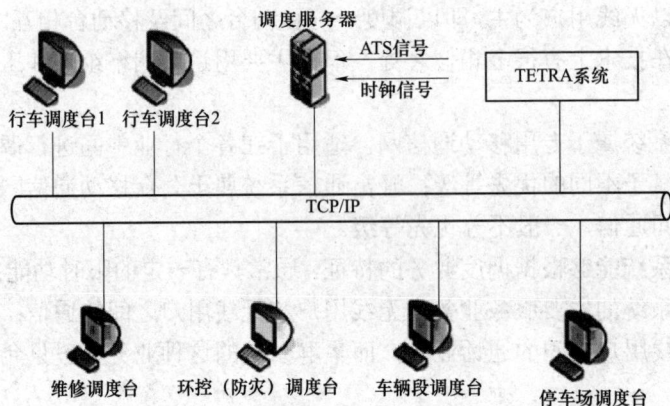

图 5-13　地铁无线调度系统的组成

　　以某地铁为例，其专用无线通信系统是由多基站的 TETRA 数字集群系统形成的一个有线、无线相结合的网络。系统主要由控制中心移动交换设备、集中网管系统、调度管理服务器、调度台、基站、列车车载台、固定电台、便携台、天馈系统（包括漏泄同轴电缆、天线、射频电缆、功率放大器、耦合器等）以及传输通道等构成。

1. 天线馈线系统

　　天线馈线系统包括天线、馈线和射频分配无源器件（如收发天线共用器、基站的发射合路器和接收耦合器），用于完成地铁车站、车辆段、停车场等区域的无线信号覆盖，同时根据覆盖区域特点，需用不同的天线（见图 5-14、图 5-15），以达到最好的信号覆盖效果。

图 5-14　全向天线

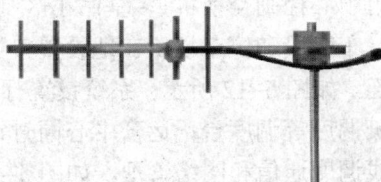

图 5-15　八木天线

2. 中央信息交换控制设备

无线通信系统控制中心设备安装在控制中心通信设备房内，TETRA 系统的交换控制中心采用全 IP 的交换机构，整个系统通过以太网交换机和路由器实现话音、控制、管理、数据业务的 IP 交换，同时以服务器为硬件平台的各个功能模块用来对各类业务进行"软交换"，分别实现控制、管理、话音、数据等功能。主要设备包括集群交换机、以太网交换机、核心路由器、广域网接口设备、数据网关、电话互联网关等。其主要作用是控制和数据交换、鉴权、信道的动态分配以及系统通话状态的监视，并且提供与其他系统（交换、ATS、时钟、综合网管）间的接口。

3. 调度台

调度台设备主要包括调度台服务器、调度台音频附件及调度台音频接口等。按调度台功能划分，无线调度台可分为行车调度台、环控调度台、维修调度台、电力调度台、车辆段（停车场）调度台。用于实现对各类终端设备的组呼、个呼、对列车的广播等功能。

4. 无线终端设备

无线终端设备包括车站固定台和移动台两部分，其中移动台又包括车载台、手持台，如图 5-16 所示。

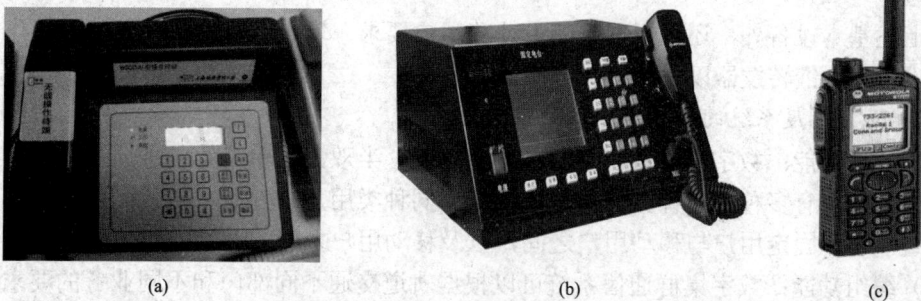

图 5-16　无线调度系统终端设备

（a）车站固定台；（b）车载台；（c）手持台

（1）车站固定台。车站固定台是指安装在车站车控室的固定电台，用于车站与行车调度员、环控设备调度员、维修调度员和司机的通信，主要设备包括主机、天线、馈线。固定台具有呼叫申请、站管区呼叫、紧急呼叫、接收调度呼叫等语音以及接收/发送文本消息等数据的功能。

（2）移动台。移动台包括车载台和手持台。车载台安装在电客车两端司机室内，为司机提供移动通信功能，以及列车所属区域及列车车次号信息，主要设备包括车载台主机、控制盒及天线等。手持台主要向车站人员、维修人员等非固定地点作业人员提供与各级调度间的无线通信功能。

5. 基站

基站设备为系统提供无线覆盖，它通过基站链路连接到控制中心，并通过核心路由器与以太网交换机相连。基站作为无线网关，提供无线空中接口协议与节点控制器和数据网关（包括短数据路由器和分组数据网关）接口协议的转换。基站将来自移动台的话音、数据、呼叫处理、信令和网络管理信息集成到一个 E1 基站链路。

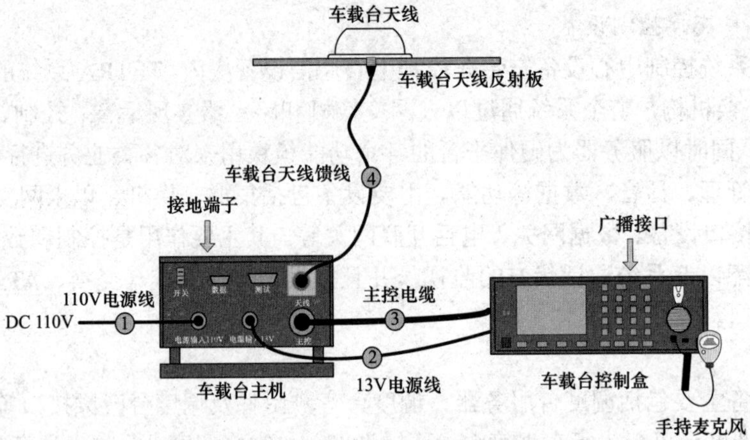

图 5-17　无线车载台设备构成示意图

6. 网管设备

通过无线通信系统网管设备可以对中央控制交换设备、基站等主要设备进行数据配置、设备运行状态监控，通过声、光告警方式对设备进行故障管理，同时对终端设备进行注册、分组管理。

除上述基本设备外，还可根据系统设计和用户要求，增设直放站、系统中心操作台、系统监控设备、中继转发器以及计费和打印设备等。

（二）无线调度系统的功能

（1）通话功能：数字集群系统本身具备全双工、半双工、单工等各种通话方式。在地铁无线通信系统中有多种不同种类的用户，根据不同种类用户的性质、功能，可组成相互独立的通话组，实现固定用户与移动用户之间，以及移动用户之间的通话呼叫功能。

（2）编组功能：数字集群通信系统可以根据轨道交通不同部门和不同业务的要求编多个通话组，将相互间需要通话的用户编成不同的通话小组，每个用户可同时编入多个通话组，所有用户根据其特定的操作需求分成不同的通话组。基于用户的需求，无线用户机之间可以进行组呼、私密呼叫（即单呼）和紧急呼叫。调度员根据无线用户机的编组情况，可以对系统设定的各大、中、小通话组进行组呼；调度员可以同时选定不同的通话组进行通播组呼叫，以实现对不同通话组的广播。

（3）呼叫功能：数字集群用户能够实现用户台之间的呼叫、用户台对调度台呼叫、组呼、通播组呼叫、单呼、电话互联呼叫、组扫描功能、多级优先（包含繁忙发起呼叫）、遇忙排队和自动回叫、呼叫转移、呼叫转接、紧急呼叫等功能。

（4）数据通信功能：数字集群通信系统支持状态信息业务、紧急告警、短数据业务、分组数据业务。

（5）存储功能：当用户发出呼叫时，位于控制中心的二次开发网管设备能够存储呼叫类型、呼叫状态、被呼和主呼的移动台标识码和位置（站名等）、通话起止时间等有关信息，必要时可输出至打印机。

（6）录音功能：系统提供录音接口，所有调度员的通话都将通过录音接口输出到录音设备。

（7）故障弱化功能：轨道交通运营的安全生产为第一要素，为此，无线通信系统中有很多针对安全生产的重要功能。故障弱化功能包含"单站集群"和"直通对讲"。

（三）固定台终端的基本操作

以某地铁为例，其固定台如图 5-18 所示，含显示屏、按键、扬声器、送话器。按键配置包括数字键盘在内的 31 个功能按键，分别为电源复位、紧急呼叫、菜单、0～9 数字键、*、#、取消、确认、增加音量、减小音量、上翻、下翻、左翻、右翻键及 8 个软功能键。固定台显示屏显示内容及显示意义如图 5-19 所示。固定台的功能包含语音和数据功能，这里简要举例说明固定台的操作，其他操作方法类似。

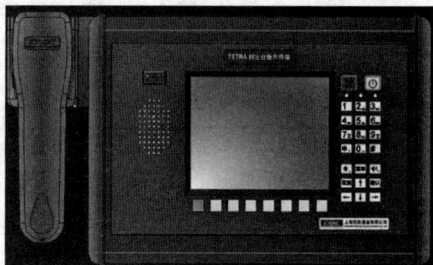

图 5-18 TETRA 固定台操作终端

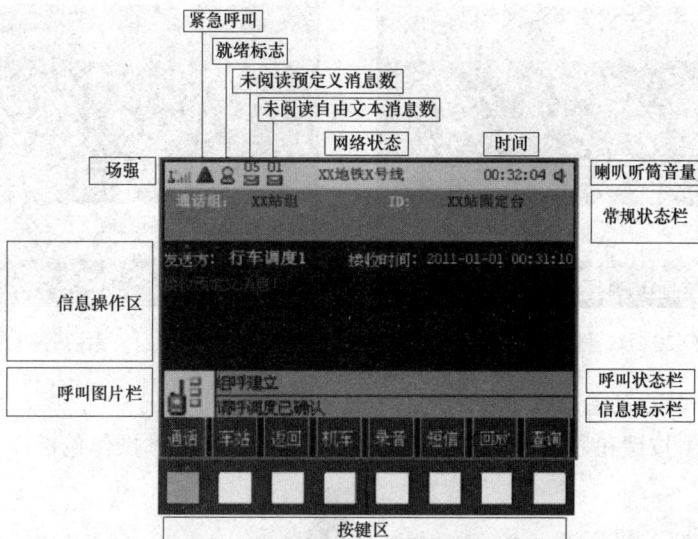

图 5-19 固定台显示屏及显示意义

1. 请求呼叫

在守候界面时按"通话"键，发送呼叫请求。若本次请求顺利发送至调度台，则状态栏依次显示"请呼调度发送中""请呼调度发送成功""请呼调度已确认"，并且间隔最多 8s 可听到单声成功提示音"嘟"。

若"请求呼叫"发送成功，调度台收到呼叫请求后自动回复确认；固定台收到该确认信息后，在状态栏显示"请呼调度已确认"，并且有单声成功提示音"嘟"。"请呼操作"成功后，请等待调度的语音呼叫。

若"请求呼叫"发送成功，但调度台未收到呼叫请求，或收到呼叫请求后，调度台回复的确认固定台信息未收到，状态栏将显示"请呼调度未确认"，并且有三声短促提示音"嘟嘟嘟"，表示"请呼操作"失败。

若"请求呼叫"发送失败，状态栏将显示"请呼调度发送失败"，并且有三声短促提示音"嘟嘟嘟"，表示"请求呼叫"信息发送失败。

2. 站管区呼叫

在守候界面时按"机车"键，信息操作区将显示"开启站管区呼叫"和"关闭站管区呼叫"。

当需要进行站管区呼叫时，可按上、下键至"开启站管区呼叫"，按"确认"键发出开启请求，信息提示栏将依次显示"开启站管区呼叫发送中""已开启站管区呼叫"。同理，如要结束站管区呼叫，则选择"关闭站管区呼叫"，后按"确认"键发出关闭请求。信息提示栏将依次显示"关闭站管区呼叫发送中""已关闭站管区呼叫"。

3. 紧急呼叫

在紧急呼叫状态下，所有与固定台处于同一通话组的终端都可以收到该紧急呼叫，包括所在管辖区调度台。

按下紧急呼叫按钮"紧急呼叫"保持大约 3s（期间操作终端将发出按键提示音），直到喇叭发出"嘟"的一声，屏幕出现紧急呼叫图标"▲"后即可松开按钮。

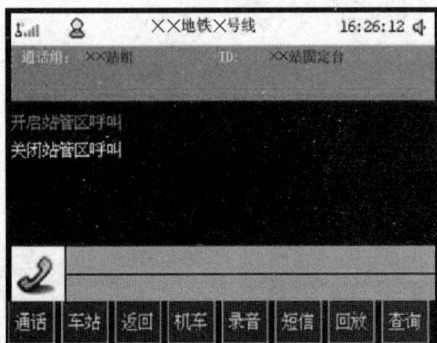

图 5-20　站管区呼叫界面　　　　　　　图 5-21　紧急呼叫界面

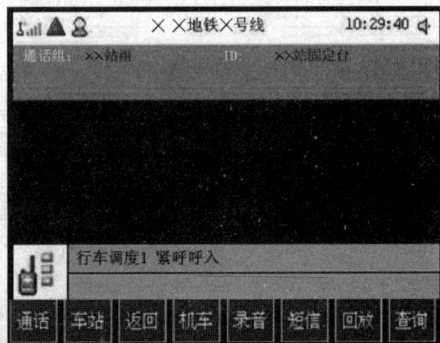

（四）无线手持台的基本操作

手持台主要由按键和显示屏构成，如图 5-22 所示。其基本操作包括：

图 5-22　手持台的构造

1. 发起组呼

从初始屏幕（如果这是需要的通话组）按住 PTT 键。

等听到通话允许音后再对麦克风讲话。松开 PTT 键接听。当发起一个呼叫时，选定通话组中已经开机的所有组员将会收到此组呼。

2. 接收组呼

除非手持台在通话过程中，否则它将接收组呼。要应答该呼叫，则按 PTT 键。

3. 接收 TMO 广播呼叫

广播呼叫（又称调度员呼叫）是由主控台操作员（或调度员）发出给所有用户的高优先级组呼。手持台可以监听广播呼叫，但用户不能对讲。如果该组呼的优先级是相等（或较低），广播呼叫会先占据一个正在进行中的组呼。

4. 发起个呼模式呼叫

从初始屏幕中拨打号码，如果个呼模式呼叫不是所显示的第一个呼叫类型，按"呼叫类型"选择个呼模式呼叫类型；对于一个半双工呼叫，按一下再松开 PTT 键。此时将听见振铃音。等待被叫方应答所作的呼叫。按住 PTT 键，等待通话允许音（如有设置）然后讲话，释放 PTT 键接听。

5. 紧急呼叫模式

长按紧急呼叫键进入紧急呼叫模式，此时呼叫会直接发送至调度员，优先级别最高。若要退出紧急呼叫模式，则长按退出键。

学习单元五　广　播　系　统

一、城市轨道交通广播系统概述

广播系统是控制中心调度人员和车站值班员向旅客通告轨道交通列车运行及安全、向导等服务信息，向工作人员发布作业命令和通知的通信设备，也是召开广播会议的专用通信工具，可为行车部门、防灾部门和乘客提供语音广播服务，并在发生故障、灾害紧急情况时，发布警报，指挥救援或疏导乘客。

城市轨道交通广播系统一般采用多信源选区广播方式，即广播信息有不同内容和不同的信息源，广播的区域也在不同的地区，广播系统具有在不同区域选择不同信息源广播的功能。何时、何地区、广播何种信息由广播系统按运营要求自动运行。

二、广播系统的设备构成

1. 广播系统的结构

广播系统由正线广播（含中心、车站）、车辆段（停车场）广播两个相互独立的子系统组成。两者通过传输系统提供的通道连接，形成一个可由中心统一控制的广播系统。

城市轨道交通广播系统采用二级广播控制方式，由控制中心一级和车站（车辆段）一级组成。

2. 广播系统的主要设备

广播系统的设备主要有广播控制盒、车站/车辆段后备广播控制盒、广播操作台、广播话筒、扬声器构成。在 OCC 大楼的中央控制室设置控制盒，供调度员进行远程广播使用（见图 5-23）；在每个车站及车辆段设置后备广播控制盒和广播操作台，用于对本站广播设备进行操作（见图 5-24）；车站控制室设置一套车站综合监控控制台，为车站值班员提供广播功能，同时用于综合监控系统的话筒广播及监听（见图 5-25）；扬声器在站台、站厅区扬声器以小功率大密度的方式布置，负责覆盖全站任何角落（见图 5-26）。

图 5-23　广播控制盒　　　图 5-24　车站后备广播控制盒　　　图 5-25　广播话筒

图 5-26　车站扬声器

三、广播系统的功能

1. OCC 中心调度员播音功能

OCC 中心调度员通过设置在控制中心中央控制室的各广播操作台，可对全线各车站各广播区选择广播。

2. 车站广播操作台功能

通过设置在车站值班员控制室内的车站广播操作台可对本站内的各广播区选择广播。车站播音区按区域划分为上行站台区、下行站台区、站厅区、办公区、隧道广播区。

3. 自动广播功能

广播系统在 OCC 接收信号系统综合列车信息，通过传输系统分别发送到不同车站；车站控制设备接收到触发信号，在列车即将到达、到站、离站、晚点时，进行自动广播。

4. 平行广播功能

广播系统可实现多信源、多信道、多负载区域平行广播，可以同时将不同的信源输入连接到不同的广播区输出，使得多个信源可同时对多个广播区进行广播，各路互不干扰，实现平行广播的功能。

5. 播放背景音乐功能

通过车站值班广播操作台的线路输入接口可以播放背景音乐，当某个高优先级进行广播时，背景音乐信号自动降低，当广播结束后，背景音乐的信号自动恢复到原来正常水平。

6. 优先级广播功能

系统具有优先分级广播功能。当高优先级广播时，能够自动打断低优先级的广播，而低优先级的广播则不能打断高优先级的广播。正线车站广播优先级的顺序是：

第一级　中心环控（防灾）调度员

第二级　中心行车调度员 1

第三级　中心行车调度员 2（一班配置两名行车调度员）

第四级　中心维修调度员

第五级　车站控制室值班员

7. 噪声探测功能

在各车站的系统中设置有噪声检测控制模块，连接设置在站台、站厅广播区域的噪声传感器，对周围的环境噪声进行检测，并根据检测的结果自动调节站台广播区域的广播音量，使广播的声音保持一定的信噪比。

如图 5-27 所示，设置在公众广播区域内的噪声传感器将接收到的噪声信号传到噪声检测模块，经放大、A / D 转换及内部计算等处理后，控制广播信号的音量。

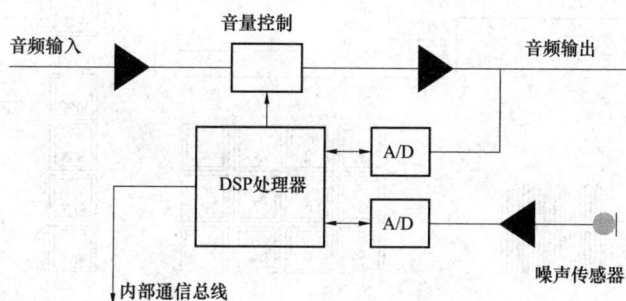

图 5-27　噪声探测原理示意图

8. 车站无线功能

无线移动广播控制设备用于站台广播，由无线移动手持机和无线移动广播控制器组成，手持机由站台工作人员随身携带，不受地点的局限，在站台内任何一个位置均可遥控广播，便于工作人员现场指挥。

9. 应急广播功能

系统中配置有应急广播控制模块，当系统出现异常情况时，可按下车站广播控制台的应急广播按键进行应急广播。系统中设置有应急广播控制模块，可接收车站广播操作台的广播音频及控制信号。按下车站广播操作台的应急广播按键，则车站广播操作台的音频直接连接至各功率放大器，输出到各广播区。

四、广播系统的设备操作

（一）广播话筒的操作

车站综合监控系统在车站值班室控制室，设置一套车站综合监控控制台，为车站值班员提供广播功能，按压广播话筒通话键即可进行车站人工广播功能。

（二）广播控制盒的操作

中心广播控制盒是在地铁控制中心对其所属沿线车站进行播音的操作控制终端，它可以

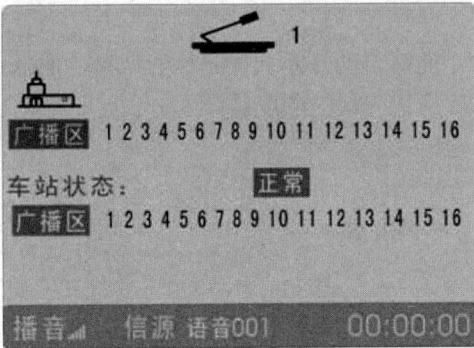

图 5-28 控制中心广播控制盒显示屏

使用话筒、外接音源或操作计算机的预录制节目对所选定的广播区域进行播音，可实现单站广播、组播、全开全关等，并且可监听车站广播的内容。通过液晶屏幕可查看操作结果和车站的广播状态信息。

（三）后备广播控制盒的操作

广播控制主要有设置操作、选区广播操作、监听操作。以某地铁 1 号线为例，广播控制盒盘面设置如图 5-29 所示，共设 10 个数字键（0~9），6 个功能键，即取消、话筒、语音、线路、全开/全关、设置。

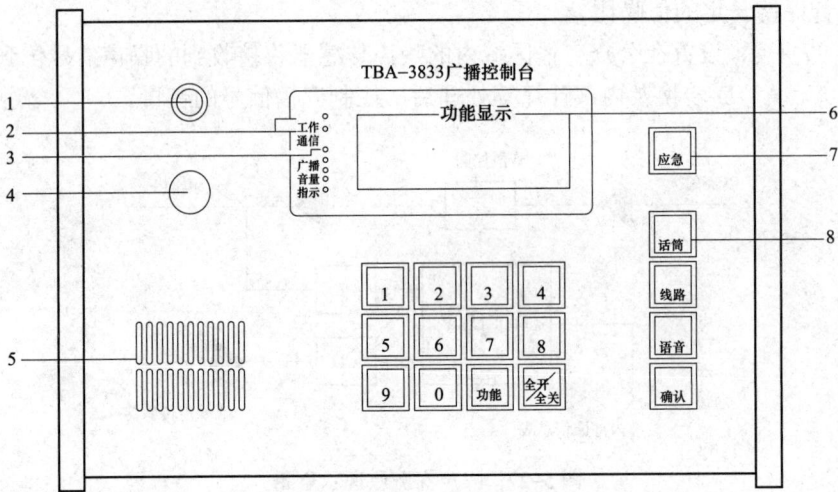

图 5-29 车站后备广播控制盒示意图

当控制盒处于车站工作模式时（车辆段广播控制模式与之相同），液晶显示屏显示如图 5-30 所示。

1. 设置操作

打开后备广播控制盒后，首先要进行设置操作，按"设置"键打开菜单，如图 5-31 所示。可进行模式设置，选择车站/车辆段工作模式；同理进行地址、单播、组播、车站广播区、音量、编组、清组设置。

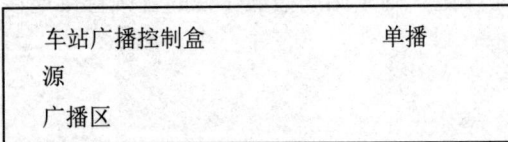

图 5-30 后备控制盒液晶屏显示示意图

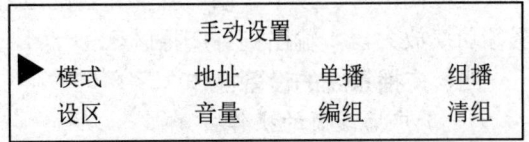

图 5-31 广播控制盒设置菜单

2. 话筒/语音/线路广播

（1）选择广播区：通过数字键输入广播区号。（事先在"设置"中设置车站广播区域）

（2）按"话筒"/"线路"/"语音"键选择信源。当选择话筒或线路时，可直接广播；当选择语音时，需继续通过数字键输入语音的段号，再按"设置"键，即可向选择的车站播放选择的语音内容。

（3）停止广播：当选择话筒或线路广播时，再按"话筒"/"线路"键即停止广播；当选择语音广播时，语音播放完毕后自动停止。

（4）平行广播。当在进行语音广播时，按下选区键"5""6"，选择话筒广播，在预示音响起后，可对相应的广播区进行口播而并不打断正在进行的语音广播。

话筒和语音平行广播界面：如图5-32所示，其中1、2和4区语音广播，5和6区话筒广播。

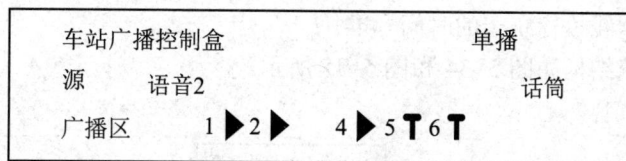

```
┌──────────────────────────────────────────┐
│ 车站广播控制盒                      单播      │
│ 源       语音2                       话筒     │
│ 广播区    1 ▶ 2 ▶   4 ▶ 5 ⊤ 6 ⊤              │
└──────────────────────────────────────────┘
```

图5-32　平行广播设置菜单

（5）紧急广播操作。当按下面板上的"紧急"键后，控制盒开始播放事先录制好的紧急情况下的语音，事先录制好的语音段放在MP3模块上（控制盒内带），此时按下"话筒"键进行话筒广播，抬起"话筒"键后恢复到语音广播，且在紧急模式下话筒广播自动录制在MP3模块中，方便以后调用。

3. 监听操作

当控制盒处于正常模式时按下"语音"键，进入监听模式，显示可进行音量调节，如图5-33所示。

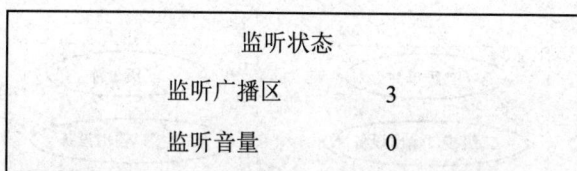

```
┌──────────────────────────────────────────┐
│              监听状态                        │
│      监听广播区          3                   │
│      监听音量            0                   │
└──────────────────────────────────────────┘
```

图5-33　监听操作设置菜单

学习单元六　时　钟　系　统

一、时钟系统的作用

地铁时钟系统是轨道交通运行的重要组成部分之一，其主要作用是为地铁工作人员和乘客提供统一的标准时间，并为通信系统及其他各有关系统（ATS、AFC、ISCS、PSCADA等）提供统一的标准时间信号，使各系统的定时设备与本系统同步，从而实现地铁全线统一的时间标准。时钟系统的设置对保证地铁运行计时准确、提高运营服务质量起到了重要的作用。

二、时钟系统的组成

时钟子系统采用运营中心一级母钟及车站/车辆段及停车场二级母钟（含所带子钟）两级组网方式，分为控制中心级和车站/车辆段及停车场级。中心级设备主要由中心一级母钟、多路输出接口箱（包括子钟接口、标准时间接口、二级母钟接口）、系统监控网管（计算机）、运营中心子钟（时间显示单元）、设备间各种连线以及设备电源配置等组成；车站/车辆段及停车场级设备主要由二级母钟、多路输出接口箱（包括子钟接口、标准时间接口）、子钟（时间显示单元）、信号线缆以及电源等组成。

中心一级母钟设备与各车站/车辆段及停车场二级母钟的设备是通过传输系统连接，中心一级母钟接收来自 GPS 接收装置发送的标准时间信号，在控制中心通过传输线路为其他各系统提供统一的标准时间（毫秒级）信号，使各通信系统及其他子系统设备与时钟系统保持时间同步，从而实现全线执行统一的时间标准。

某地铁时钟系统结构如图 5-34 和图 5-35 所示。

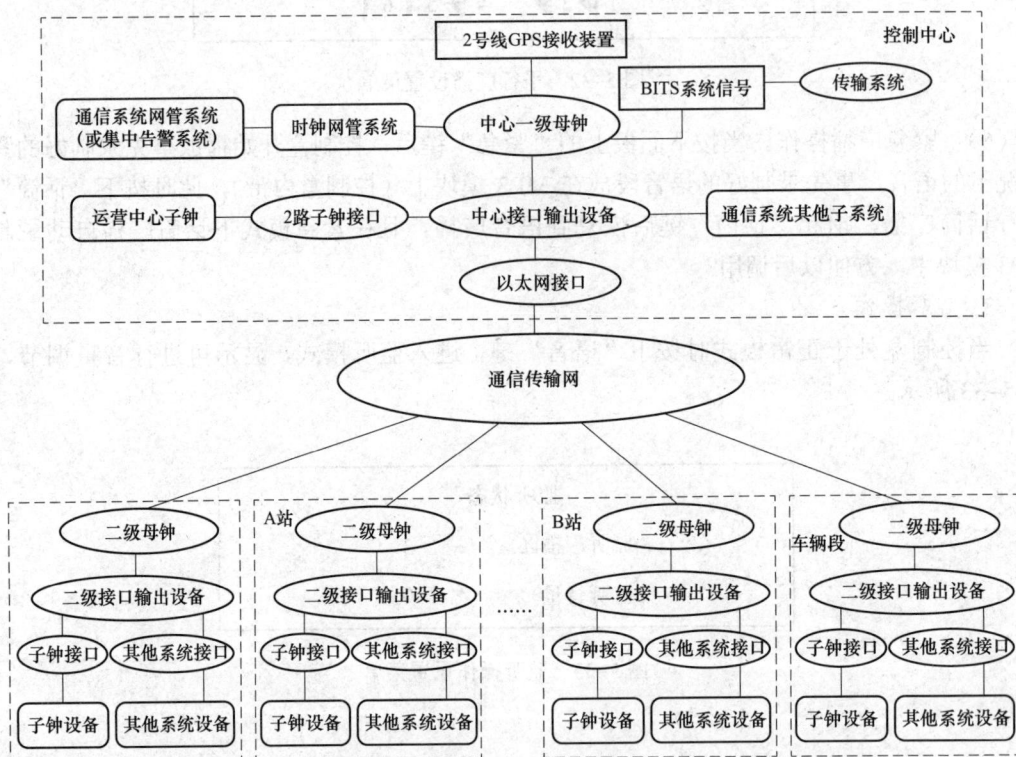

图 5-34　某地铁中央时钟系统结构示意图

（1）中央时钟系统。通过 GPS 天线接收 GPS 时间信息，再通过中央时钟设备（见图 5-36）将时间信息传送给各站的站级时钟设备，同时传送给有需要的其他系统，为各系统提供一个标准的时间。

（2）GPS 设备。GPS 设备主要由 GPS 天线和避雷装置两部分组成。GPS 天线通过高频与卫星通信，从不同方向接收到 GPS 卫星系统发来的时间信息。由于 GPS 天线安装在露天环境里，在发生雷电时，高压容易从天线接收端进入，加装避雷装置的作用是防止雷电击坏设备。

（3）站级时钟系统。站级时钟系统主要用于接收中央时钟系统发送过来的 GPS 时间，同时驱动车站子钟转动以显示时间。

（4）子钟。子钟主要为站台、站厅候车的乘客以及各相关区域的办公人员提供统一的时间信息（见图 5-37）。子钟根据样式的不同，可分为单面、双面数显子钟和模拟双面子钟。

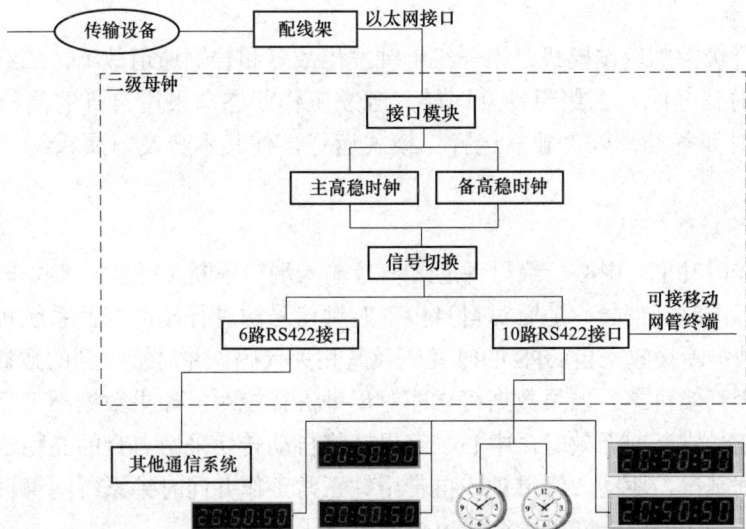

图 5-35 某地铁车站级时钟系统结构示意图

图 5-36 中心母钟

图 5-37 车站模拟子钟及车控室数显子钟

三、时钟系统运作模式及功能实现原理

1. 时钟系统运作模式

（1）中央控制运作模式。系统正常工作状态下，只用中央控制运作模式。中心母钟正常情况下接收来自 GPS 的标准时间信号，产生精确的同步时间码，通过传输通道向各车站、车辆段（停车场）的二级母钟和其他需要接收时间信号的系统传送，从而使各终端用户的时间与 GPS 保持同步。

（2）车站降级控制运作模式。当一级母钟发生故障和传输通道故障，二级母钟接收不到一级母钟的校时信号时，二级母钟立即转入独立工作状态，采用自身的高稳定晶振产生的时间信号作为时间基准，以"独立运行"模式运行，使其本身及附属系统（子钟）保持连续性。

2. 时钟系统功能实现

（1）同步校时功能。中心一级母钟通过信号输入端口不断（每秒）接收来自 GPS 信号接收装置发出的标准时间信号，随时对自身内部时钟信号源进行校准，使系统实现无累积误差运行。一级母钟不断接收来自 GPS 的时间码及其相关代码，并对接收到的数据进行分析，判断这些数据是否真实可靠。如果数据可靠即对母钟进行校对；如果数据不可靠便放弃，继续接收。当外部信号中断或无效时，中心一级母钟将自动转换采用自身的高稳定晶振产生的时间信号作为时间基准，驱动二级母钟或自带子钟正常工作并向时钟系统网管设备发出告警，或向通信网管控制中心综合网管系统发出告警信息。

中心主母钟接收不到 GPS 标准时间信号时，中心主母钟自动转换中心备母钟工作，接收 GPS 标准时间信号，同样产生精确的同步时间码，通过传输通道向各车站、车辆段（停车场）的二级母钟传送，统一校准二级母钟。

一级母钟的标准校时信号通过传输子系统传送给车站、车辆段（停车场）的二级母钟。二级母钟根据标准时间信号校准自身精度，再将标准时间信号发送给所辖子钟。子钟根据标准时间信号对自身校时，从而使所有子钟按统一标准显示时间信息，为各车站、车辆段（停车场）的运行管理及各车站站厅等主要工作场所的工作人员提供统一标准时间信息和定时信号，为广大乘客提供统一的标准时间。

（2）时间、日期显示功能。中心一级母钟和二级母钟面板均按"时：分：秒"的格式显示时间，按"年、月、日"的格式显示日期；双面模拟指针式子钟为"时：分"显示；单面/双面数字式子钟为"时：分：秒"显示；中心母钟和二级母钟能产生全时标信息，格式为年、月、日、星期，时、分、秒，并能在设备上显示。可以自动按照 12h 和 24h 制式分别显示北京时间或格林尼治时间。

（3）为其他系统提供标准时间信号。中心一级母钟和二级母钟设备均设有标准时间同步时间码输出接口，其中中心一级母钟设置 16 路毫秒级标准时间 RS422 接口，二级母钟设置 6 路毫秒级标准时间 RS422 接口，均可在整秒时刻向地铁通信系统以及其他各子系统提供毫秒级标准时间信号。除主要包括传输系统、无线通信系统、专用电话系统、公务电话系统、视频监视系统、广播系统、PIS 系统、电源系统、集中告警系统、计算机网络系统、PSCADA 系统、AFC 系统的输出接口外，还预留若干个备用的输出接口。

学习单元七　视频监控系统

一、视频监控系统的作用

视频监控系统（closed circuit TV，CCTV）是保证地铁行车组织和安全的重要系统，是提高行车指挥透明度的辅助通信工具。调度员和车站值班员利用它监视列车运行、客流情况、乘客上下车情况等；当发生灾情时，视频监控系统可作为防灾调度员指挥抢险的指挥工具。其主要作用表现为：

（1）向调度中心一级行车管理人员（行车调度员、环控设备调度员、值班主任等）提供各站台区行车情况和站厅区乘客流向的图像信息。

（2）向车站值班员提供本地列车停靠、启动、车门开闭以及售检票、闸机出入口等处的现场实时图像信息。

（3）向列车驾驶员和站台工作人员提供相应站台旅客上下列车的图像信息。

二、视频监控系统的功能

根据地铁运营、管理特点，地铁闭路电视监控系统从使用上应满足运营管理人员如中心一级行车调、电调、环调、总（维调）调指挥中心人员（含应急中心人员）和车站一级车站值班员、列车司机等对相应的管辖区域进行闭路电视监控。

系统应具有人工和自动选择的功能，并能够在监控画面中显示当前操作台编号等相关信息。

（1）运营控制中心监视功能。车站监控画面数字视频信号由通信传输网送入网络传输设备，接入中心视频监控设备后经过解码供调度大屏显示及公安部门监控等。

（2）车站视频监视系统功能。车控室设置显示终端，可设置自动循环监视模式，也可实现任意选择内容的四画面图像显示功能。可对本车站的任意快球摄像机进行 PTZ 控制。

（3）图像字符叠加功能。每台摄像机的图像可独立叠加简体中文字符，字符的内容包括车站站名、摄像机机号码、摄像机位置、摄像日期时间等信息，以便在中心和车站的相应终端上显示。

（4）录像存储功能。每个车站均配备 1 台视频服务器和存储阵列，对车站全部摄像机进行录像，系统可设定录像数据保存时间，自动删除过期录像数据。可设定报警前、后录像时间，网络上的任意一台授权终端都可进行录像查询及回放。

（5）司机监视功能。在每个车站上/下站台分别安装 2 路摄像机监视列车车门，每侧站台的图像经 2 画面合成后分别传到上/下行站台的监视器上，供列车司机监视相应站台的旅客上下车情况。

三、视频监控系统的组成

视频监控系统设备主要由控制中心视频监控子系统和车站（车辆段）视频监控子系统构成。

控制中心视频监控子系统包括图像显示、图像切换控制、图像录制和网络管理等部分，是在车站提供数字视频信号流的基础上，通过传输系统提供的以太网通道和控制中心级视频设备来实现监控，其结构如图 5-38 所示。车站（车辆段）视频监控子系统由图像摄取、图像处理、图像切换控制、图像显示、图像录制等部分组成，主要完成对本车站管辖范围内的视频信号的监控和存储，为车站值班员提供本站内站厅、站台客流图像及轨道上列车图像信息，并进行录像，同时将图像上传到控制中心和公安视频监控中心。

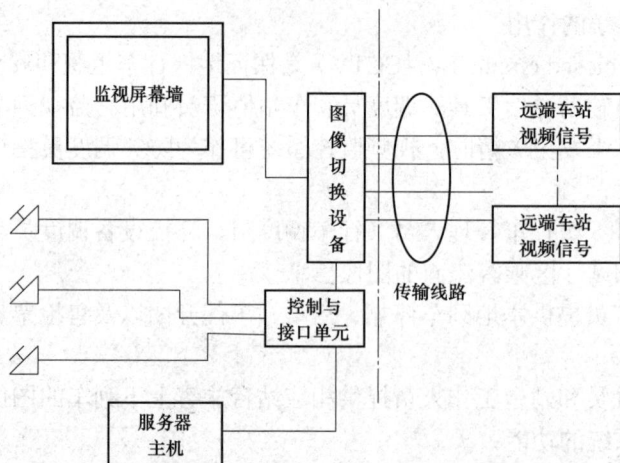

图 5-38　控制中心视频监控子系统示意图

视频监控系统设备主要包括车站设备、控制中心设备及传输设备。

（一）车站设备

车站视频监控系统有前端摄像机、解码器、视频矩阵、视频分配器、字符发生器、控制台、硬盘存储设备、监视屏幕及传输设备组成。

1. 摄像机

摄像机是车站视频监控系统最重要的视频采集设备，在车站的站台区、站厅区、出入口区，甚至包括通道内根据实际情况设置。

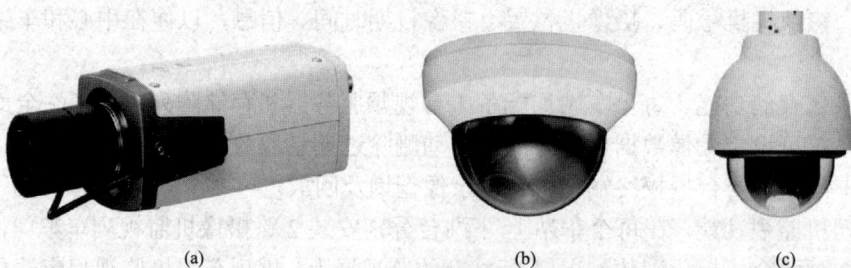

图 5-39　摄像机实物图
（a）固定摄像机；（b）彩色半球摄像机；（c）智能快球一体化彩色摄像机

2. 视频监控终端、回放终端

车站视频监控系统的使用人员包括车站值班员和列车驾驶员，监视器一般设置在站台和车控室。

站台上的监视器为列车驾驶员提供站台信息及车门开启、关闭信息，监视器一般设置在站台的头尾上方，采用悬挂式安装。其头像可采用分割方式显示，即一个屏幕显示几个画面，也可采用一个屏幕单独显示一个画面。

车控室的监视器一般为车站值班员提供站台列车、客流及站厅内的图像信息，有两种布置形式：一种是设置两台监视器，一台显示站台信息，另一台显示站厅信息；另一种是利用车站控制主机上的显示屏显示多路画面信息。

3. 控制台

控制台即主控键盘，也称操作台，是监控人员用来控制云台、调节摄像机焦距以及在监视器上切换显示画面的设备。在控制键盘上通常还有 LED 显示屏或液晶显示屏，用于显示控制指令或系统内各监视点的工作状态。

（二）控制中心设备

控制中心监控系统为控制中心行车调度员、环控设备调度员、值班主任等提供车站的图像信息。控制中心监控系统设备主要包括监视屏幕墙、系统服务器、视频切换设备、控制台、控制接口转换设备等。

1. 监视屏幕墙

控制中心汇聚所有车站的视频信息，需要上传的图像较多，采用监视屏幕墙作为显示设备。

2. 控制台

控制中心控制台由调度员操作，其控制级别优先于车站控制台，即当调度操控某一车站的摄像机时，本地就不能进行操控；或本地正在操控，调度可强行切断操控。

学习单元八　乘客信息系统

乘客信息系统（PIS）是依托多媒体网络技术，以计算机系统为核心，以车站和车载显示终端为媒介向乘客提供信息的系统。乘客信息系统在正常情况下，提供乘车须知、服务时间、列车到发时间、列车时刻表、管理者公告、政府公告、出行参考、股票信息、媒体新闻、赛事直播、广告等实时动态的多媒体信息；在火灾、阻塞及恐怖袭击等非正常情况下，提供动态紧急疏散提示。车载设备通过无线传输实时或预录接收信息，经处理后在列车客室 LCD 显示屏上进行音视频播放，使乘客通过正确的服务信息引导，安全、便捷地乘坐轨道交通。

一、系统功能

1. 乘客信息服务

乘客信息系统可为乘客提供多样的信息服务，以满足不同乘客对不同资讯的需求：

（1）乘客导乘信息。列车到发信息、票价信息、换乘信息、进车站口指示、地面交通指引信息。

（2）紧急事件信息。火灾、地震等警报和紧急站务信息，乘车安全须知，疏散通道指示。

（3）乘客服务信息。列车班次信息，寻人、寻物启事，天气预报和空气指数，财经资讯，实时沪深股票，娱乐节目和电视台节目转播。

（4）公告信息。地铁公司公告、车站公告、政府公告、地铁增值信息、视频、图片、文字、动画广告。

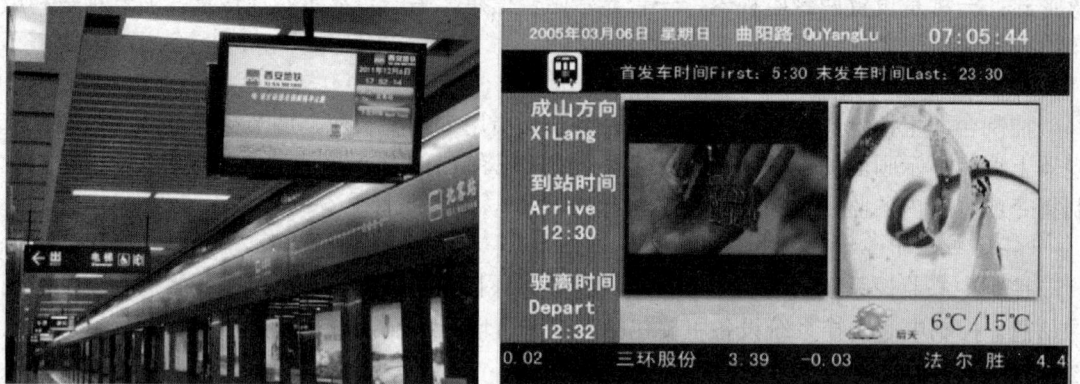

图 5-40　车站 PIS 显示屏（LCD 显示屏）

2. 形象宣传

乘客信息系统可为地铁引入一个多媒体形象的展示平台，通过形象视频、图片、文字的播出，可以为地铁企业带来更多的形象宣传。形象宣传的多媒体播放方式支持 DVD 视像播放，VCD 视像播放，AVI、GIF 等动画效果播放，文本动画显示播放，图像动画显示播放等。

3. 时钟显示

乘客信息系统通过接收时钟系统的时钟信号，可在车站显示屏上显示准确时间。显示屏可以在播出各类信息的同时提供日期时间显示。通过设置时间显示模式，设定车站显示屏的全屏或指定的区域显示多媒体时钟。时钟的显示可以为数字形式方式，也可以显示为模拟时钟的方式。

4. 播出版式定时切换

系统提供用户自定义信息播出版式功能，用户可以根据需要自行制作 PDP、LCD 屏的播出版式，并可采用定时版式切换的方式，定期更换显示的方式。播出版式的切换可采用手工触发、定时触发以及播出表预定义触发三种方式。切换版式无须重新启动显示控制器或程序，且版式切换流畅，无黑场、停顿和闪烁，保证了播出的效果。

5. 定时自动播出

乘客信息系统可以提供一套完整的定时播出的功能。资讯的播出可以采用播出表播出的方式，系统可以根据事先编辑设定好的播出列表自动进行资讯的播出。播出列表可以以日播出列表、周播出列表、月播出列表或任意周期列表的形式定制。播出过程无需人为操作，提高了系统信息发布和管理的自动化程度，并避免了由于人为操作失误造成的播出故障。

二、系统结构

乘客信息系统（PIS）结构从功能控制上分为三层：第一层为地铁总编播中心（简称总控中心）；第二层为车站播出控制层；第三层为车站及车载显示播出设备（包括车载视频监视系统），如图 5-41 所示。乘客信息系统终端设备主要包括地铁总编播中心设备、车站设备和车载设备三大部分。

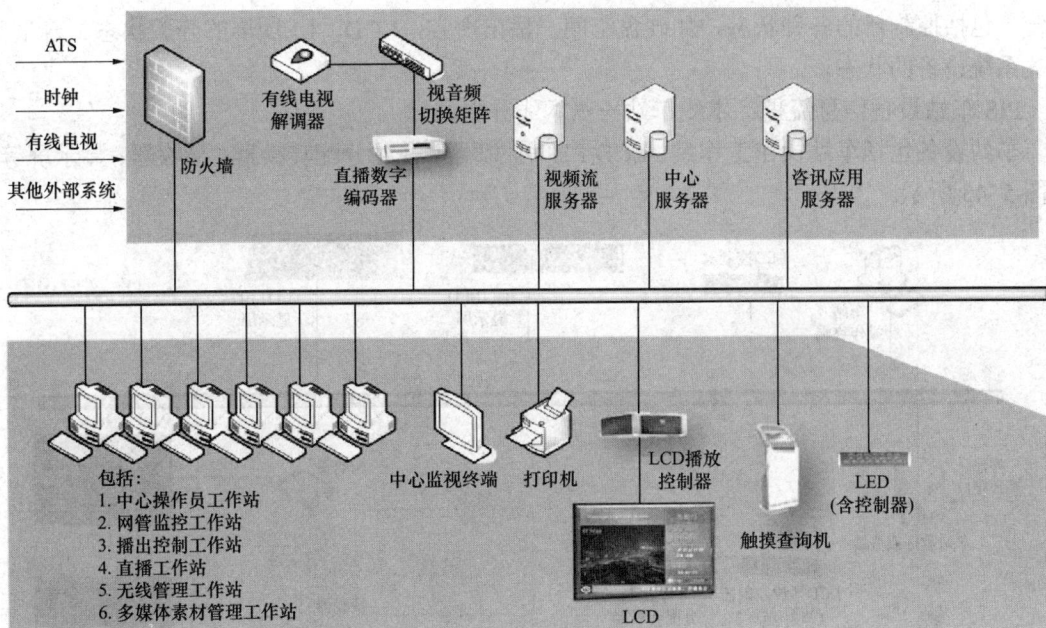

图 5-41　乘客信息系统（PIS）构成示意图

1. 地铁总编播中心设备

地铁总编播中心负责乘客信息系统的乘客导乘信息（面向各线的一般和紧急状态下的运营服务、安全、票务等多方面的自编辑信息），公共信息（面向各线的一般广告、实时新闻、天气预报、交通、股市行情等外部信息）的制作、接收和发布；能够集中定义和管理全线乘客信息系统各类型和级别的用户所拥有的操作权限（如系统管理权限、广告管理权限、发布管理权限等）；可通过地理位置图的方式全面监视系统运营，包括控制器的各种状态，如硬盘空间，播出内容，LCD、LED 屏的开关状态、音量及相关系统设备的状态，包括但不限于在地铁线路上使用到的交换机、服务器、磁盘柜、工作站、播放控制器（内容监视及回放）、车载 PIS 设备和车载监控设备等，如图 5-42 所示。

图 5-42　PIS 总编播中心及操作终端

地铁总编播中心信息流程 1：总编播中心←→各线分中心←→各线车站。

地铁总编播中心信息流程 2：总编播中心←→各线分中心←→各线列车。

总编播中心设备包括服务器、中心工作站组、直播编码器、播放控制器等。

2. PIS 车站设备

PIS 车站设备主要负责从分线控制中心接收发布的内容信息，通过播放控制器对本车站所有 LCD 和 LED 显示终端播放信息，并进行统一的控制和管理。车站设备可监视本站系统运营，包括控制器的各种状态，如硬盘空间，播出内容，LCD、LED 屏的开关状态、音量及相关系统设备的状态。

PIS 车站设备信息流程：本线车站←→本线分中心。

车站设备包括车站操作工作站、LCD/LED 控制器、视频分配转换器、接收器、显示屏等，如图 5-43 所示。

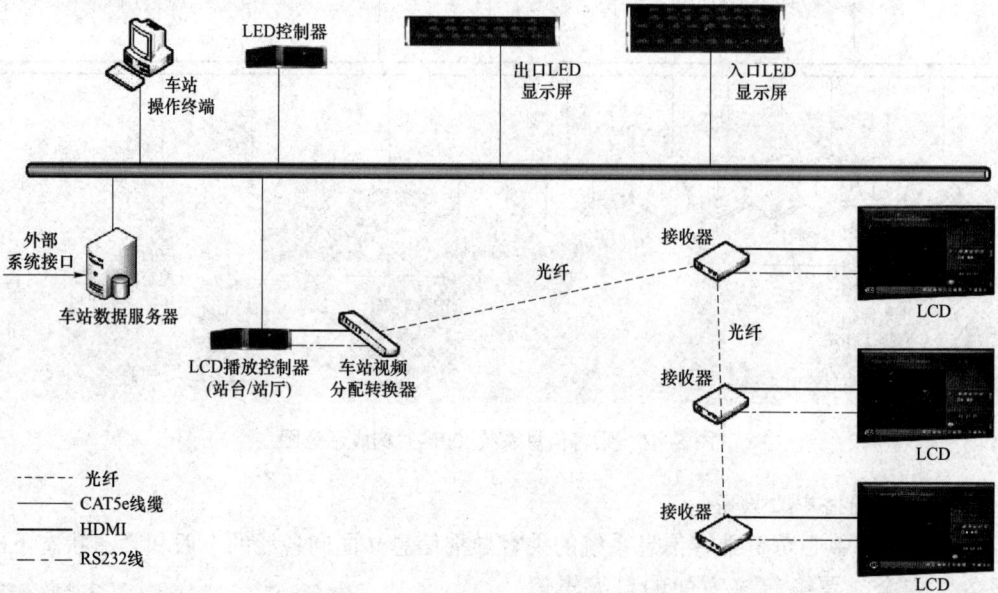

图 5-43 车站 PIS 设备构成示意图

3. PIS 车载设备

车载设备主要负责接收发布信息内容（通过车站网络交换机和移动宽带传输网络设备），经过车载 LCD 播放控制器进行解码后，在本列车的所有 LCD 显示屏上实时播放。同时，车载设备利用移动宽带传输网络通道将车上的监视图像传递到分、总中心。

PIS 车载设备信息流程为：本线列车←→本线车站←→本线分中心←→总编播中心。

车载设备包括车载视频媒体服务器、LCD/LED 控制器、视频分配转换器、摄像头、显示屏（客室 LCD 显示屏和司机室监控屏）等。

三、系统支持的信息类型及显示优先级

1. 系统支持的信息类型

（1）紧急灾难信息。紧急灾难信息包括：火灾报警、台风报警、洪水报警等；逃逸、疏散方向指示，如紧急出口的指示；紧急站务警告信息，如停电、停止服务等；有关乘客人身安全的临时信息，如乘车安全须知。

（2）列车服务信息。列车服务信息包括列车时刻表，列车阻塞等异常信息，下趟车到站时间（以及以后第二、第三趟车到站时间），列车组成（4 辆、6 辆或 8 辆），特别的列车服务安排信息。

（3）乘客引导信息。乘客引导信息包括动态知识信息，逃逸、疏散方向指示，轨道交通服务终止通知，换乘站换乘信息，地面交通指示信息。

（4）一般站务信息和公共服务信息。一般站务信息和公共服务信息包括日期和时钟信息，

票务信息，公益广告信息，天气、新闻、股票等信息，地面公共交通信息，公安提示。

（5）商业信息。商业信息包括视频商业广告、视频形象宣传片、图片商业广告、文字商品广告、各类分类广告。

2. 信息显示的优先级

PIS 系统要确保乘客快速、安全地到达目的地；在保证安全运营的基础上，可以向乘客提供各类信息服务，以及进行商业广告的运作。因此，在乘客信息系统的设计中，应充分考虑每一类信息的显示优先级。

高优先级的信息优先显示，相同优先级的信息按照先进先出的规则进行显示，按照这个要求，信息显示的优先级规定如下：

（1）信息类型的优先级按照如下顺序递减：紧急灾难信息、列车服务信息、乘客引导信息、一般站务信息及公共信息、商业信息。

（2）高优先级的信息可以中断低优先级信息的播出，低优先级的信息不能打断高优先级信息的播出。发生紧急情况时，系统紧急中断当前信息的播出，进入紧急信息播出状态，其他各类信息自动停止播出，系统以醒目方式提示乘客进行紧急疏散，直到警告解除，才能依次播出。

（3）同等优先级的信息按设定的时间播出列表顺序播出。

模块实践项目

实践项目一　城市轨道交通专业通信系统设备认识

一、实训目标

1. 认识地铁通信系统架构；
2. 认识地铁系统每一专业通信子系统的设备；
3. 熟悉各专业通信子系统的功能。

二、实训条件要求

1. 具备通信系统终端设备模型的地铁 OCC、车控室仿真环境；
2. 地铁通信系统介绍的教学视频。

三、实训内容

1. 熟悉城市轨道交通专业通信系统的构成及设备分布；
2. 认识公务电话系统设备；
3. 认识调度电话系统设备；
4. 认识紧急电话、轨旁电话；
5. 认识无线调度系统终端设备；
6. 认识广播系统终端设备；
7. 认识闭路电视系统设备；
8. 认识乘客信息系统设备；
9. 认识时钟系统终端设备。

四、教学实施建议

1. 通过观看地铁通信系统介绍的教学视频，了解地铁通信系统的构成；

2. 有条件可参观地铁车站、OCC、车辆段，认识通信设备及其布局；

3. 利用实训室设备认识专业通信子系统各项设备。

实践项目二　调度电话的操作

一、实训目标

1. 熟悉调度电话系统设备；

2. 会操作使用调度电话终端设备（调度台、值班员操作台、直通电话等）。

二、实训条件要求

1. 调度电话模拟仿真系统；

2. 车站直通电话；

3. 轨旁电话；

4. 调度电话操作说明书。

三、实训内容

1. 练习调度电话基本操作，如呼出、应答来话、通话保持、重拨；

2. 练习调度台其他操作，如三方会议、增加成员、监听；

3. 直通电话及轨旁电话操作，如通话。

四、教学实施建议

1. 熟悉模拟调度电话的结构及功能键布局；

2. 分角色充当调度员及车站值班员，模拟各种情况进行调度通话，如普通呼叫、紧急呼叫、强拆等，然后互换角色；

3. 分角色组织三方会议练习，然后互换角色；

4. 熟悉直通电话和轨旁电话，进行通话操作。

实践项目三　无线调度终端设备的操作

一、实训目标

1. 了解无线调度电话系统的设备构成及终端设备的功能；

2. 会操作使用调度台、车站固定台、手持台，熟悉车载台。

二、实训条件要求

1. 模拟仿真地铁无线调度系统，包含调度台、车站固定台、车载台、手持台设备以及终端设备测试平台；

2. 无线调度系统操作说明书；

3. 无线调度系统介绍的教学视频。

三、实训内容

1. 无线调度台的认识及基本操作，如通话、编组、呼叫等；

2. 车站固定台的基本操作，如请求呼叫、紧急呼叫等；

3. 手持台的操作，如发起组呼、接收组呼、接收 TMO 广播呼叫、发起个呼、紧急呼叫等；

4. 车载台的认识。

四、教学实施建议

1. 利用实训室设备了解无线调度系统的结构及各项终端设备的布置；

2. 熟悉无线调度系统操作说明书，以及演示的各项功能操作；

3. 分组分角色进行无线调度台、车站固定台、手持台操作练习，然后互换角色；

4. 认识车载台的布局，演示车载台的功能。

实践项目四　广播系统设备的操作

一、实训目标

1. 了解广播系统的设备构成；

2. 会操作车站后备广播控制盒，对车站各个区域进行广播。

二、实训条件要求

车站广播系统仿真平台及终端设备。

三、实施方案

1. 认识广播系统设备，熟悉车站广播控制盒的结构及功能；

2. 在后备广播控制盒上进行车站模式设置、编组设置、设区操作；

3. 对车站指定区域进行选区预录制广播/人工广播；

4. 对车站不同区域进行平行广播。

四、教学实施建议

1. 利用实训室设备认识车站后备广播控制盒。

2. 结合广播系统操作说明书，在后备广播控制盒上进行设置，如车站模式设置、设区、编组。

3. 选区选音源广播操作。可根据实际情况设定一场景进行任务式练习，例如，对车站出入口广播：尊敬的乘客，由于客流过大，现在实行高峰客流控制，请配合我们的工作，按指引分批进站。不便之处，敬请谅解，谢谢合作！

4. 平行广播操作练习：例如对车站某一广播分区进行预录制广播，同时对另一广播分区进行人工广播操作。

复习思考题

1. 简述城市轨道交通通信系统的作用。

2. 城市轨道交通通信系统由哪些专业子系统构成？

3. 简述城市轨道交通公务电话与专用电话的区别与联系。

4. 调度电话的功能有哪些？如何操作？

5. 城市轨道交通广播系统由哪些设备构成？

6. 城市轨道交通视频监控系统的作用有哪些？

7. 简述城市轨道交通通信时钟系统的构成和工作原理。

8. 乘客信息系统（PIS）支持哪些类型的信息？信息优先级如何规定？

附录 A 信号系统常见英文缩写对照表

英文缩写	中文名称	英文缩写	中文名称
CBTC	基于通信的列车自动控制	LCP	信号现地控制盘
ATP	列车自动防护	DTI	发车倒计时器
ATO	列车自动运行	PSD	站台门
ATS	列车自动监控	VCC	车辆控制中心
ATC	列车自动控制	PTI	列车自动识别
OCC	运营控制中心	SLC	同步环线合
DMI	车载 ATP/ATO 人机交互界面	TWC	车地通信
EAK	电子单元	URM	非受限制的人工驾驶
ACE	计轴评估器	ATO/AM	列车自动驾驶
LEU	轨旁电子单元	AR	列车自动折返
FB	固定数据应答器	MMI	中央 ATS 人机交互界面
VB	可变数据应答器	CA	控制中心自动控制模式
IB	填充数据应答器	LC	车站控制
WB	错误侧数据应答器	SDH	同步数字体系
RTU	远程控制单元	OTN	开放传输网络
LOW	本地操作员工作站	MSTP	多业务传送平台
LCW	本地操作员工作站	ISDN	综合业务数字网
ARS	自动进路	DTS	光纤通信系统
ATR	自动列车调整	DSP	数字信号处理
SICAS	西门子计算机辅助信号系统	TETRA	无线集群
STEKOP	现场接口计算机	CCTV	视频监控系统
SM	受 ATP 监控的人工驾驶	PIS	乘客信息系统
RM	受限制的人工驾驶	UPS	不间断电源
DSTT	接口控制模块		

注 按文中出现顺序排列。

附录 D 信号机状态显示及其含义

显示状态	含 义
	道岔（或进路）已锁闭，并开通直向，准许 CBTC 模式列车（通信车）按规定速度运行，室外信号关闭
	道岔（或进路）已锁闭，并开通直向，准许列车按规定速度运行
	道岔已锁闭，并开通侧向，准许列车按规定速度运行
	不准列车越过信号机，列车在信号机前停车
	表明开放引导信号，准许列车以不大于规定的速度越过该架信号机并随时准备停车
	室外信号关闭
	由于通信故障，信号机状态未知

参 考 文 献

[1] 林瑜筠. 城市轨道交通信号 [M]. 北京：中国铁道出版社，2008.

[2] 贾毓杰. 城市轨道交通通信与信号 [M]. 2版. 北京：机械工业出版社，2014.

[3] 王青林. 城市轨道交通通信与信号系统 [M]. 北京：人民交通出版社，2012.

[4] 贾毓杰. 铁路信号与通信设备 [M]. 北京：中国铁道出版社，2007.

[5] 高嵘华，吴广荣. 城市轨道交通信号基础设备维护 [M]. 成都：西南交通大学出版社，2011.

[6] 宋保卫，王燕梅. 城市轨道交通通信与信号控制 [M]. 北京：北京交通大学出版社，2015.

[7] 朱济龙，芦建明，陈超. 城市轨道交通信号基础 [M]. 成都：西南交通大学出版社，2014.

[8] 陈艳华，赵跟党. 城市轨道交通信号基础设备 [M]. 重庆：重庆大学出版社，2013.

[9] 房瑛，雷锡绒. 城市轨道交通信号终端设备操作与行车 [M]. 重庆：重庆大学出版社，2013.

[10] 申红. 城市轨道交通行车组织 [M]. 北京：中国电力出版社，2014.

[11] 贾文婷. 城市轨道交通列车运行控制 [M]. 北京：北京交通大学出版社，2012.

[12] 张立群，张华，朱凤文. 铁路车站联锁设备维护 [M]. 成都：西南交通大学出版社，2016.

[13] 陈光军. 铁路信号安全与规章 [M]. 成都：西南交通大学出版社，2013.